# 大学生职业生涯规划教程

姚圣梅　主编

中国农业出版社

# 编写人员名单

主　编　姚圣梅

副主编　柯锦泉　黄礼彬　邱振国　吴小玲

参　编（按姓名笔画排序）

李舒怡　肖　莉　张妙高　欧坚泉

黄　云

# 前　言

凡事预则立，不预则废。大学生是一群即将进入职场的年轻人，处于职业生涯的探索阶段，毕业后到底是考研、就业、入伍、创业？还是考公务员和出国？在面临毕业后就业的若干选择时时常会感到难以抉择。在迈入社会和走向职场前的大学生应充分认识自我，了解自身的优劣势、职业兴趣和爱好，将现实环境和长远规划相结合，给自己的职业生涯清晰定位，明确未来的工作与人生发展方向，把学与用进行紧密结合，才可以让自己真正赢在职场的起跑线上。

广东省教育厅 2008 年 4 月出台了粤教高［2008］82 号文件，转发了教育部办公厅关于印发《大学生职业发展与就业指导课程教学要求》的通知，要求各高校要按照文件精神开设不少于 38 学时的就业指导课程，将课程纳入教学计划。从 2008 年起各高校可作为必修课或必选课开设，2012 年之前要全部过渡到必修课。对这门课程的重视程度可见一斑。

本教材《大学生职业生涯规划教程》由近几年从事该课程教学的骨干教师根据实际教学情况编写。主要目的是用作高校必修课程“大学生职业生涯规划”的教材，也可作为企业培训员工职业发展理念和方法的参考资料，或作为大学生及其他人士的参考读物。该教材的编写具有如下四大特点：

第一，创新结构和内容。专门针对职业生涯规划课程编写，根据大学生职业规划的现实需要及高校课程的设置及教学规律来设计编写结构。全书由 4 篇 13 章构成，第一篇是职业生涯规划概论，包括职业生涯规划的基本概念及重要作用、职业发展理论及生涯辅导与咨询 2 个章节。旨在让学生了解职业及职业生涯规划的概念，职业生涯规划对大学生的重要作用，职业生涯规划的种类、内容步骤；国内外生涯辅导的发展历史，重点了解帕森斯的特质因素论、舒伯的生涯发展理论、霍兰德的类型论及施恩的职业锚等职业发展理论，掌握职业生涯规划理念，从而积极科学地对自己进行生涯探索和规划，学会运用常见的职业发展理论，为职业生涯规划服务。第二篇是自我认知，包括自我认知概述、自我价值观认知、自我性格与气质认知、自我职业兴趣认知、自我职业能力认知 5 个章节。旨在使学生了解自我认知的内涵和理论基础，价值观的含义及重要性，价值观与职业选择、职业发展的关系，价值观的测量；性格与气质的含义及其区别、性格与气质与职业匹配的重要性，并通过MBTI理论来了解个人性格，以便更为准确地认识自己；了解兴趣、职业兴趣的含义，认识兴趣与职业选择、职业发展的关系。通过霍兰德职业兴趣索引工具的介绍，让学生学会查找适合个人兴趣的职业，从而明白兴趣与职业匹配度的关系；使学生了解能力的含义与职业技能的分类，如何认识职业技能与职业选择、职业发展的关系，从而使学生掌握自我性格、兴趣、能力、价值观探索的方法和技巧。第三篇是环境认知，包括大学生职业规划与环境认知、环境认知的构成、环境认知的途径及方法3个章节。旨在使学生了解环境认知的目的和意义，理解环境认知的定义、环境认知与就业的关系、内部环境与外部环境的构成、环境认知的途径和方法，重点掌握工作分析方法、生涯人物访谈法和SWOT分析法等常用环境认知的方法。第四篇是大学生职业生涯规划的决策、实施与管理，包括大学生职业生涯规划的决策、大学生职业生涯规划的实施、大学生职业生涯规划的管理3个章节。旨在使学生了解职业生涯规划决策的要素和类型，以便让学生对职业生涯的决策建立清晰、完整的概念，掌握职业生涯规划决策的相关方法，进而学会科学理性地做出决策；使学生掌握职业生涯规划的原则、方法、步骤和如何撰写自己的职业生涯规划书；让学生辨别职场和大学的差异，学会主动打开职业局面的方法，掌握职业生涯早期的管理策略。

第二，精选案例和参考文献。为了方便教师进行案例教学，书中融入了许多典型案例。每个模块后均附录有最新、最有代表性的知识链接部分，突出了知识的延展性、示范性及可阅读性。

第三，力促思考与应用。每章后面专设了本章课后思考及练习，搭建了学生将理论运用于实践的平台，提倡活学活用、边学边用。

第四，注重先进性与时效性。书中融入了最先进的职业发展理念和权威职业发展的最新信息，包括了适合不同层次学生需求的职业测试与指导。很好地融进了编者多年来的教学经验和科研成果。

在本教材的编写过程中，得到了许多领导、老师及同学的大力支持和帮助，在此一并致以深切谢意！

由于编者水平有限，加上时间仓促，疏漏之处在所难免，恳请读者批评指正。

本教材凝聚了编写老师的大量心血，将它献给大学生们，祝愿同学们有一个美好的大学生涯和幸福美满的人生！

编　者

2011年5月

# 目 录

前言

第一篇　职业生涯规划概论

第一章　职业生涯规划的基本概念及重要作用 …… 1
第一节　职业及职业生涯 …… 1
一、职业的概念 …… 1
二、生涯及职业生涯 …… 5
第二节　职业生涯规划及其作用 …… 7
一、职业生涯规划的概念 …… 7
二、职业生涯规划的作用及意义 …… 8
三、职业生涯规划的类型 …… 11
四、职业生涯规划的内容与步骤 …… 12
第二章　职业发展理论及生涯辅导与咨询 …… 18
第一节　生涯辅导与咨询 …… 18
一、生涯辅导的历史 …… 18
二、生涯辅导相关机构 …… 21
三、生涯咨询与心理咨询的区别 …… 23
第二节　职业发展相关理论概述 …… 24
一、帕森斯的特质因素论 …… 24
二、舒伯的生涯发展理论 …… 26
三、霍兰德的类型论 …… 30
四、施恩的职业锚理论 …… 33
五、其他几种职业发展理论 …… 40
六、生涯发展理论的整合及应用 …… 44

第二篇　自我认知

第三章　自我认知概述 …… 45
第一节　自我认知的内涵 …… 45
一、自我认知的概念 …… 45
二、自我认知的内容 …… 45

第二节　自我认知的理论基础 …… 45
一、弗洛伊德的自我认知理论 …… 45
二、埃里克森的自我认知理论 …… 46
三、罗杰斯的自我理论 …… 47
四、舒伯的生涯发展理论 …… 49
五、施恩的职业锚理论 …… 49
第三节　自我认知的目的及意义 …… 50
一、自我认知是进行职业生涯规划的基础步骤 …… 50
二、自我认知是引导人格成熟的强大动力 …… 51
第四节　自我认知的基本途径 …… 51
一、自己对自己的认知 …… 51
二、他人对自己的认知 …… 52
三、利用测评工具 …… 52
**第四章　自我价值观认知** …… 54
第一节　自我价值观概述 …… 54
一、价值观的含义 …… 54
二、价值观的特点 …… 54
三、职业价值观 …… 55
第二节　价值观与职业选择和发展 …… 56
一、职业价值观对职业选择起导引作用 …… 56
二、价值观有重要的激励作用 …… 58
第三节　自我价值观认知 …… 59
一、实例：价值观是可以改变的 …… 59
二、如何加强对自我价值观的认知 …… 59
三、通过价值观测量来了解个人价值观 …… 61
四、通过价值观澄清练习来进行测量 …… 65
**第五章　自我性格与气质认知** …… 68
第一节　性格与气质概述 …… 68
一、性格、气质的含义 …… 68
二、性格与气质的类型 …… 69
三、性格与气质的关系 …… 71
第二节　性格、气质与职业选择和发展 …… 72
一、性格与职业的关系 …… 72
二、性格与职业的选择 …… 72

三、认识性格有哪些作用 …… 73
四、气质与职业选择的关系 …… 73
五、气质的作用 …… 74
第三节　自我性格、气质认知 …… 75
一、自我性格的认识 …… 75
二、16 种 MBTI 性格类型 …… 80
三、气质类型的认识 …… 82
**第六章　自我职业兴趣认知** …… 87
第一节　职业兴趣概述 …… 87
一、职业兴趣的含义 …… 87
二、生涯规划需要考虑个人职业兴趣 …… 88
第二节　职业兴趣与职业选择和发展 …… 88
一、兴趣与职业发展的关系 …… 88
二、职业选择的因素之一——兴趣 …… 89
第三节　自我职业兴趣认知 …… 89
一、兴趣与专业、职业的关系 …… 89
二、兴趣测验 …… 90
三、实践与练习 …… 100
**第七章　自我职业能力认知** …… 102
第一节　职业能力概述 …… 102
一、技能的含义 …… 102
二、能力的含义 …… 102
三、职业能力的含义 …… 102
第二节　常见职业能力分类 …… 103
一、能力的多元智力倾向分类 …… 103
二、其他能力分类 …… 104
第三节　自我职业能力认识 …… 105
一、职业能力认识 …… 105
二、认清个人职业技能 …… 105
三、如何进行个人职业能力认识 …… 108

**第三篇　环境认知**

**第八章　大学生职业规划与环境认知** …… 117
第一节　大学生职业规划环境认知概述 …… 117

一、大学生职业规划环境认知 …… 118
二、大学生职业规划环境认知与大学生就业的关系 …… 118
第二节 大学生职业规划环境的特点 …… 119
一、环境不确定性的定义 …… 120
二、环境不确定性的划分 …… 120
第三节 大学生职业生涯规划环境认知的作用 …… 121
一、促进进一步完善自我认知 …… 121
二、可以提高生涯决策的准确性 …… 122
三、有助于提升大学生的能力 …… 122
四、预测未来发展 …… 122
**第九章 环境认知的构成** …… 124
第一节 外部环境认知 …… 124
一、宏观环境认知 …… 125
二、行业环境认知 …… 128
三、微观环境认知 …… 130
第二节 内部环境认知 …… 135
一、家庭环境认知 …… 135
二、学校环境认知 …… 136
三、人脉资源认知 …… 136
四、职业期望认知 …… 137
**第十章 环境认知的途径及方法** …… 139
第一节 环境认知的途径 …… 139
一、媒体与资料 …… 139
二、咨询与访谈 …… 140
三、实习与实践 …… 140
第二节 环境认知的方法 …… 141
一、分类法 …… 141
二、工作分析法 …… 143
三、生涯人物访谈 …… 145
四、SWOT 分析方法 …… 147

## 第四篇 大学生职业生涯规划的决策、实施与管理

**第十一章 大学生职业生涯规划的决策** …… 152
第一节 大学生职业生涯规划决策的要素和类型 …… 153

一、职业生涯规划决策的要素 …… 153
二、职业生涯规划决策的类型 …… 154
第二节　职业生涯规划决策的流程和方法 …… 155
一、职业生涯规划决策的流程 …… 155
二、职业生涯规划决策的方法 …… 156
第三节　大学生职业生涯规划决策的影响因素 …… 161
一、个人因素 …… 162
二、他人因素 …… 162
三、社会因素 …… 163
**第十二章　大学生职业生涯规划的实施** …… 164
第一节　大学生职业生涯规划的原则 …… 164
一、与社会需求相结合原则 …… 164
二、量体裁衣原则 …… 164
三、阶段性原则 …… 165
四、可操作性原则 …… 165
五、发展性原则 …… 166
第二节　大学生职业生涯规划的方法 …… 166
一、自我规划“五步法” …… 166
二、SWOT 分析法 …… 167
三、职业测评法 …… 169
四、生涯人物访谈法 …… 169
五、工作见习法 …… 169
第三节　大学生职业生涯规划的步骤 …… 170
一、自我评价 …… 170
二、环境评价 …… 170
三、职业生涯机会评估 …… 170
四、确定职业生涯目标 …… 171
五、选择职业生涯路线 …… 171
六、制订行动方案 …… 171
七、评估、反馈和调整 …… 172
第四节　大学生职业生涯规划书的撰写 …… 173
一、基本格式和主要内容 …… 173
二、写作要点和注意事项 …… 174
三、职业生涯规划评估工具介绍 …… 176

四、大学生职业生涯规划书模版 …… 178
五、作品范文 …… 182
第五节　大学生职业规划大赛简介 …… 214
**第十三章　大学生职业生涯规划的管理** …… 220
第一节　职场探索 …… 220
一、预估工作中的问题 …… 220
二、主动打开职业局面 …… 221
第二节　职业生涯的管理 …… 224
一、职业生涯发展的阶段 …… 224
二、职业生涯初期的管理策略 …… 225

主要参考文献 …… 229

# 第一篇　职业生涯规划概论

## 第一章　职业生涯规划的基本概念及重要作用

**本章学习目标及重点：**

- 职业及职业生涯规划的概念
- 职业生涯规划对大学生的重要作用
- 职业生涯规划的种类、内容和步骤
- 掌握职业生涯规划理念，从而积极地、科学地对自己的职业生涯进行探索和规划

### 第一节　职业及职业生涯

#### 一、职业的概念

##### （一）职业的概念

职业是由“职”即职责、权利、义务和“业”即事业、行业这两个字构成。社会分工是职业产生的基础。

美国社会学家塞尔兹认为，职业是一个人为了不断取得收入而连续从事的具有市场价值的特殊活动，这种活动决定着从事它的那个人的社会地位。

职业是劳动者能够稳定地从事某项有酬工作而获得的劳动角色。

##### （二）职业与工作、职位的概念区分

职业（occupation/vocation）：是在不同的专业领域中一系列相似性的服务（彼此有关的工作），如：教师、运动员。

工作（work）：个人从事的活动或任务，由一系列相似的职位组成，如：英语教师、足球运动员。

职位（position/job）：与分配给个人的一系列的具体任务直接相关，如：××大学英语系的英语老师或国家足球队的前锋。

行业（trade/business）：行业是某一类具有相同特征的职业的总称，如：教育行业、体育行业。

### （三）职业的分类

1999年5月正式颁布的《中华人民共和国职业分类大典》将我国职业归为8大类，66个中类，413个小类，1 838个细类（职业）。

国际上的职业分类一般有4种类型：

（1）按脑力劳动和体力劳动的性质、层次分类。分为白领工作人员和蓝领工作人员。

（2）按个体职业人格差异分类。根据美国职业指导专家霍兰德创立的人格—职业类型匹配理论，与6种人格类型相对应的职业类型有6种：实用型、研究型、艺术型、社会型、企业型、事务型。

（3）按职业组群和专业等级分类。美国临床心理学家罗伊的职业分类系统。依据工作环境分8个职业群：服务业、商业交易、商业组织、技术、户外、科学、文化、演艺；依据技能水平和责任要求的高低分为6个等级：高级专业及管理、一般专业及管理、半专业及管理、技能、半技能、非技能。

（4）按职业的主要职责进行分类。国际标准职业分类系统。按主要职责的不同，分为8个大类、83个小类、284个细类、1 506个职业项目、1 969个职业。

### （四）职业的特征与要素

职业有5大特征：

（1）社会性。人们必须通过职业承担生产任务，履行公民义务。

（2）技术性。人们可以通过职业发挥自己的才能和专长。

（3）经济性。人们可以从职业中获取经济收入。

（4）促进性。职业必须符合社会需要，为社会提供有用的服务。

（5）连续性。所从事的劳动相对稳定，而非中断性的。

职业有5大要素：

（1）作为职业符号特征的职业名称。

（2）工作的对象、内容、方式和场所。

（3）工作所需的资格和能力。

（4）工作取得的报酬。

（5）工作中建立的各种人际关系。

### （五）职业的功能

职业是个人维持自己生存、生活、获得成就感以及实现自身价值的主要渠道。

1. 从个人角度看职业的功能

（1）是个人获得经济收入来源和维持家庭生活的手段。

（2）是促进个性发展的手段。

（3）是个人贡献社会的途径。

（4）是个人获得社会承认（名誉、权力、地位）的来源。

2. 从社会角度看职业的功能

（1）职业的存在和职业活动构成了社会的存在和社会活动。

（2）职业劳动为社会的存在和发展奠定了物质基础。

（3）职业的分工是构成社会经济制度运行的主体。

（4）职业是维持社会稳定、实现社会控制的手段。

（5）职业的运动是推动社会进步的动力之一。

**（六）职业的产生和发展**

1. 社会分工是职业产生的基础　在原始社会初期，生产力水平低下，劳动过程只有简单的自然分工，还没有职业的产生。随着生产力的发展，人类出现了三次具有特别重要意义的社会分工，即游牧业同农业的分离、手工业同农业的分离、商业和商人阶级的产生。由于这些分工，最初的职业便出现了，比如牧人、农夫、工匠、商人等。

2. 社会分工的发展决定和制约着职业的发展　科学技术的进步、生产工具的改进和生产社会化使分工更为具体，专业化程度越来越高，从而职业也越来越多。新职业不断产生，如职业咨询师（指导师）、营养师、网络工程师、人体彩绘员、育婴师、美甲师、美足师、多媒体作品制作员、建筑模型设计师、信用管理师、黄金投资分析师、客户管理服务师、网游代练、职业道歉、道谢人、短信写手、恋爱秘书、网络推手、宠物健康护理员、牵犬师、职业买手……

3. 社会化分工的变化决定和制约着职业的变化　随着科学技术和生产力的发展，全社会劳动分工的模式和职业结构也在发生变化。社会分工变化了，职业的劳动方式也改变了。一些行业缩小了，老职业逐渐衰落和消退，如铅字工和代为写信、写字人。职业不断调整和变化，职责内容有不断的变化。出现中间层并且细分，如金领、白领、粉领、灰领、蓝领。

金领：他们有些是公司的管理人员，如 CEO（首席执行官）、CFO（财务总监）或 COO（首席运营长）等；有些高级知识从业人员，如工程师、律师、各个行业的分析家和预测家、高级编辑、程序编制人员、口译人员等。

金领们是脚踏实地的实干家，善于独立解决问题，富于冒险和挑战未来，渴望有一个更大的发展空间，渴望有一个属于自己的事业领域。金领的收入较之白领和粉领要高出许多，拥有属于自己的房、车，他们购衣并不十分追求潮流，但比较讲究质量、品牌和档次，可以到高档的俱乐部享受各种休闲服务。生命在这一刻透出味道，在工作之余享受着普通的职业者无法体验的闲适和从容。

白领：受过良好的教育，因一技之长而被老板聘用为管理层或做一些文职的事，他们工作上能独当一面，面对无常的世事显得更加达观，处理问题的方式也更趋实用。白领们追求生活的多样化及高质量。目前，白领阶层的主体是25～40岁的人群。

粉领：指的是那些在家工作的自由职业者。他们可以睡个懒觉，中午吃饭不必太讲究。家既是他们的栖息地也是他们的工作场所，他们凭借电脑、电话和传真与外界联系，对白领工作环境中很多令人紧张的人情世故知之甚少。

灰领："灰领"一词起源于美国，作为一种全新的职业概念的提出，不仅引发了人们对择业观念的思考，更是带动了全社会对"灰领"职业的探讨。"灰领"人才的内涵是动手与动脑能力的结合，他们是"具有较高知识层次、较强创新能力、掌握熟练的心智技能的新兴技能人才"。"灰领"（gray collar），原指负责维修电器、上下水道、机械的技术工人，这些工人常穿灰色工作服出现，此类职业也随之得名。如今"灰领"的范畴已扩大，电子工程师、软件开发工程师、装饰设计工程师、绘图工程师、喷涂电镀工程师等。相比白领和蓝领，"灰领"职业人既要有良好的理论素养，又要有动手实践的能力，是复合型、实用型人才。

蓝领：主要指产业工人，他们靠支付自己的体力来获取报酬，建筑工人、钢铁工人、纺织女工、家电制造工人、水电管道维修工、装修工人、卡车司机等职业是蓝领的典型职业。蓝领的本质特征在于具有统一的生产技能和职业规范，具有一定的组织化水平。当前在工业、农业和第三产业中，均存在一定规模的蓝领群体。技术工人、推销员与售货员、出租车司机与物流运输工人、保安公司中的保安人员、具有高标准卫生条件约束下的厨艺人员、具备现代农技知识进行机械化作业的农民等，也都属于现代蓝领。

4. 其他因素　除社会分工外，政治因素、文化因素等与职业的产生和发展也有一定的关系。

**（七）职业流动**

职业流动是劳动者在不同的职业群体之间的流动，是职业角色的变换过程，其结果是对劳动者的职业生涯发生影响。职业流动主要表现在以下几点：

（1）从职业流动引起社会职业结构性变化的情况看，表现为结构流动和个别流动。

（2）以职业地位和职业声望为标准，可以把职业流动分为水平流动和上下流动。

（3）两代人之间从事的不同职业的变化表现为代际流动。

（4）劳动者个体在整个职业生涯过程中一生的职业变化。

## 二、生涯及职业生涯

### （一）生涯及职业生涯的定义

现实生活中有“艺术生涯”、“政治生涯”、“体育生涯”、“学术生涯”、“戎马生涯”等与生涯有关的说法。我国古代南宋诗人陆游在《秋思》中提到“生涯”一词：“身似庞翁不出家，一窗自了谈生涯”。《辞海》对“生涯”一词的定义为：从事某种活动或职业的生活。

生涯的英文 career，来源于古罗马字 Via Carrararia 及拉丁字 Carrus，意指“战车”。在希腊，career 这个字有疯狂竞赛的意思，最早常用于动词，如驾驭赛马（to career a horse）。在西方人的概念中，使用“生涯”一词就如同在马场上驰骋竞技，隐含有未知、冒险等精神①。现生涯多被引申为人生发展历程。在汉语中，career 也被翻译成职业生涯。所以，career 狭义的概念是指职业生涯，广义的概念是指生涯。因为时代不同、视角相异等因素，国内外学者对生涯的定义也有所不同。目前，大多数西方学者所接受的生涯的定义是舒伯（Super，1976）的论点：生涯是生活里各种事态的演进方向和历程，它统合了人一生中的各种职业和生活角色，由此表现出个人独特的自我发展形态。生涯也是人生从青春期到退休之后，一连串有酬或无酬职位的综合。除了职业之外，还包括任何与工作有关的角色，如学生、休闲者、工作者、退休者；包含家庭角色，如子女、父母、持家者、配偶；也包含了社会角色，如公民等 9 种角色②。职业生涯是指个人职业的发展道路，包括从职业学习开始到职业劳动结束的职业历程。人的职业生活是其生活的主体，在其生涯中占据关键的位置。

**互动：我的生命线**

◇ 请拿出一张白纸，在上面划一条直线。将直线的左端视为你生命的开始，你希望自己可以活多久？在右端写下你期待的年龄。

◇ 将这条直线视为生命线，在上面标出你现在的年龄点。

◇ 回忆过去在你生命中发生的重大事件，在直线上方写出 2～3 件最有积极影响的事件，并在直线的相应位置标明年龄，在直线的下方写出 2～3 件对你最有消极影响的事件并标明年龄。想想这几件事对你的影响。

◇ 展望未来，你有什么梦想，想成为什么样的人？如何打造美好人生？

现举例赵斌明同学的生命线供大家参考（图 1－1）。

① 金树人．2006．生涯咨商与辅导［M］．中国台湾：东华书局．

② 沈之菲．2000．生涯心理辅导［M］．上海：上海教育出版社．

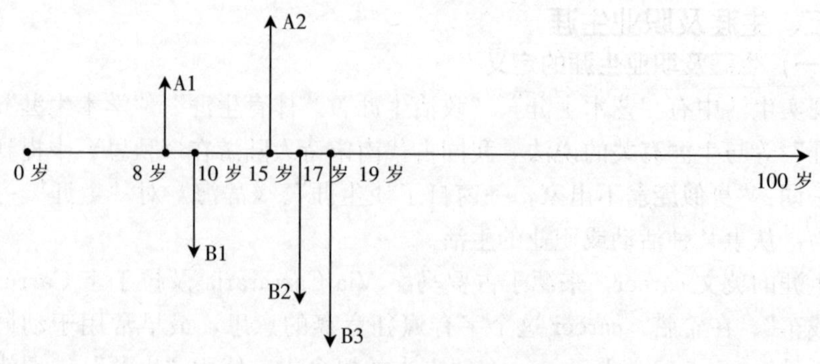


图 1-1　赵斌明同学的生命线

A. 积极事件

A1：8 岁那年，我读二年级。老师要求背诵《三字经》，于是我到书店去买这本书。但我带的钱不够，还差五毛钱，但老板最终还是卖给了我。第二天放学后，我拿钱还给了书店老板，受到了他的表扬。这让我感到做一个诚实孩子的快乐！虽然只是几毛钱，却是一个人诚信的体现。

A2：15 岁那年，我读初二。由于从小学升上初中，学习方式发生了改变，使得我有些不适应，导致学习成绩不太好，排名偏后。由于心情沮丧，使得学习无激情、无动力。但经过我一年多的不懈努力，终于在初二期末考试中，取得全班第一、全年级前几名的好成绩。这使我又重拾了学习的信心。这件事使我明白：功夫不负有心人，世上无难事，只要肯登攀。

B. 消极事件

B1：10 岁那年，由于爸爸给我买了部单车，我很得意，疯狂骑车，导致车倒人伤，额头上留下了一道伤疤，觉得形象被毁，险些失去生活下去的勇气。自此以后，自己无论碰到什么高兴的事情都不敢喜形于色，做事总是过于小心，不敢突破自我。

B2：17 岁的时候，我对某个人有了某种青春期特有的好感。但两个人走在一起一段时间后，突然就不了了之。由于当时生活的重心全落在感情的事上，导致刚分开后一时我找不到生活的乐趣和目标，感觉前途很迷惘。

B3：19 岁时，父亲患了癌症。每个周末，我都把自己的闲暇时间用来去医院照顾父亲，我觉得这是人生最黑暗的时期，因为父亲的病情很危急，我每天都很担心、很害怕。但最终他还是走了！看着妈妈异常憔悴的脸，我意识到：我和妈妈失去了依靠！

**（二）生涯的五个阶段**

美国职业指导专家舒伯把人的生涯分为 5 个阶段：

第一阶段：生涯成长期（0～14 岁 growth 儿童期）。

第二阶段：生涯探索期（15～24 岁 exploration 青春期）。

第三阶段：生涯建立期（25～44 岁 establishment 成年期）。

第四阶段：生涯维持期（45～64 岁 maintenance 中年期）。

第五阶段：生涯衰退期（65 岁以上 decline 老年期）。

大学生的生涯发展阶段属于生涯探索期。在这个阶段，大学生的生涯发展任务主要是从多种多样的机会中探索自我，逐渐明确职业选择，并在所选定的领域中起步。

**（三）生涯的五大特点**

1. 独特性　因为遗传、家庭、经历、社会环境的不同，每个人的生涯也会不同。所以，生涯的发展是个性化的发展，即使处于同一时代或同一文化背景下的人们，因为生涯发展中其他因素的影响，每个人也会有属于自己的生涯。

2. 发展性　生涯不是一个静止的点，它是一个动态的发展历程。

3. 终生性　生涯不仅指人生的某个阶段，而是如影随形、相伴一生的历程。

4. 全面性（空间性）　生涯包括了生命中的每一个方面。人的一生要充当子女、学生、工作者、公民、持家者、休闲者等多种不同的生活角色。

5. 主动性　人有主观能动性，有选择决定权，自己的人生自己做主。

# 第二节　职业生涯规划及其作用

## 一、职业生涯规划的概念

### （一）职业生涯规划的起源

职业指导 1908 年起源于美国。职业指导之父—帕森斯（Frank Parsons）创立波士顿职业指导局，首次提出职业指导的概念。1909 年，《选择职业》（Choosing a Vocation）出版，第一次系统阐述了科学的职业选择理论。职业指导从此开始系统化。在接下来的几十年里，心理测验的发展对职业指导起到了促进作用。第二次世界大战中为了满足政府对大量不同人才快速分类与安置的需要以及战后复原人员就业安置的需要，主要关注人职匹配的职业指导更为流行。

1953 年，舒伯等人提出“生涯”的概念，职业指导进入到职业生涯规划阶段。他认为：职业生涯规划更应注重职业对人的意义。一个完美的人生，未必仅仅依赖于职业角色的完美与否，更多的非职业角色使人生有更多自我实现的可能性。

美国的生涯教育开展得很普遍，生涯教育是针对所有国民，从幼儿园到成年的整个教育过程。在中小学，有丰富多彩的扩展生涯经验和增进自我了解的职业探索活动。生涯教育按照生涯认知（career awareness）、生涯探索（career exploration）、生涯定向（career orientation）、生涯准备（career preparation）、生涯熟练（career proficiency）等步骤依次实施，使学生对学习的目的有清楚地认识并且对将来的工作怀有极大的热情。

我国的生涯规划教育起步较晚，很多大一新生认为生涯规划离自己还很遥远。其实，从大一开始做生涯规划，起步已经不早，必须认识到：生涯规划越早开始越好。

### （二）职业生涯规划的定义

职业生涯规划，是指结合自身条件和现实环境，确立自己的职业目标，选择职业道路，制订相应的培训、教育和工作计划，并按照生涯发展的阶段实施具体行动以达到目标的过程。

具体包括要对四个方面进行规划：干什么、何处干、怎么干、以什么样的态度干，概括为四定：

定向：确定职业方向或者说确定干哪一行。

定点：确定职业发展地点或者职业发展的具体领域。

定位：确定自己在职业人群中的位置，也就是选择什么样的职位。

定心：稳定自己的心态。

## 二、职业生涯规划的作用及意义

### （一）生涯规划的功能和作用

1. 生涯规划的功能

**互动：猜衣服颜色**

请同学们闭上双眼，猜猜班上有谁穿了红色的衣服，共有多少人穿了红色衣服。

提问：红颜色在人群中会很显眼，为什么大家都没有注意到呢？

在心理学中，人们在同时存在的两种或两种以上的刺激信息中，选择一种进行注意，而忽略其他的刺激信息，这种行为称为选择性注意。当没有人提示要注意红色信息时，它被忽略了，因为它不是一个目标。但当我们将穿红色衣服的人设定为目标后，不仅今天，也许接下来的1～2天你都会去关注身边穿红色衣服的人。如果把注意力看成一种能量的话，那么，刚才的互动很明显地说明了目标可以帮助我们集中能量。

生涯规划是一个过程，规划的功能就是为生涯设定目标，并找到达到目标需要采取的步骤。目标的制定是一个探索过程，这个过程帮助一个人逐渐理清生命的价值与意义，并用行动去实现它。刚才的互动告诉我们，当一个人的生涯发展有目标时，他就容易集中所有的能量和资源去实现它，成功的可能性就会更大。

著名经济学家和管理专家彼得·德鲁克在1955年提出了“目标管理”这一术语。有一年，一群意气风发的大学生从哈佛大学毕业，他们的智力、学历、环境条件都相差无几。出校门前，学校对他们进行了一次人生目标的调查，结果是：27%的人没有目标；60%的人目标模糊；10%的人有短期目标；3%的人有清晰而长远的目标。

25年后，哈佛大学对这些学生进行了跟踪调查。结果是：27%没有目标的这些人，生活过得不如意；60%目标模糊的这些人，安稳地工作和生活，生活在社会的中下层，无特别的成绩；10%有短期目标的这些人，一个个短期目标不断实现，生活在社会的中上层；3%有清晰长远目标的这些人，25年来朝着一个目标不懈努力，几乎都成为社会各界的成功人士，其中不乏行业领袖和社会精英。

2. 职业生涯规划的积极作用　一个人最大的幸福，就在于能根据自己的兴趣爱好，以自己选择的方式生活。择其所爱，爱其所择的结果，是潜能得到最大限度地开发，同时会使一个人以己为荣，自我价值得到充分体现，并呈现出圆融、丰足、喜悦、智慧和充满创造力的气质。

在生涯规划发展的过程中，有的学生对追求理想的工作或人生目标充满疑虑；有的学生甚至不敢去想象或者设立理想目标，因为觉得那是不可实现的。阻碍学生插上理想的翅膀，迈出勇敢脚步的原因主要包括两个障碍，即内在障碍和外在障碍。

内在障碍是由一个人对自己的不了解、低评价、不自信或者无安全感造成的。例如，有的同学很难看到自己的长处，总用自己的短处和别人的优势相比，内心不认为自己有可用或特别之处，没做好踏入社会的准备。因为对自己缺乏信心，所以影响自己在面试环节中的表现。这是典型的不能够真正了解和接纳自己，从而导致对自我的低评价。

外在障碍则来自于一个人所处的外在环境。通常与政局动荡、市场不景气、经济衰退和社会秩序混乱相关。一个没有生涯目标的人，很容易受外界因素的影响。例如，两个家境同样普通的毕业生，毕业时找到的工作都不理想，但对有生涯目标的同学而言，可以积极面对不理想的工作，努力从工作中获得和培养自己实现目标所需的能力和资源，把不理想的工作当作迈向理想目标的第一步。而另一个没有目标的学生，更容易抱怨社会，哀叹自己生不逢时，很难积极应对困境，将找不到好工作进行外归因，被环境所左右，怨天尤人，随波逐流。所以，两位大学生毕业时人生起跑线是相同的，却可能因为有无生涯目标导致人生希望的不同，从而最终导致完全不同的人生。

米歇尔罗兹（Michelozzi，1998）指出：生涯规划有突破障碍、开发潜能和自我实现三个积极目的。

**案例：马咏梅的故事**

2003 年 7 月 3 日她代表中国参加在德国柏林举办的第 32 届世界洲际小姐国际总决赛，用 15 年的努力获得季军。这也是当时中国小姐自世界选美大赛中取得的最好名次。

她从小就立志参加选美并希望获得好名次。从小学习琴棋书画、唱歌跳舞，高考失利后当过保洁员、促销员、模特，后为了选美自费上大学学英文。

马咏梅的故事给我们的启示是：要拥有美好的人生必须敢于拥有梦想，科学规划，确定目标，勇往直前。所以，职业生涯规划的目的与意义表现为：

（1）可以为人生带来希望和意义。

（2）目标的制订是一个探索过程，这个过程帮助一个人逐渐去理清生命的价值和意义，并用行动实现它。这个过程帮助我们树立正确的人生观、价值观和世界观。

（3）可以帮助明确人生目标，好像为飘忽不定的人生加了一个锚，无论风雨来自何方，人生之船都自有它的方向。

### （二）大学职业生涯规划的意义

1. 大学生进行职业生涯规划的意义　大学阶段是职业准备和选择的阶段，是职业生涯规划的黄金阶段。

许多大学新生有这样的感受：高考前，路是黑的，只有前方亮着一盏灯，于是你只能坚定地朝那个方向走；高考后，周围忽然全亮了，很多条路在你面前，你反而不知该往哪儿走了。大学毕业时，你有很多选择：可以继续深造读硕、读博，可以出国留学或工作，可以入伍、创业、考公务员，也可以直接进入职场。如果进入职场你又可以在不同的行业领域、不同的职业、职位进行选择。如果大学生开始时没有规划好，一方面大学四年会毫无目标地瞎混，另一方面毕业时面对许多职业选择就会无所适从。所以，大学生职业生涯规划的意义在于：

①有助于增强方向感和计划性，减少失落感和盲目性。

②有助于增强紧迫感和操作性，减少空虚感和空想性。

③有助于增强责任感和主动性，减少幼稚感和被动性。

从而目标明确地度过大学四年的美好时光，为未来胜任理想的工作做好准备。总之，大学生进行职业生涯规划可以帮助同学们科学地规划大学四年的生活。

2. 大学职业生涯规划的特点　大学职业生涯规划与一般职业生涯规划有所区别。主要表现在：

(1) 设定目标不同。大学职业生涯规划所设定的目标是：初次就业成功，所从事的工作自己满意，人职匹配。

(2) 规划年限不同。大学职业生涯规划主要规划四年的大学生活。

(3) 实施策略不同。行动计划要与学习任务和校园生活密切联系。

3. 大学职业生涯规划的关键

(1) 树立主体意识。柏拉图曾经说过："只有科学地认识自我，正确地设计自我，严格地管理自我，才能站在历史的潮头去开创崭新的人生。"大学生从法律层面上来说，属于成年人。此时，心理上的自主意识逐渐增强，应该自己对自己负责。

可以通过自省、他人评价，进行职业测评，参与社会实践等多种方式发现优点，树立自信，找到不足，明确努力方向。自己的青春由自己做主！

(2) 增强规划意识。大学时期是毕业生进入职场，毕业起跑的助跑期。要有意识地、主动、科学地规划大学四年的学习生活。一般来说，一年级为试探期，主要目标是适应好大学的学习生活，对自我和所学专业的工作世界进行必要的探索。二年级为定向期，主要目标是初步确定自己的就业方向和职业目标，制订出实现目标切实可行的行动方案。三年级为准备期，为实现自己的职业目标按规划积极行动，全面提高综合素质和专业技能知识，为实现理想做好充足的准备。四年级为冲刺期，完成毕业前的实习、论文答辩等工作，努力开展就业见习，参加相关职前教育及培训，学习相关求职、就业的技巧、政策，最终成功就业。

(3) 加强时间管理。大学四年，一晃而过。思想上要高度重视时间管理，珍惜和把握每一寸光阴，改掉随波逐流、拖拉、无条理等不良习惯。

(4) 行动决定价值。丘吉尔曾说："行动虽然不一定能够带来幸福，但是没有行动就绝对没有幸福可言。"如果只有规划而没有行动，再好的规划也只是纸上谈兵，只有踏踏实实地按实现路径一步一个脚印地去实施规划，才能最终拥有美好人生。

## 三、职业生涯规划的类型

短期规划：2 年以内。

中期规划：2～5 年。

长期规划：5～10 年。

人生规划：40 年左右。

## 四、职业生涯规划的内容与步骤

**练习　我的旅游计划**

◆ 教师将一张世界地图挂在黑板上。
◆ 请同学参考世界地图，为自己制订一个详细可行的旅游计划。
◆ 将同学分为 5 人小组并讨论：
——你的旅游计划是什么？
——你制订这个计划经过了哪几个步骤？
——你将如何落实这个旅游计划？
——这个过程与职业生涯规划有哪些相似之处？
◆ 小组总结，并在全班讨论交流。

其实，生涯规划并不难，它和制订一份旅游计划有很多相似之处。如目标的制订、实现的过程，都和一个人的兴趣爱好和自身条件等相关，对目标和过程的选择没有绝对的好坏之分。俗话说，条条大路通罗马。不同的路有不同的风景，所以在旅游行程的选择上，没有哪条路是绝对好的，只是对某人某时比较合适而已。对个人的生涯发展来说，也是如此。对目的地信息的了解，可以让行程更有把握。无论对信息有多么细致的了解，也要有对风险和意外的心理准备。你是否能够如愿以偿地实现目标，这在很大程度上取决于你是计划的推动者还是依赖别人或环境，后者常让人陷入抱怨而无所作为。

具体而言，一个系统的生涯规划应当包括觉知与承诺、自我评估、外部环境分析、目标确立、策略实施与反馈修正 6 个步骤，如图 1-2 所示。

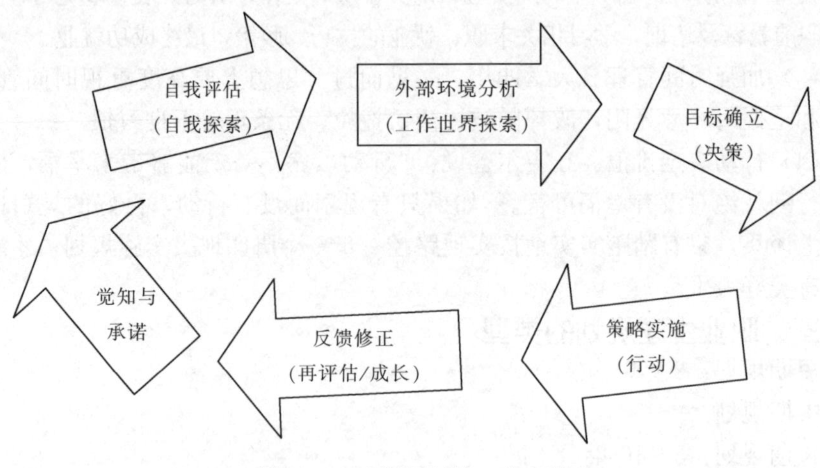


图 1-2　生涯规划的 6 个步骤

(1) 觉知与承诺。在这个阶段，学生了解到生涯规划的重要性和作用，并愿意花时间来规划自己的生涯。但要提醒学生：生涯规划是一个过程，是一种面对生涯发展的态度，它未必能立竿见影，马上为自己带来理想的工作。就好像我们所播下的种子，未必能马上发芽一样。所以，对生涯规划要有合理的预期。

(2) 自我评估（自我探索）。系统化的生涯规划是一个“从内而外”的过程。因此，在生涯规划时，首先要认识自己，诚实地自问：

- 我有哪些人格特性？
- 我的兴趣是什么？
- 哪些东西是我生命中不能缺少的？我最看重什么？
- 我有哪些技能是与众不同、赖以为生的？
- 其他：健康、性别、民族、外表等。

充分了解自己的兴趣，性格、能力、特长、身体状况、学识水平、思维习惯、价值观、情商、智商等。只有正确地认识自己，才能对自己的职业做出正确的选择，才能对自己的职业生涯目标做出最佳选择，才能制订适合自己发展的职业生涯路线。

(3) 外部环境分析（工作世界探索）。工作世界信息和自我信息是生涯规划中重要和基础的部分。对工作世界的了解具体包括：

- 专业与职业的关系。
- 工作世界的宏观发展趋势及需求状况。
- 具体职业对工作人员的素质要求、条件和待遇等。
- 继续教育方面的选择。

每一个人都处在一定的环境之中，而只有对这些环境因素充分了解，才能做到在复杂的环境中避害趋利，使你的生涯规划具有实际意义。必须更多地了解各种职业机会，尤其是一些行业、职业对人才素质和能力的要求。深入地了解这些行业与职位的需求状况，结合自身特点，评估外部职业机会，才能选择可以终生从事的理想职业。

(4) 目标确立（决策）。决策是综合整理和评估信息的部分，在决策时有可能因信息不全而重新回到前面两个步骤，具体内容包括：

- 综合与评估信息。
- 目标设立与计划。
- 处理决策过程中的各种问题：生涯信念、障碍。

职业生涯规划的核心是制订自己的职业目标和选择职业发展路径，制订出符合实际的短期目标、中期目标与长期目标。

职业目标选择的正确与否，直接关系到人生事业的成功与失败。据统计，在人生过得不如意的人群中，有80%的人是因为选错了职业目标。正如人们常说的：女怕嫁错郎，男怕选错行。

正确的职业选择至少应该考虑以下几点：①兴趣与职业的匹配；②性格与职业的匹配；③特长与职业的匹配；④内外环境与职业相适应。

（5）策略实施（行动）。行动是将全部的探索和思考落实的阶段。学生要通过行动来实现自己设立的工作目标。通常包括：

- 具体的求职过程。
- 制作简历，面试。

也有可能在与现实的接触过程中，你对自己有新的发现，由此对生涯发展有新的思考。所以，虽然我们为了方便学习，将生涯规划人为地割裂成不同的步骤，但无论在哪个步骤，自我与外部信息的探索都不会停止，不要忽略这些部分带给你的新启示。

在确定了职业生涯目标后，行动便成了关键的环节。为使行动落到实处，要制订落实目标的明确计划和具体措施，以便于定时检查。

彼得·圣吉在《第五次修炼中》说，企业未来唯一持久的竞争优势是比竞争对手学习得更快和更好，个人也是一样。我们处于终生学习的时代，要取得事业上的成功，重要的是要不断更新知识，提升能力，才能保持自己的职业竞争力，逐步达到自己设定的职业目标。

（6）反馈修正（再评估／成长）。当学生在实践中迈出生涯的重要一步—进入工作世界时，随着外部环境的变化，他们或许会继续沿着过去的规划前进，也有可能发现过去规划已不适合自己，或者发现过去的规划不尽如人意。这就需要再次进行生涯探索，修正生涯规划。所以说，生涯规划是一个循环的过程，需要一辈子来探索。所以，管理生涯规划也需要能力和技巧。

俗话说：计划赶不上变化。影响职业生涯规划的因素很多，有的变化可以预测，有的变化难于或无法预测。所以，要使职业生涯规划行之有效，就必须不断地对生涯规划进行评估与调整，调整的内容包括：职业的重新选择、职业生涯路线的选择、人生目标的修正、实施措施与计划的变更等。

**案例分析：**

**案例一：**小强是大一新生，对大学生活很向往的他对什么都有强烈的好奇心，别人选修的课程他全选。所有的社团活动他都去尝试一番，弄得自己筋疲力尽。他也选修了职业生涯规划课，但他想，找工作还很遥远，现在学就业课程是不是太早了？

分析：大一进行生涯规划并不早。大一正是进行生涯规划探索的黄金时段。应该好好思考和规划自己应当如何度过大学的四年时光，通过各种途径和思考初步探索自己未来感兴趣的职业发展方向。

在大学里自己选择机会较多，了解和掌握生涯规划理论，规划自己，尽早确立目标，就可以避免盲目选择，人云亦云，可以更合理有序地安排自己的学习生活，选课、实践就更有针对性和个性化，到大四面临毕业时才可以从容地为自己的未来做出选择。

**案例二：**小林是外语学院大三的学生，每天忙忙碌碌，除了上专业课，也选修自己感兴趣的人文、历史、心理等各种各样的课程，听讲座，参加社团活动……他担任过主持人，拿过英语演讲比赛一等奖，获得过国家励志奖学金。每天三点一线的大学生活让自己觉得生活单调乏味，他不知道自己在忙什么，也不知道选择的“付出”对未来的就业有无帮助。偶尔想起未来的就业和发展，自己很是迷茫和焦虑。父母希望自己考研究生，但自己对继续深造一点也提不起兴趣，想早点工作。但如果工作，职业方向又难以选择，是做翻译还是从事外贸工作？自己能在激烈的招聘竞争中胜出，顺利找到工作吗？为了解决这些困惑，他选修了职业生涯规划课。

分析：小林的困惑可以归结为：“我是谁?”“我要到哪里去?”和“我该如何去那里?”这 3 个方面。在本书的后续篇章中，将介绍如何回答这 3 个问题，困惑有望迎刃而解。

我们建议小林努力探索自我，充分了解工作世界，权衡利弊，早日决断，早日规划，积极行动，早做准备，才能增加成功就业的几率。

**案例三：**刘立早，1998 年以 612 的高分考上浙江大学化工专业。由于成绩优秀被保送到清华大学硕博连读，读硕士几个月后，他做了让大家都非常震惊的决定：退学，放弃原所学专业，重新参加普通高考。最终他又以优异成绩考上了清华大学建筑学专业的本科生。

分析：兴趣是最好的老师！能够做自己喜欢又擅长的工作是一种幸福！我们在进行专业选择和职业选择的时候，一定要考虑自己的性格、兴趣特长及价值观。而不能只考虑专业热不热门，前途和待遇是不是很好。刘立早他说不喜欢化工专业，喜欢建筑学，但他没有及早规划，及时调整，付出了如此高昂的代价。我们不禁要问：他进行过科学的职业生涯规划吗？他放弃化工专业改学建筑是否科学、合理？

**案例四：**陈扬霖，北京大学医学部临床肿瘤专业二年级研究生。他上大学前就立志将来做一位伟大的、医术高明的肿瘤领域的医学专家。但研究生期间，他要经常在医院值夜班，他讨厌值夜班。同时，天天接触病人，每天面对生离死别的场景也让他受不了。他开始怀疑自己的职业选择，不知道未来该向何处去？

分析：生涯规划可以说是个人的生涯发展的长期计划，但并不等于一个人做了这个规划一辈子按着这个计划进行就成功了。因为无论个人还是环境都会发展、变化，没有人能保证五年前做的生涯规划完全符合当前自己的发展，每隔半年到一年的时间个人需要对自己的发展进行回顾和审视，看看自己的生涯规划是否需要有所调整。陈扬霖在回顾和审视自己的现状时，可以考虑适当调整自己的生涯规划。比如，他不喜欢做夜班医生可以选择做白班医生，不愿做临床医师，可以去从事医药、开发、保健等行业，还可以从事医学管理工作。职业方向和岗位有许多种选择。人的一生中可根据实际情况进行调整。总之，生涯规划是一辈子的事情。并且生涯规划的意义并不仅仅在于制订一个长远的发展计划，它更多的是让人们懂得如何把握生涯，如何在尊重自己的基础上更好地发展自己。生涯规划不是用一个计划去限制人生的发展，而是让人们在更加了解自己的基础上勇于探索，更大程度地实现自我。

## 课后思考及练习

**一、我对大学职业生涯规划的理解是：**

______________________________

______________________________

______________________________

**二、通过该课程的学习，我期待得到的收获是：**

______________________________

______________________________

______________________________

**三、我的生活角色**

1. 写出你自己目前扮演的全部生活角色，然后按照投入大小画一个饼图。

2. 如果你的生活可以朝着你理想的方向发生改变，那么，你把你理想的角色分配画一个饼图。

3. 对照现实的饼图和理想的饼图，看看有什么因素妨碍了你的理想实现？或者你准备做什么让你的理想尽可能实现？

## 四、我的生活平衡轮

1. 写出人生中对你来说重要的方面，然后按照1～10为每一个领域打分（分值越高，满意度越高），并涂上不同颜色。

2. 看看哪个领域如果能够提升，就能够同时促进其他方面的发展？

3. 再给这个核心的领域画一个次级的平衡轮，看看可以做一些什么使它的满意度得分很高？

4. 做这个活动，你对自己有什么新的认识或想法？

## 相关资源

1. http：//www. beisen. careersky. org.

2. 沈之菲．2000. 生涯心理辅导［M］．上海：上海教育出版社．

3. 有关职业的英文单词——无忧考网 www. 51test. net.

4. www. jobsoso. com.

5. 张迎春．2009. 国际标准职业分类的更新及其对中国的启示［J］．中国行政管理（1）．

6. 职业分类——搜搜百科．

7. 马咏梅的故事 http：//video. sina. com. cn/v/b/33420743 - 1747473233. html.

8. 职前教育网络学堂　职业发展教育锦程学习卡 www. joycareer. com.

# 第二章 职业发展理论及生涯辅导与咨询

**本章学习目标及重点：**

- 了解国内外生涯辅导的发展历史
- 重点了解帕森斯的特质因素论、舒伯的生涯发展理论、霍兰德的类型论及施恩的职业锚等职业发展理论，熟悉理论产生的背景，掌握理论的基本观点及其在生涯辅导上的应用
- 学会运用常见的职业发展理论，为职业生涯规划服务

## 第一节 生涯辅导与咨询

### 一、生涯辅导的历史

#### （一）西方生涯辅导的历史

由于20世纪初美国职业辅导运动的开展，生涯辅导已经成为一门具有科学性和操作性的学科，并被认为是一项对社会有着重要影响的服务。从1908年弗兰克·帕森斯创立波士顿职业指导局，第一次开始提供系统科学的职业指导服务以来，生涯辅导已经历了上百年的蓬勃发展。职业生涯教育是经济发展、技术进步、职业分化、经济剧烈变化而产生的失业问题等一系列社会矛盾出现后，社会为解决就业问题而做出努力的产物。其发展过程可分为4个阶段。

第一阶段：职业咨询服务的产生。在初期，职业咨询服务进行的主要是协助个人选择职业、准备就业、工作安置等以就业后适应为主的“职业指导（vocational guidance)”。在实践上，重在解决职业问题，偏重职业资讯的提供和测量工具的使用，强调人职匹配。从事职业指导工作的绝大多数是职业教育人员。

第二阶段：心理测试在职业指导中开始应用。1927年，斯坦福大学的斯特朗发表了第一个标准化职业兴趣测量表。1928年，豪尔发表特殊性向测验，专为职业辅导的应用而设计，强调个人特质与工作需要相结合。因此，在这一阶段的职业辅导过程中，教育、社会工作和心理测试三者的结合逐步完善。职业指导运动对于心理测量的重视以及第一次世界大战、第二次世界大战期间对于人力资源进行快速分配的需求，极大地促进了心理测量领域的发展，同时也

为现今的心理咨询（counseling）奠定了基础。

20 世纪 30～40 年代存在主义哲学、人本主义思潮对职业指导运动造成了冲击，尤其是罗杰斯（C. Rogers）所倡导的“当事人中心疗法（Client-centered Therapy）”，对于早期职业辅导过于指导式的理论和实践提出了挑战，也促进了职业辅导理论的发展。

第三阶段：职业辅导系统化理论开始形成，辅导重点转向大学及对咨询人员的培训。1939 年，威廉逊与明尼苏达大学的同事一起，在帕森斯理论的基础上发展了特质因素理论。他们总结了职业辅导的过程和模式，形成了一套独特的辅导方式，被称为“明尼苏达学派”。1942 年，比尔．罗杰斯《心理咨询和心理疗法》一书的出版，为将心理辅导完全纳入职业辅导提供了更加完整和科学的依据，职业辅导系统化理论基本形成。1952 年，美国全球职业辅导协会与其他人事方面的学术组织合并，成立了美国人事与辅导协会。

第四阶段：职业辅导发展走向成熟，从学校到择业的过渡成为焦点。这一阶段，美国相继通过了《国防教育法案》、《职业教育法》等一系列涉及职业辅导的法案。在政府立法的支持下，全美形成了学校系统、政府系统和社会系统相互补充、协调的完整体系。学校系统中，各学校设有职业指导业务机构。政府系统中，联邦设有国家职业情报协调委员会，向社会提供就业信息，建立职业供求的数据库。社会系统中，除了前述职业指导行业组织和学术组织外，有关社会科学的学者和职业组织合作，在职业问题研究领域中提出了许多在世界范围内产生重大影响的成果。

20 世纪 50 年代以后，职业指导被赋予了新的含义，成为充分利用人力资源、发挥人的才能、挖掘人的潜力的重要手段。此时，职业指导出现了两大转变。第一转变：由静态的、一次完成的职业指导向发展的、多次完成的职业指导转变，导致这一转变的核心人物是舒伯；第二转变：是由指导向辅导的转变，即将教导式的职业指导方式变成更加人性化的、强调发挥被指导者作用的职业辅导，导致这种转变的核心人物是人本主义心理学家罗杰斯。

舒伯（D. Super）等人提出“生涯”的概念之后，职业辅导的含义被重新界定为“帮助个体发展并且接受一个整合的、恰当的、关于自身及其在工作环境中所担任角色的清晰画面的过程，并且在实践中检验这一过程，改变这一过程，以求达到对自身以及社会的满意”（舒伯，1951）。以协助个人建立并发展自我概念及相应的生涯选择与生活方式的“生涯辅导”（career guidance），从此取代了“职业指导”。

20 世纪 60 年代以后，美国学者霍兰德建立了系统的职业指导理论与方法模式，包括个性类型鉴定、职业分类、分类匹配和职业选择等。

20世纪70年代，职业指导引起世界各国关注，如英国、德国、日本、加拿大和前苏联等国家的职业指导制度也相继建立，并迅速发展。

20世纪80年代，美国的《职业及应用技术教育修订法案》、《高等教育法》等法律的颁布和实施，以及《国家生涯发展协会》的成立，使美国的职业辅导发展趋向成熟。同时期，在美国的企业管理中十分重视对员工的职业指导。“职业指导”一词被一更有广泛含义的词“生涯咨询”所代替，国家职业指导协会也被更名为“国家生涯发展协会”，“生涯”一词也被正式在制度中确立下来，一直沿用至今。

生涯辅导涵盖整个生涯发展历程，它不以单纯解决就业问题为重点，而强调发展和探索，注重个人生涯知识、技能与观念的培养和发展，以帮助个体达到生涯成熟为目标。它包括了教学、生涯咨询（career counseling）、职业测评、生涯规划活动、就业安置服务等多种手段。其中，生涯咨询是指通过运用心理学及职业发展理论，使用认知、行为、情感的方法以及系统干预策略，来帮助个人提升职业满意度，并获得个人成长和职业发展的过程。

**（二）我国生涯辅导的历史**

我国的职业指导可追溯到20世纪20年代初期。1916年，清华大学校长周治春首次将心理测试的手段应用在学生选择职业中，这标志着职业指导在我国开始建立。

1919年，黄炎培等老一辈革命家、教育家在中华职业教育社的社刊《教育与职业》杂志上发表了《职业指导号》，从介绍西方国家职业指导的理论与经验入手，结合当时的经济与社会状况，提出了在我国开展职业指导的必要性。

1920年，中华职教社成立了职业指导部，组织力量对社会职业状况进行调查，对职业选择方法进行演讲。开展了一系列职业指导活动，如1924年在上海、南京、武汉举办对中学生的升学与就业指导；1925年清华大校庄泽宣老师编写了《职业指导实践》一书。

1927年中华职业教育社创办了我国第一个为社会服务的组织“上海职业指导所”，此后，各地又建立了一批职业所，为发展我国职业指导事业奠定了基础。

1929年当时的南京政府全国教育会议通过了《设立职业指导所及厉行职业指导方案》，规定了一些实施职业指导的办法。1931年，南京国民政府成立了全国职业指导机构联合会。但旧中国，经济凋敝，职业指导基本处于停滞状态。

新中国成立后，总体来讲，大学生职业生涯教育是与大学生就业制度紧密联系在一起的。从建国初期的1950年到1983年，高校大学生就业实行的都是“统包统分”的就业制度。所以，在相当长的一段时间里，职业生涯教育一直是学校教育的空白。职业生涯教育，基本上被那个时代特有的政治教育所取代，“我是革命一块砖，哪里需要哪里搬”是计划经济时代最典型的口号。

改革开放以后，党和政府从国情出发，开辟多种就业渠道，创建和发展劳动服务公司，并通过这一机构组织、培训、协调劳动力的供求，职业指导也随之发展起来。1983年国家颁布了《关于教育体制改革的决定》，为大学生就业制度的改革奠定了基础。随着国民经济迅速发展和劳动用工制度改革不断深化，就业制度发生了根本变化，逐渐形成用人单位和劳动者双向选择、合理流动的就业机制，为职业指导提供了良好的发展机遇。

到目前为止，我国高校大学生就业指导已经进入到一个蓬勃发展的新阶段，国家出台了一系列关于大学生就业指导的新政策。教育部、各省教育主管部门成立了大学生就业指导机构；各地人事部门采取了相应的措施，定期或不定期举行区域性的大学生双向选择活动，积极为大学生服务；媒体专门开设了大学生就业指导专栏；各级各类大学生就业指导网站，除了为毕业生提供了大量的政策和就业知识，还为大学生择业提供了双向选择的服务平台；各高校均设立了就业指导机构，建立了自己的就业指导网站，普遍开设了大学生就业指导课，通过对大学生全程的、系统的就业指导，普遍提高大学生在市场经济条件下的就业能力和未来的职业发展能力①。

**案例：王晓颖的困惑**

王晓颖是大一工商管理专业的学生，她爱好美术，绘画是她的特长，她以为她可能更适合学美术或园林专业。但亲朋好友认为学商科专业更好，她也不讨厌学商科，要不要转换专业？她很矛盾，很困惑。但她不知道应该找什么机构、找什么人来解决自己的困惑。

分析：王晓颖同学的问题在大一新生中比较普遍。只要她稍微打听或者选修了职业生涯规划课程，她就会知道现在的高校普遍设有就业指导中心或者招生就业处这一专门机构。机构里面有专业人员提供生涯咨询辅导和就业服务等，可以帮助遇到这类问题和就业困惑的同学。

## 二、生涯辅导相关机构

目前，国内各个高校都设有就业指导中心或招生就业处这一专门机构，从事就业教育、职业咨询与辅导、就业服务等具体事务。国内将这类专业人员称

① 高桥，王辉．2008．大学生职业发展与就业指导［M］．北京：现代教育出版社．

为“就业指导师”，他们都拥有高校教师资格证和就业指导的相关职业资格证书。有的高校面向学生开展“一对一”职业咨询预约登记与服务，进行个性化职业辅导咨询。

《中华人民共和国高等教育法》第 59 条明确规定：高等学校应当为毕业生、结业生提供就业指导和服务。教育部也下发了《关于在高等学校开设就业指导课的通知》的文件。2007 年，在全国高校毕业生就业工作会议上，当时的教育部部长周济同志明确提出：加强就业指导课程建设，把就业指导课列入必修课或必选课，积极开发教材，完善课程体系。这说明对高校学生进行就业指导已经成为学校教育教学工作不可或缺的内容。当前，绝大多数高校都组建了就业指导机构，有的学校还专门成立了就业指导教研室，把就业指导作为一项重要工作来抓，为择业的大学生提供帮助。

就业指导中心是高校负责大学生就业与发展工作的常设机构，在学校的领导下独立开展就业指导与就业服务工作，是学生联系社会、连接企业的窗口和桥梁。学校就业指导中心以培养学生能力为导向，以提高毕业生就业率和满意度为己任，以促进大学生职业发展为宗旨，以畅通就业渠道为手段，深入了解企业用人需求，建立起校内较为完善的毕业生就业市场和就业服务体系，最终解决企业的用人问题和毕业生的就业问题。就业指导中心的主要职能如下①：

(1) 为大学生提供就业和创业指导，职业发展辅导，择业方法与技巧指导；负责学生的求职培训、择业教育，引导毕业生树立正确的择业观与就业观；为学生提供专业的职业倾向测试和个性化的职业生涯规划设计等服务。

(2) 介绍当前就业形势，宣传贯彻就业政策，制订符合学校实际情况的就业办法，编制毕业生就业方案。

(3) 负责对外就业宣传，收集和发布就业信息，举办校内招聘活动，组织毕业生参加双向选择活动，并积极向用人单位推荐毕业生，管理和维护毕业生就业网站。

(4) 负责毕业生资格审查，汇总、上报毕业生生源；负责就业协议的审核，编制、上报毕业生就业计划；负责毕业生派遣以及改派、缓派等问题的处理。

(5) 开展与大学生就业有关的调查研究，组织开设就业指导课。

(6) 定期向校领导、各院、系、有关单位和毕业生通报毕业生就业情况，营造全员关注就业、全员参与和支持就业工作的良好氛围。

就业指导主要是研究大学生的职业心理发展阶段，根据大学生群体的特点

---

① 蒋建荣，刘月波. 2009. 大学生职业发展与就业训练教程 [M]. 北京：现代教育出版社.

及职业成熟度，通过日常有意识的教育和引导工作来开展的一项长期性工作。就业指导是一个长期的系统工程，贯穿大学生涯的始终。

高校对学生进行分年级、分阶段、分层次的指导，同学们在学校的整体规划之下，循序渐进地参与全程的职业规划指导，有意识地规划自己的职业生涯发展。

（1）一年级：了解职业生涯发展的理念，增强生涯规划意识，了解本专业的发展前景、毕业生的就业形势、社会上相关职业的发展状况，加深对专业的了解，形成关于专业、学业、就业、职业关系的认识，初步制订出未来个人成长与发展的目标。

（2）二年级：通过职业测试，发现和了解自己的性格、兴趣、价值观、特长等，以完善一年级形成的初步目标。同时，从方方面面武装自己，准备迎接未来的挑战。

（3）三年级：通过专业课中渗透的就业指导内容，从历史和现实的角度，掌握专业知识和技能的同时，了解实际应用这些知识和技能的规则以及应避免的失误，更好地了解真实的职业世界，挖掘职业潜能。并接受大学生求职技巧指导，通过就业过程各个环节的技巧指导与训练，掌握正确求职的技巧与方法；适时接受大学生就业法律知识指导，了解和掌握国家有关劳动与就业方面的法律知识，学会利用法律武器保护自己的合法权益。强化诚信意识，在就业过程中和今后的工作中遵纪守法，诚实守信。积极获取就业实习机会，了解市场需求和雇主资料，参加社会实践。

（4）四年级：充分利用毕业实习机会，发现并弥补知识和能力方面的不足，及时接受大学生就业信息指导，通过各种形式了解大学生就业信息、用人单位信息和其他相关资讯；还可以接受学校辅导老师个性化的信息资讯与指导服务，包括求职要领和面试技巧等①。

## 三、生涯咨询与心理咨询的区别

由于生涯历程涵盖了人生不同的阶段和多种角色，职业也与个人的生活和家庭有着密不可分的相互作用，因此，生涯咨询常常与一般的个体心理咨询相互重叠，无法截然分开。现今从事生涯咨询的专业人士即生涯咨询师（career counselor）通常需要掌握心理学及咨询的理论和技巧，才能有效地从事生涯咨询的工作。尽管如此，生涯咨询和心理咨询还是有所区别的。比如，生涯咨询人员还需要了解与生涯发展相关的特定理论和知识。此外，生涯咨询重在帮助个体解决其职业发展方面的问题，而心理咨询则更强调从心理的角度去帮助

---

① 蒋建荣，刘月波.2009. 大学生职业发展与就业训练教程［M］. 北京：现代教育出版社.

个人澄清多方面的问题，调整适应。

全球职业规划师是符合美国“咨询与教育认证中心”标准的专业人员。相对于生涯咨询师而言，经过认证培训的“全球职业规划师（GCDF）”接受的是更为专门的培训，更侧重于帮助来询者解决与职业相关的具体实际问题。在实践操作上，更接近于“职业指导”工作，但同时又具有生涯发展的视角和理念。

## 第二节　职业发展相关理论概述

20 世纪初职业辅导运动开始以来，尤其是最近的三四十年，为了能够为个人做出有关职业和生活方面的正确决定提供支持，生涯辅导建立起了一系列理论模型。有帕森斯的特质因素论、霍兰德的类型论、舒伯的生涯发展理论等十几种理论。每种理论试图通过不同的视角和途径来揭示个人在社会角色和生涯方面的问题。这些理论针对个人职业的发展提出了一系列假设，提供了一些模型来帮助鉴别影响职业发展的各种因素并更深入、清晰地理解职业发展的过程。但每一种理论对个体生涯发展的指导作用有各自的优缺点。下面重点介绍影响力最大的几种职业发展理论，供同学们参考。

### 一、帕森斯的特质因素论

#### （一）理论产生的背景

特质因素论是最早期最基本的职业辅导理论，至今仍对职业辅导工作具有重要的指导作用。被尊称为“职业辅导之父”的帕森斯（Frank Pasons）在其 1909 年出版的《选择职业》（Choosing a Vocation）一书中首次提出。他针对大量年轻人失业的情况，成立了波士顿职业局，用他的理论开始系统的职业指导。理论的应用曾经较好地满足了美国第二次世界大战中对大量不同人才快速分类与安置的需要和战后复原人员就业安置的需要。这一理论在 20 世纪 50 年代曾经非常流行。

#### （二）基本观点

特质因素论的基本假设是：每个人均有稳定的特质。而职业也有一组稳定的条件（因素）。

特质（trait）：就是指个人的人格特征，包括能力倾向、兴趣、价值观和人格等，这些都可以通过心理测量工具来加以评量。

因素（factor）：则是指在工作上要取得成功所必须具备的条件或资格，这可以通过对工作的分析而了解。如果个人特质与工作因素越接近，则个人成功的可能性就越大。

帕森斯认为，在选择职业的过程中，涉及 3 个主要的因素，即：对自我爱好和能力的认识、对工作环境及其性质的了解、二者之间的协调与匹配。对应于这3个因素，他提出了“职业辅导的三大原则”（图2-1）：

原则一：对自我进行探索，包括了解个人的兴趣、能力、资源、限制、价值观和人格及其他特质。

原则二：了解各种职业，如职业的技能要求、工作条件、薪酬福利、发展前途等。

原则三：将上述两类资料进行综合并寻找与个人特质匹配的职业。

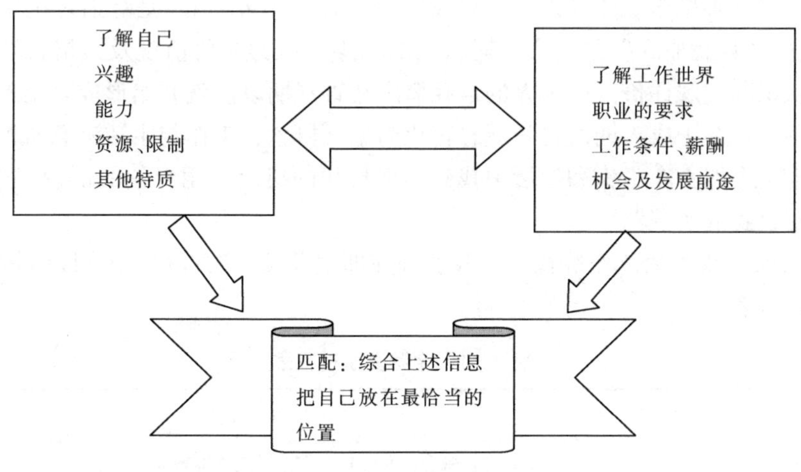


图2-1　职业辅导的三大原则

**（三）生涯辅导上的应用**

帕森斯强调就业指导师必须在职业辅导中帮助来询者客观地评价自己在找工作时存在的优势和劣势，提出理性的策略来帮助求职者做出正确抉择。求职者必须借助心理测量工具对个人的能力、兴趣、人格等特质进行评估。同时，要通过调研，访谈从业人员、实地考察参观等方式收集信息。进行职业调查和职业分析。职业辅导的目标就是要将个人与职业进行匹配。

**（四）对理论的客观评价**

特质因素论方法十分具体，易于学习和操作。由于特质因素论注重心理测量工具的使用，对心理测量的发展和应用曾起到了极大的推动作用。但因为测量工具本身存在信度与效度的问题，因此受到了很大的质疑。同时，特质因素论假定个人的特质与工作的特征是稳定不变的。但事实上，二者都是不断发展变化的。因此，静态测量的结果未必能真正反映出个人的长处与内心深层次的冲突。此外，它强调理性的适配，而忽略了情感在决策中的影响作用。

## 二、舒伯的生涯发展理论

### （一）理论产生的背景

舒伯整合了发展心理学、差异心理学、人格心理学及职业社会学的长期研究成果，将其汇聚成一个系统的理论体系。于1953年在《美国心理学家》上发表文章，提出“生涯”概念。他提出：生涯的发展是一个持续渐进的过程，由童年时代开始一直伴随一个人的一生。

### （二）基本观点

1.“自我概念”的提出　“自我概念”（self-concept）是舒伯理论中的核心概念。“自我概念”是指个人对自己的兴趣、能力、价值观及人格特征等方面的认识和主观评价。一个人的自我概念在青春期以前就开始形成，至青春期较为明朗，并于成人期由自我概念转化为生涯概念。工作与生活满意与否，就取决于个人能否在工作和生活中找到实现自我的机会。用舒伯的话说，“生涯就是对自我的实现”。

2. 生涯发展的五个阶段　自我实现亦即生涯发展的过程，又可以划分为5个阶段（表2－1）。

**表2－1　生涯发展过程表**

| 阶　段 | 年　龄 | 发展任务 |
| --- | --- | --- |
| 职业生涯成长期 | 出生～14岁 | 发展自我概念，发展对工作世界的正确态度，并了解工作的意义 |
| 职业生涯探索期 | 15～24 | 发展相关的技能使职业偏好逐渐具体化、特定化并实现职业偏好 |
| 职业生涯建立期 | 25～44 | 在适当的职业领域稳定下来，巩固地位，并力求晋升 |
| 职业生涯维持期 | 45～64 | 维持既有成就与地位，更新知识与技能，创新 |
| 职业生涯衰退期 | 65以上 | 减少在工作上的投入，计划安排退休生活，退休 |

第一个阶段，职业生涯成长期（出生～14岁）。儿童开始辨认他们周围的事物，并逐渐开始意识到自己的兴趣所在以及与职业相关的一些最基本技能。他们在这个阶段的发展任务是发展自我概念和树立对工作世界的正确态度，并了解工作的意义。

第二个阶段，职业生涯探索期（15～24岁）。青少年开始通过学校生活、社团休闲活动、兼职打零工等机会，对自己的兴趣、能力及角色、职业进行探索，收集相关的信息，尝试自己对于职业的一些假想。到18～21岁，青年人进入就业市场或接受专业训练，开始将一般性的职业偏好转化为具体的职业选择。在22～24岁期间，个人初步确定自己的职业并试验其成为长期发展领域的可能性。这个阶段的发展任务就是使职业偏好逐渐具体化、特定化并实现职业偏好。

第三个阶段，职业生涯建立期（25～44岁）。个人通过工作与实践接触，尝试选择适合自己的职业领域。经过不断地探索和尝试，最终在某个领域中逐步稳固下来。这个阶段发展的任务就是在适当的职业领域稳定下来，巩固地位，并力求晋升。这一时期通常是大部分人最具创造力的时期，是生涯发展的上升和高峰期。

第四个阶段，职业生涯维持期（45～64岁）。个人不断地付出努力来获得生涯的发展和成就，避免产生停滞感。这一阶段发展的任务是维持既有成就与地位，更新知识与技能，创新。

第五个阶段，职业生涯衰退期（65岁以上）。由于生理及心理机能日渐衰退，个人已经有意退出工作岗位并开始享受自己闲暇的晚年生活，职业角色的分量逐渐减少。这一阶段的发展任务是减少在工作上的投入，计划安排退休生活，为退休做准备。

在这一理论形成的初始阶段，舒伯认为这些阶段彼此之间都是有严格的界限和区分的。但在后期，他提出这些阶段之间可能有交叉，并不存在严格的界限。同时，在人生中的不同时期，都可以经历由这五个阶段构成的一个“小循环”。比如说，失业下岗人员必须重新对自我的能力、兴趣和价值进行评估（成长阶段），培养和发展新的技能，“探索”和寻找新的工作，然后在新的工作岗位上努力适应新的角色与工作环境，“建立”自己的职业地位。随后可能再次经历“维持”与“退出”的阶段（表2-2）。

**表2-2　舒伯的循环式发展任务**

(Super，1990)

| 生涯阶段 | 青年期（14～25岁） | 成年期（25～45岁） | 中年期（46～65岁） | 老年期（66岁以上） |
|---|---|---|---|---|
| 成长期 | 发展适应的自我概念 | 学习与他人相处 | 接受自身的限制 | 发展非职业性的角色 |
| 探索期 | 了解更多的机会 | 寻找心仪的工作机会 | 辨识新问题并设法解决 | 寻找合适的退休处所 |
| 建立期 | 在选定的领域中起步 | 在一个选定的工作上安顿下来 | 发展新的技能 | 从事未完成的梦想 |
| 维持期 | 验证目前所做的职业选择 | 致力维持工作的稳定 | 巩固自己面对竞争 | 维持生活乐趣 |
| 退出期 | 减少休闲活动的时间 | 减少运动的时间 | 专注于重要的活动 | 减少工作时间 |

3. 生活广度、生活空间和生涯成熟

生活广度（life span）：生涯发展的过程有五个阶段，在每个阶段都有其独特的职责和角色以及不同的发展任务，属于时间的向度。前一阶段发展任务的完成情况会影响下一阶段的发展。

生活空间（life space）：在发展历程的各个阶段中个人所扮演的各种角色，属于空间的向度。

生涯成熟（career maturity）：个人面对及完成发展任务的准备程度。

每个人都有一系列的角色，个人在不同时期扮演着不同的角色并对其有不同程度的认同与投入。舒伯认为个人所扮演的角色实际上是对自我概念的具体体现。在舒伯看来，人一生中必须扮演九种主要的角色，依次是：子女、学生、休闲者、公民、工作者、配偶、持家者、父母和退休者。

角色之间是相互影响的，某一个角色上的成功或失败，可能影响到其他角色的成功或失败。舒伯还特别指出，过于投入某一角色并为其成功付出太大的代价，有可能导致其他角色的失败。由此又可以引出“显著角色”的概念。例如，建立阶段和维持阶段中的显著角色通常都是工作者，如果个人仅仅注重这一角色的发展而忽视了对家庭、社会角色的投入，那么到退出阶段的时候，由于工作者角色的中断，个人又缺乏其他角色可以替代它满足个人的心理需求，往往会产生巨大的失落感乃至出现严重的适应不良状况。

角色和显著角色的概念有助于评估一个人在工作、学习、家庭、休闲和社会活动等各方面的投入程度及其相互间的关联影响，从而帮助个人协调平衡生活各部分的内容，丰富个人的生活空间。

生活广度（发展阶段）属于时间的向度，而生活空间角色属于空间的向度。舒伯将二者交汇成生涯彩虹图（图 2－2）。

在生涯彩虹图中，横向层面代表的是横跨一生的“生活广度”，在彩虹的外层标示出了人一生主要的发展阶段和相应的大致年龄。纵向层面代表的是由一组角色组成的“生活空间”，它描绘了生涯发展阶段与角色间的相互影响和发展状况。而个人在不同时期对不同角色的投入和重视程度，则以每一道彩虹深浅不一的颜色来表现。生涯彩虹图非常直观地在同一张图上展现了个人生命的长度（发展阶段）、宽度（角色）和深度（个人对角色的投入程度），展现生命的意义所在。

**（三）生涯辅导上的应用**

舒伯的生涯辅导的重点不在“职业”，而在于强调个人全方位的发展。舒

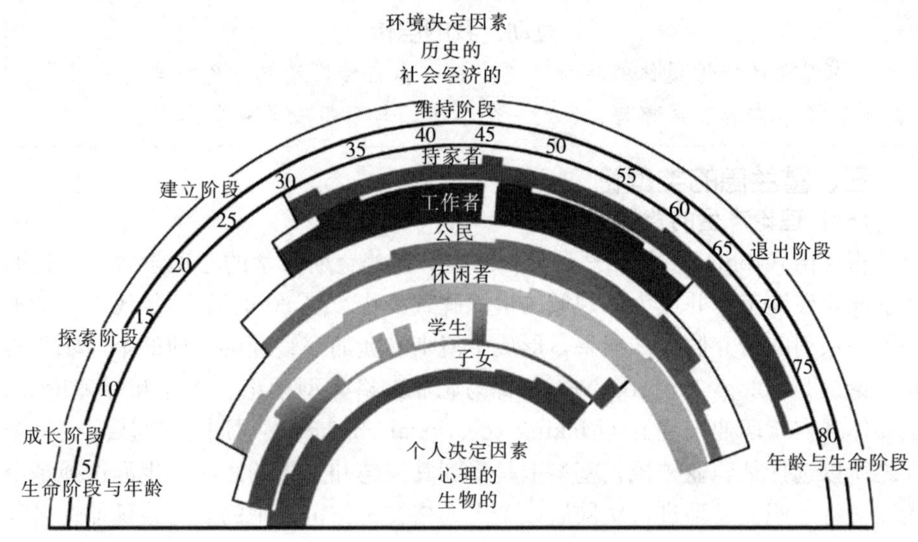


图 2－2　生涯彩虹图

http：//image. baidu. com/i? ct＝503316480&z＝&tn＝baiduimagedetail&word

伯的生涯发展论特别强调必须深入地了解每个人的发展状况，包括其所处的生涯发展阶段及其面临的发展任务、工作角色的显著程度和工作观念、生涯成熟程度以及自我概念等方面的内容。在进行辅导的具体操作中，可以将主观评价（来询者的自我认知）与客观评估（心理测量结果）相结合，将非指导（促进来询者自身的觉察与领悟）与指导的方式相结合。

另外，舒伯认为在个人发展中，儿童的好奇心可引发探索活动。通过参加相关的探索活动，可以促进个人对自我及环境的认识和了解，获取对现实世界的丰富信息，帮助其培养适当的兴趣和技能，并有机会接触到重要他人（良师益友、榜样）成功的探索经验还能帮助个人发展健全的自我概念。这一切都有助于个人生涯的发展。这一理念对于学校职业辅导和教育具有重要的意义。在学校教育和家庭教育中融入生涯发展的观念，引导儿童和青少年进行适当的探索，为其提供丰富的生涯探索和实践机会是非常重要的。

**(四) 对理论的客观评价**

舒伯的生涯发展理论对于生涯辅导来说是一个非常大的进步，具有划时代的重大贡献，其理论原则也得到了广泛的应用。自他以后，动态发展性的“生涯”概念逐渐取代了静态稳定性的“职业”概念，以规划人生长期生涯发展为主线的“生涯辅导”取代了以短期职业选择为重心的“职业指导”。这一理论观点至今仍是生涯辅导的重要理论基础和实践指导。

**互动：我的自传**

你现在已接近退休的年龄，要出版一本自传，请想象你的自传的书名、封面、章节内容、风格等。5人一个小组，与小组成员分享你的想象。

## 三、霍兰德的类型论

### （一）理论产生的背景

霍兰德（John Holland）是美国约翰．霍普金斯大学的心理学教授，长期从事职业咨询工作并成为该领域的里程碑式人物。自20世纪70年代以来，提出了一系列的研究假设和成果，形成了清晰易懂的完整理论。他的个性职业匹配理论（Typology Approach），又称为职业人格类型理论、人业互择理论等，主要体现在《职业选择》（Making vocational choice）一书中。他认为，一个人之所以选择某职业领域，基本上是受到其兴趣和人格的影响，生涯选择是个人在对特定职业类型进行认同后，个人人格在工作世界中的表露或延伸。自我和职业认知的比较，及后续的接纳或排斥是生涯选择中主要的决定因素。

**互动：六岛环游（图2-3）**

恭喜你！你获得了一次免费度假游的机会，有机会去下列六个岛屿中的一个。唯一的要求是你必须要在这个岛上呆满至少一年的时间。请不要考虑其他因素，仅凭自己的兴趣按一、二、三的顺序挑出你最想前往的3个岛屿。

◆ 按自己第一选择的岛屿分组就座。

◆ 同一岛屿的人交流一下：自己为什么选择这个岛屿，看看大家有什么共同的兴趣爱好，归纳为关键词。

◆ 根据大家的交流给自己的小组命名并选取一个标志（logo），在大白纸上制作一张本小组的宣传图。

◆ 每个小组请一位组员用2min时间展示自己小组的图并在全班介绍一下自己小组成员共同的特点。

### （二）基本观点

（1）职业选择是人格的一种表现，某一类型的职业通常会吸引具有相同人格特质（personality）的人，这种人格特质反映在职业上，就是职业兴趣。大多数人的职业兴趣（人格）可以归纳为六种类型：即实用型（realistic type，简称R）、研究型（investigative type，简称I）、艺术型（artistic type，简称A）、社会型（social type，简称S）、企业型（enterprising type，简称E）和事务型（conventional type，简称C）。

六岛环游游戏

A岛：美丽浪漫的岛屿，岛上充满了美术馆、音乐馆，弥漫着浓厚的艺术文化气息。同时，当地的原住居民还保留了传统的舞蹈、音乐与绘画，许多文艺界的朋友都喜欢来这里找寻灵感。

I岛：深思冥想的岛屿，岛上人迹较少，建筑物多僻处一隅，平畴绿野，适合夜观星象。岛上有多处天文馆、科博馆，以及科学图书馆等。岛上居民喜好沉思、追求真知，喜欢和来自各地的哲学家、科学家、心理学家等交换心得。

C岛：现代井然的岛屿，岛上建筑十分现代化，是进步的都市形态，以完善的户政管理、地政管理、金融管理见长。岛民个性冷静保守，处事有条不紊，善于组织规划。

R岛：自然原始的岛屿，岛上保留有热带的原始植物林相、自然生态保护很好，也有相当规模的动物园、植物园、水族馆。岛上居民以手工见长，自己种植花果蔬菜、修缮房屋、打造器物、制作工具。

S岛：温暖友善的岛屿，岛上居民个性温和、十分友善、乐于助人，社区均自成一个密切互动的服务网络，人们多互助合作，重视教育，弦歌不辍，充满人文气息。

E岛：显赫富庶的岛屿，岛上的居民热情豪爽，善于企业经营和贸易，岛上的经济高度发展，处处是高级饭店、俱乐部、高尔夫球场。来往者多是企业家、经理人、政治家、律师等，衣香鬓影，夜夜笙歌。

图2-3　六岛环游

R实用型人（doer）的特点：喜欢具体的任务；机械、动手能力强；喜欢做体力工作、户外活动；更喜欢与物打交道；技术性行业工作人员；工程师；不喜欢与人打交道；生存能力强；崇尚自然；独立。

I研究型人（thinker）的特点：喜欢探索和理解事务；爱分析的；有智慧的；独立的；实验室研究员；科学家；爱思考；喜欢独处，不喜欢与人打交道；逻辑性强；严谨。

A艺术型人（creator）的特点：喜欢自我表达，表现欲很强；富有想象力、创造力；追求美，重视美；喜欢多样性与变化性；作家；艺术家。

S社会型人（helper）的特点：对人感兴趣；良好的人际交往技能；服务他人；帮助别人解决问题；亲和力强；教师；护士。

E企业型人（persuader）的特点：向人推销自己的产品或观点；追寻领导力与社会影响；有抱负、雄心勃勃；言语说服能力强；喜欢当出头鸟；销售、管理人员；政治家。

C事务型人（organizer）的特点：喜欢有条理、程序化的工作；愿意听从指示；有组织、有计划；细致、准确；周到；循规蹈矩；会计；文秘。

（2）个人的职业兴趣往往是多方面的，用最强的3种兴趣类型的字母代码来标示一个人的职业兴趣，这个代码就称为“霍兰德代码”（Holland code）。3个字母之间的顺序表示了不同类型兴趣强弱程度的不同。

（3）同一职业团体内的人有相似的人格特质，因此，他们对情境和问题会有类似的反应，从而产生特定的职业氛围亦即职业环境。这种职业环境具有特定的价值观念、态度倾向和行为模式。由此，工作环境也可以分为六种类型，其名称及性质与人格类型的分类一致；具体职业通常也采用上述3个字母代码的方式来描述其工作性质和职业氛围（图2-4）。

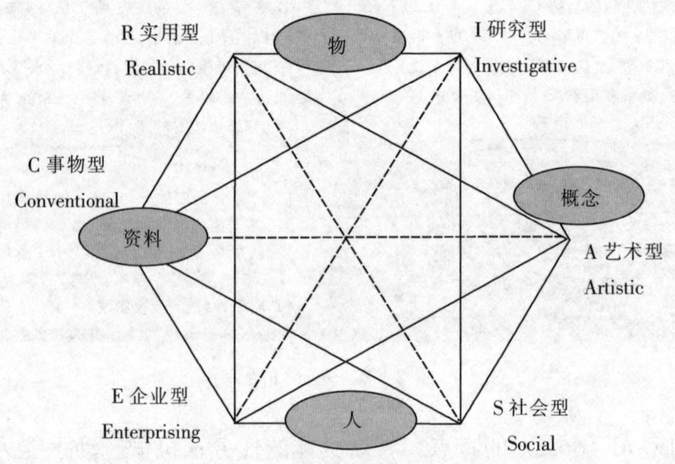


图2-4 霍兰德的六角形模型（Holland，1997）

图片来自：http：//wenku. baidu. com/view/abc40513a2161479171128fe. html

（4）霍兰德提出了六角形模型用来解释六种人格类型之间的相互关系。在六角形模型上，任何两种类型之间的距离越近，其职业环境及人格特质的相似程度就越高，或者说，它们的一致性（consistency）就越高。个人人格类型和职业环境之间的适配将增加个人的工作满意度、职业稳定性和职业成就感。六角形模型可以帮助我们对人格特质类型与职业环境类型之间的适配性（congruence）进行评估。因此，占主导地位的特质类型可以为个人选择职业和工作环境提供方向。

（5）三个重要概念：区分性、一致性和适配性。

区分性（differentiation）：用于描述个人在6种类型上的得分高低，体现出个人的兴趣分化与否。

一致性（consistency）：在3个字母代码之间的心理学相似程度，用于描述环境及个人。

适配性（congruence）：个人与环境之间的匹配程度，研究表明，如果人格类型与职业环境匹配，就有可能增加职业满意度，带来职业成就感和提高职业稳定性。

### （三）生涯辅导上的应用

霍兰德的理论自提出以后，就对生涯辅导产生了广泛的影响。他所提出的类型理论有助于生涯辅导过程中对人格/兴趣类型及职业的分析、解释和诊断。有许多被广泛使用的测量工具都以霍兰德的类型理论为依据，如霍兰德本人编制的自我探索量表（Self-Directed Search）、斯特朗兴趣量表（Strong Interest Inventory）、库德兴趣量表（Kuder General Interest Survey）、电脑生涯辅助系统“发现者”（Discover）和国内的北森职业兴趣测评等。这些测评都可以作为个人进行自我探索的有用工具。

霍兰德及其同事做了一项非常庞大的研究来鉴别不同职业的霍兰德代码。1996年，他出版了美国版本的《霍兰德职业代码字典》，该书为12 000多种职业提供了代码。由此，根据自己在兴趣测评中得出的霍兰德代码，来询者就可以对照找出《职业代码字典》中可能适合于自己的职业。

Holland类型论应用应避免一些误区。在实际咨询过程中，职业规划师不应当过于强调测评所得出的结果或与之匹配的具体职业，不要因此而给来询者贴上了标签或限定了来询者未来发展的方向，而应引导来询者将注意力放在由此引发的对自我生涯发展情况及工作世界的深入探索上，帮助其对未来发展做出审慎的规划。测评的结果只能用作参考，同时要非常注重对测评结果进行恰当的解释，帮助来询者准确理解。

### （四）对理论的客观评价

霍兰德的理论结构完整、清晰易懂，尤其是他所编制的测量工具及相关资料具有相当实用的价值，所以，霍兰德类型论在职业生涯辅导中被应用和研究的最广泛。如对于兴趣与工作满意度、工作稳定性等方面的研究。它重视个人特质与工作世界的配合，为来询者提供了一些较为明确的方向继续进行职业探索，也有利于引导来询者进行主动积极的生涯探索。

由于霍兰德的类型论仍具有特质因素论的色彩，因此也受到相似的批评，尤其是霍兰德将职业兴趣作为个人稳定的人格特质来看待，忽略了个人成长发展和学习经验的重要性。

## 四、施恩的职业锚（Career anchors）理论

### （一）理论产生的背景

1978年，在职业生涯规划领域具有“教父”级地位的美国麻省理工学院斯隆商学院、美国著名的职业指导专家埃德加·H·施恩（Edgar. H. Schein）

教授领导的专门研究小组，提出职业锚理论。是从斯隆研究院毕业生的职业生涯纵向研究中演绎成的。1961—1962年斯隆管理学院的44名MBA毕业生，自愿组成一个专门小组接受施恩教授长达12年的关于职业发展和组织职业管理的职业生涯研究，包括面谈、跟踪调查、公司调查、人才测评、问卷等多种方式，最终分析总结出了职业锚（又称职业定位）理论。

施恩在对他们的跟踪调查和对许多公司、个人及团队的调查中，形成了自己的一些看法，并提出了职业锚的概念。

**（二）基本观点**

所谓职业锚，又称职业系留点。锚，是使船只停泊定位用的铁制器具。职业锚，实际上是人们选择和发展自己的职业时所围绕的中心，是指当一个人不得不做出选择的时候，他无论如何都不会放弃的职业中的那种至关重要的东西或价值观。职业锚强调个人能力、动机和价值观三方面的相互作用与整合。职业锚是个人同工作环境互动作用的产物，在实际工作中是不断调整的。

了解职业锚的概念，应该主要从以下几个方面进行①：

（1）职业锚以员工习得的工作经验为基础。职业锚发生于早期职业阶段，新员工已经工作若干年，获得工作经验后，方能够选定自己稳定的长期贡献区。个人在面临各种各样的实际工作生活情境之前，不可能真切的了解自己的能力、动机和价值观以及在多大程度上适应可行的职业选择。因此，新雇员的工作经验，产生、演变和发展了职业锚。换言之，职业锚在某种程度上由员工实际工作经验所决定，而不只是取决于潜在的才干和动机。

（2）职业锚不是根据各种测试出来的能力、才干或者动机、价值观，而是新雇员在工作实践中，依据自省所得和已被证明的才干、动机、需要和价值观，现实的选择和准确的职业定位。

（3）职业锚是雇员自我观中的动机、需要、价值观、能力相互作用和逐步整合的结果。在实际工作中，新雇员重新审视自我动机、需要、价值观及能力，逐步明确个人需要与价值观，明确自己的擅长所在及其发展的重点，并且针对符合个人需要和价值观的工作，以及适合于个人特质的工作，自觉的改善、增强和发展自身的才干，达到自我满足和补偿。经过这种整合，新雇员寻找到自己长期稳定的职业定位。

（4）雇员个人及其职业锚不是固定不变的。职业锚，是个人稳定的职业贡献区和成长区。但是，这并不意味着个人将停止变化和发展。雇员以职业锚为其稳定源，可以获得该职业工作的进一步发展，以及个人社会生命周期和家庭

① MBA智库百科 http：//wiki.mbalib.com/wiki

生命周期的成长、变化。此外，职业锚本身也可能变化，雇员在职业生涯的中、后期可能会根据变化了的情况，重新选定自己的职业锚。

（5）在个人的工作生命周期中，在组织的事业发展过程中，职业锚发挥着重要的功能作用。

功能一：识别个人职业抱负模式和职业成功标准。

职业锚是个人经过搜索，所确定的长期职业贡献区或职业定位。这一搜索定位过程，依循着个人的需要、动机和价值观进行。所以，职业锚清楚地反映出个人职业追求与抱负。某雇员选定的是技术职能能力锚，显现出其志向和抱负在专业技术方面的事业有成，有所贡献。与此同时，从职业锚可以判断雇员达到职业成功的标准。职业成功，无一致的定义，亦无统一固定标准，因人而异，因职业锚而不同。对于抛锚于管理型的员工来讲，其职业成功在于升迁至高职位，获得全面管理越多人的机会和越大的管理权利。而对于安全型职业锚的雇员来讲，求得一个稳定的地位和收入不低的工作，有着优雅的工作环境和轻松的工作节奏，便是其职业成功的标志了。

功能二：促进预期心理契约得以发展，有利于个人与组织稳固的相互接纳。

职业锚准确的反映个人职业需要及其所追求的职业工作环境，反映个人的价值观和抱负。透过职业锚，组织获得雇员个人正确信息的反馈。这样，组织才可能有针对性地对雇员职业发展设置可行的、有效的、顺畅的职业通道；个人则因为组织有效的职业管理，自身的职业需要得以满足，必然深化对组织的情感认同与服从。于是，组织与个人双方互相深化了解，互相交融，达到深度而稳定的相互接纳。

功能三：增长职业工作经验，增强个人职业技能，提高劳动生产率和工作效率。

职业锚是个人职业工作的定位，是长贡献区。相对稳定的长期从事某项职业，必然增长工作经验；经验的丰富和积累，既使个人知识扩增，也使个人职业技能不断增强，直接产生提高工作效率或劳动生产率的明显效益。

功能四：早期职业锚可为雇员做好中后期的职业工作奠定基础。

在具有工作经验之前，锚是不存在的。通过工作经验的积累产生的职业锚，清晰地反映出个人进入成年期的潜在需要和动机，它也反映了这一雇员价值观，反映了被发现的才干。雇员个人抛锚于某一种职业工作的过程，就是他自我认知的过程，认识自己具有什么样的能力，还需要什么，价值系统是什么，自己属于哪种类型的人。把职业工作与完整的自我观相整合的过程，决定了成年期的主要生活和职业选择。所以，职业锚是中后期职业工作的基础，换言之，中后期职业发展是与早期职业锚联结在一起的。

（6）职业锚的发展及内容[①]。施恩教授提出的职业锚理论包括五种类型：自主型职业锚、创业型职业锚、管理能力型职业锚、技术职能型职业锚、安全型职业锚。人们逐渐发现职业锚的研究价值，越来越多的人加入了研究的行列。在20世纪90年代，又发现了3种类型的职业锚如下：安全稳定型、生活型、服务型职业锚。施恩先生将职业锚增加到8种类型，并提出了职业锚测试量表。

技术/职能型（technical functional competence）：技术/职能型的人，追求在技术/职能的不断提高，以及应用这种技术/职能的机会。他们对自己的认可来自他们的专业水平，他们喜欢面对来自专业领域的挑战。他们一般不喜欢从事管理工作，因为这将意味着他们放弃在技术/职能领域的成就。

管理型（general managerial competence）：管理型的人追求并致力于工作晋升，倾心于全面管理，独自负责一个部分，可以跨部门整合其他人的努力成果，他们想去承担整个部分的责任，并将公司的成功与否看成自己的工作。具体的技术/功能工作仅仅被看做是通向更高、更全面管理层的必经之路。

自主/独立型（autonomy independence）：自主/独立型的人希望随心所欲安排自己的工作方式、工作习惯和生活方式。追求能施展个人能力的工作环境，最大限度地摆脱组织的限制和制约。他们宁愿放弃提升或工作扩展机会，也不愿意放弃自由与独立。

安全/稳定型（security stability）：安全/稳定型的人追求工作中的安全与稳定感。他们可以预测将来的成功从而感到放松。他们关心财务安全，例如退休金和退休计划。稳定感包括诚实、忠诚以及完成老板交代的工作。尽管有时他们可以达到一个高的职位，但他们并不关心具体的职位和具体的工作内容。

创造型（entrepreneurial creativity）：创造型的人希望使用自己能力去创建属于自己的公司或创建完全属于自己的产品（或服务），而且愿意去冒风险，并克服面临的障碍。他们想向世界证明公司是他们靠自己的努力创建的。他们可能正在别人的公司工作，但同时他们在学习并评估将来的机会。一旦他们感觉时机到了，他们便会自己走出去创建自己的事业。

服务型（service dedication to a cause）：服务型的人指那些一直追求他们认可的核心价值观，例如帮助他人，改善人们的安全，通过新的产品消除疾病。他们一直追寻实现这种价值的机会，即使这意味着变换公司或工作上得不到提升。

挑战型（pure challenge）：挑战型的人喜欢解决看上去无法解决的问题，

① 百度文库 http://wenku.baidu.com

战胜强硬的对手，克服无法克服的困难障碍等。对他们而言，参加工作或职业的原因是工作允许他们去战胜各种不可能。新奇、变化和困难是他们的终极目标。

生活型（life style）：生活型的人是喜欢允许他们平衡并结合个人需要、家庭需要和职业需要的工作环境。他们希望将生活的各个主要方面整合为一个整体。正因为如此，他们需要一个能够提供足够的弹性让他们实现这一目标的职业环境。甚至可以牺牲他们职业的一些方面，如提升带来的职业转换，他们将成功定义得比职业成功更广泛。他们认为自己在如何去生活、在哪里居住、如何处理家庭事情，以及在组织中的发展道路是与众不同的。

**（三）生涯辅导上的应用**

职业锚理论是许多人进行职业生涯规划的重要工具，对个人的职业选择有很重要的理论指导意义。理论对个人的启发作用主要表现在[①]：

1. *提高职业适应性*　一般而言，新雇员经过认识、塑造、充实规划自我等诸多职前准备，经过科学的职业选择，进入企业组织，这本身即代表了该雇员个人对所选择职业有一定的适合性。但是这种适合性仅是初步的，是主观的认识、分析、判断和体验，尚未经过职业工作实践的验证。

职业适应性是职业活动实践中验证和发展了的适合性。每个人从事职业活动，总是处于一定的物质环境和心理环境之中，个人从事职业的态度，受到诸多主客观因素的影响，例如个人对工作的兴趣、价值观、技能、能力、客观的工作条件、福利情况，他人和组织对自己工作的认可及奖励情况，人际关系情况，以及家庭成员对本人职业工作的态度等。个人的职业适应性就是能尽快习惯、调适、认可这些因素，也就是雇员在组织的具体职业活动中，根据职业工作性质、类型和工作条件，与个人需要和价值目标融合，使自身在职业工作生活中获得最大的满足。职业适应的结果能保证雇员个人在较长一段时间内从事某种职业活动，而且能保证雇员在职业活动中有较高的效率，有利于雇员个性的全面协调发展。因此，雇员由初入组织的主观职业适合，通过职业活动实践，转变为职业适应的过程，即是雇员搜寻职业锚或开发职业锚的过程。职业适应性是职业锚的准备或前提基础。

2. *借助组织的职业计划表，选定职业目标，发展职业角色形象*　职业计划表是一张工作类别结构表，是将组织所设计的各项工作分门别类进行排列，形成一个较系统反映企业人力资源配给情况的图表。雇员应当借助职业计划表

① 百度文库 http：//wenku. baidu. com

所列职工工作类别、职务升迁与变化途径，结合个人的需要与价值观，实事求是地选定自己的职业目标。一旦瞄准目标，就要根据目标工作职能及其对人员素质的要求有目的地进行自我培养和训练，使自己具备从事该项职业的充分条件，从而在组织内树立良好的职业角色形象。

职业角色形象，是雇员个人向组织及其工作群体的自我职业素质的全面展现，是组织或工作群体对个人关于职业素质的一种根本认识。职业角色形象构成主要有两大要素：一是职业道德思想素质，通过敬业精神、对本职工作热爱与否、事业心、责任心、工作态度、职业纪律、道德等来体现；二是职业工作能力素质，主要看雇员所具有的智力、知识、技能是否胜任本职工作。雇员个人应当从上述两个主要的基本构成要素入手，很好地塑造自己的职业角色，为自己确定职业锚创造条件，打好基础。

3. *培养和提高自我职业决策能力和决策技术* 自我职业决策能力，是一种重要的职业能力。决策能力大小、决策正确与否，往往影响整个职业生涯发展乃至一生。在个人的职业发展过程中，特别是职业发展转折关头，例如首次择业、选定职业锚、重新择职等，具有强制职业决策能力和决策技术十分重要。所以，个人在选择、开发职业锚时，必须着力培养和提高职业决策能力。

所谓自我职业决策能力，即指个人习得的用以顺利完成职业选择活动所需要的知识、技能及个性心理品质。具体要培养和提高个人如下几方面的职业决策能力：①善于搜集相关的职业资料和个人资料，并对这些资料进行正确的分析与评价；②制订职业决策计划与目标，独立承担和完成个人职业决策任务；③在实际决策过程中，不是犹豫不决、不知所措、优柔寡断，而是有主见性，能适时地、果断地做出正确决策；④能有效地实施职业决策，能够克服计划实施过程中的种种困难。

职业决策能力运用于实际的职业决策时，需要讲求决策技术，掌握住决策过程。首先，搜集、分析与评价各项相关职业资料及个人资料，这一工作即是几种职业选择途径的后果与可能性的分析和预测。其次，对个人预期职业目标及价值观进行探讨。个人究竟是怎样的职业价值倾向？由此决定的职业目标是什么？类似的问题并非每个人都十分清楚。现实当中，经常会发现价值观念不清、不确定的情况。所以，首先要澄清、明确和肯定个人主观价值倾向与偏好，否则无法做出职业决策。最后，在做好上述两项工作的基础上，将主观愿望、需要、动机和条件，与客观职业需要进行匹配和综合平衡，经过权衡利弊得失，确定最适合、最有利、最佳的职业岗位。这一决策选择过程，是归并个人的自我意向，找到自己爱好的和擅长的东西，发展一种将带来满足和报偿的职业角色的过程。

经过近30年的发展，职业锚已成为许多个人职业生涯规划的必选工具和公司人力资源管理的重要工具。

个人进行职业规划和定位时，可以运用职业锚思考自己具有的能力，确定自己的发展方向，审视自己的价值观是否与当前的工作相匹配。只有个人的定位与要从事的职业相匹配，才能在工作中发挥自己的长处、实现自己的价值。尝试各种具有挑战性的工作，在不同的专业和领域中进行工作轮换，对自己的资质、能力、偏好进行客观的评价，是使个人的职业锚具体化的有效途径。

对于企业而言，通过雇员在不同的工作岗位之间的轮换，了解雇员的职业兴趣爱好、技能和价值观，将他们放到最合适的职业轨道上去，可以实现企业和个人发展的双赢。

### (四) 对理论的客观评价

职业锚问卷是国外职业测评运用最广泛、最有效的工具之一。职业锚问卷是一种职业生涯规划咨询、自我了解的工具，能够协助组织或个人进行更理想的职业生涯规划。

职业锚理论使工作价值观、工作动机的概念更加具体、明确，强调了能力、动机和价值观的互动作用。对个人职业发展和组织管理均有重要作用。不过，这8种锚类型不一定能涵盖所有职业类型，而且在职业早期以外的人员中也没有显示出完全的可分性，因此还不够成熟和完善。但它提供了一个独特的视角，对职业规划和管理实践提供了新的理论基础。

**案例分析：**

丰田采取5年调换一次工作的方式对各级管理人员进行重点培养。每年1月1日进行组织变更，一般以本单位相关部门为调换目标。丰田对于岗位一线工人也采用工作岗位轮调的方式来培养和训练多功能作业员，这样既提高了工人的全面操作能力，又使一些生产骨干的经验得以传授。短期来看，转岗需要有熟悉操作的适应过程，可能导致生产效率的降低，但对企业长久发展来看则是利大于弊。经常的有序换岗还能给员工带来适度的压力，促使员工不断学习，使企业始终保持一种生机勃勃的氛围。

分析：日本丰田公司在运用员工的“职业锚”方面给了我们有益的借鉴。丰田注重各级管理人员和一线工人的换岗，员工能在此过程中发现自己的优势在哪里，从而进行准确定位，找到真正适合自己的岗位。一旦员工确立了自己的职业锚，工作起来将会更具积极性和主动性，效率将会有很大提高。如果个人面临职业定位的困惑，也可以采取多尝试几种岗位的办法帮助自己探索。

## 五、其他几种职业发展理论

### （一）明尼苏达工作适应论

1. 理论产生的背景　该理论1964年由罗圭斯特与（Dawis，England & Lofquist）提出，起源于在明尼苏达大学进行的一项为了帮助残障人士适应工作的研究。经过数十年的发展成为强调人境符合的心理学理论。

2. 基本观点　工作适应论的重点在于就业后个人需要的满足及对工作要求的满足，即个人就业后的适应问题。他们认为：当工作环境能满足个人的需求（内在满意，satisfaction），而个人也能够满足工作的技能要求（外在满意satisfactoriness）时，个人与环境就有较高的一致性。但个人与环境是动态发展的，随着时间的改变，个人的需求和工作的要求也会调整和变化。如果个人或用人单位能努力创造并维持人境之间的协调关系，则个人的工作满意度和雇主对员工的满意度就会越高，个人在该工作领域也越能持久发展。

3. 生涯辅导上的应用　为了可以对人境之间的一致性和个人的工作适应程度进行评估和分析，罗圭斯特和戴维斯编制了一系列的量表来对个人的人格特质和工作环境进行评量。如：明尼苏达重要性问卷、明尼苏达能力测试、明尼苏达满意感受问卷、职业强化模式量表、职业能力倾向模式量表、明尼苏达满意指标量表等。

无论谁遇到就业困惑，不管是即将就业的大学生，还是下岗人员、在职人员、正在考虑跳槽的人士，都可以运用工作适应理论对其就业或转变工作过程中的问题进行探索，帮助做到更“满意”和更“令人满意”。同时，工作适应理论也对未来职业选择的标准提供了参考。

4. 对理论的客观评价　总之，工作适应论为研究个人的工作满意度及工作适应问题提供了一个比较完整而系统的理论框架。传统上对工作满意度的探讨仅限于个人内心需求的满足，而工作适应论提出了外在满意的概念，对于解决就业适应问题具有重要的指导意义。同时，它从价值观与能力等不同的角度讨论适配的指标，是对于特质因素论和霍兰德类型的补充。此外，它还为生涯辅导提供了具体的测量工具与探讨的具体结构，对于各类人士的生涯辅导及相关培训都有相当的应用价值。

### （二）克朗伯兹的社会学习理论

1. 理论产生的背景　社会学习理论由班杜拉于20世纪70年代提出，它以经典行为主义、强化理论和认知信息加工理论为基础。克朗伯兹（John D. Krumboltz）将这一理论引入生涯辅导领域。

2. 基本观点　克朗伯兹认为“个人的社会成熟度在很大程度上依赖于对他人行为的学习和模仿，并由此而决定他们的职业导向”。他认为有4种因素会影响职业决策：

（1）遗传因素和特殊的能力。个人得自于遗传的一些特质，在某种程度上决定了个人的职业表现或影响到个人所得的经验。这些因素包括：种族、性别、外表特征、智力、动作协调能力等。

（2）环境因素和事件。通常在个人控制之外，来自于人类活动（如社会、文化、政治、经济活动、家庭、教育系统的影响），或自然力量（如自然资源的分布或自然灾害如地震、洪水以及干旱等）。

（3）学习经验。克朗伯兹认为，每个人有独特的学习经验，这对于个人的生涯抉择具有重要的影响。他提出有以下两种类型的学习：

● 工具式学习经验（instrumental learning experiences）。个人为了得到好的结果，在特定的环境中采取一定的行动，其后果对个人会有重要的影响作用。例如：通过努力学习在一次考试中取得好的成绩，会激励个人更加努力的学习。

● 联结式学习经验（associative learning experiences）。个人通过观察真实和虚构的模型，通过对人、事之间的比较来学习对外部刺激做出反应。

克朗伯兹指出，我们对于职业的刻板印象（stereotype），如"教师是清贫的"、"无商不奸"等，都是通过这种联结式学习经验获得的。有时仅仅一个联结式学习经验就有可能造成个人对某种职业的刻板化现象，但这种印象却又可能一生都难以改变，从而对个人的生涯选择产生深远的影响。

（4）任务取向的技能。包括解决问题的能力、工作习惯、心理状态、情绪反应和认知的历程等。

克朗伯兹认为，在个人发展的历程中，上述四种因素相互作用，从而形成了个人对自我与世界的推论或信念（self-observation generalization/world-view generalization）。他认为：一般所谓的个人兴趣、价值观等实际上都是学习的结果，属于个人生涯信念的一部分。生涯信念就是一系列对自己以及自己生涯发展的假设，这种假设会影响到个人在生涯历程中的期望与行动。个人可能会由于学习经验的不足、不当，以致形成错误的推论、单一的比较标准、夸大式的灾难情绪等种种问题，而有碍于生涯的正常发展。因此，克朗伯兹特别强调丰富而适当的学习经验的重要性。

3. 生涯辅导上的应用　克朗伯兹认为职业选择的关键在于广义的学习。生涯辅导不仅仅是将个人特质与工作相匹配，其重点应在于帮助来询者获得多种多样的学习经验，使个人有机会参与各种不同性质的活动——不论是学习电脑、进行体育锻炼还是与朋友交往，其中，所学到的技能都有可能在未来的工作中派上用场，并能拓展个人的兴趣，培养个人适当的自我信念和世界观。因此，生涯教育应当融合于普通教育之中。此外，向个人提供角色模范的学习经验（如召开校友经验座谈会）、进行有关生涯决策的模型活动、实际的社区考察及实习活动等，都是有益的和可应用的手段和方法。

对于那些处于生涯发展困境中的来询者，则需要去分析其由于以往不当的学习结果而造成的不恰当的生涯信念，并通过认知行为技术，鼓励来询者以不同的方式认识存在的问题。更重要的是，要鼓励来询者采取行动挑战其非理性信念，以新的学习经验取代旧的经验。

此外，有就业困惑的人要学习有效的生涯决策技能，增强在面临职业抉择时作决策的能力。克朗伯兹提出了生涯决策的 7 个步骤。

4. 对理论的客观评价　社会学习理论特别强调社会影响因素及学习经验的重要，从社会学习的观点来解释人类生涯选择的行为，弥补了其他职业辅导理论在这方面的不足。同时，它对实际的生涯辅导工作，提供了不少新的理念和具体方法，具有较高使用价值。特别是其系统的职业决策步骤和方法，对培养来询者的个人决策能力具有指导意义。

**（三）认知信息加工理论**

1. 理论产生的背景　20 世纪 90 年代初期，彼得森、辛普森和利尔敦等（Peterson，Sampson，Reardon）提出了从信息加工取向看待生涯问题解决的认知信息加工理论，简称 CIP 理论（cognitive information processing）。

2. 基本观点　该理论认为生涯发展是关于一个人如何做出生涯决策以及在生涯问题解决和生涯决策过程中是如何使用信息的。该理论假设：生涯选择源于认知过程和情感过程的交互作用，它是一种相当复杂的问题解决活动。个人解决生涯问题的能力，即生涯成熟度，取决于个人的知识和认知操作的有效性。

理论提出者按照信息加工的特性构建了一个信息加工金字塔（图 2－5）。

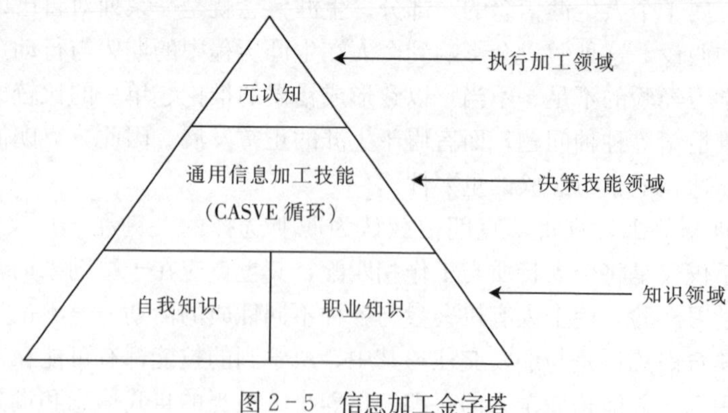


图 2－5　信息加工金字塔

位于塔底的是知识领域，包括自我知识和职业知识。金字塔的中间是决策技能领域，即一般性的信息加工技能。它包括沟通（communication）—分析（analysis）—综合（sythesis）—评估（valuation）—执行（execution）5个阶段，构成了决策的“五阶段循环模型”（CASVE循环）。金字塔最上层是执行加工领域，也称为元认知。元认知是个人对自己认知过程及结果的知识体验和调节。

在这个金字塔中，知识领域好比计算机的数据文件，需要进行存储。决策领域就好像是计算机的程序软件，让我们对所存储的信息进行加工处理。执行领域相当于计算机的工作控制功能，操纵电脑按指令执行程序。

没有全面而准确的自我知识和职业知识这个基础，个人无法做出恰当的职业决策。而执行领域则是对知识领域和决策技能领域这两个领域的状况进行监控和调节。

3. 生涯辅导上的应用　信息加工理论认为，生涯辅导的最终目标是促进来询者信息加工技能的发展，提高来询者作为生涯问题解决者和决策制定者的能力。职业指导师可以评估来询者的知识状况及其所处的决策阶段，从而使用相应的策略和方法为其提供服务。认知信息加工金字塔模型提供了帮助来询者的理论框架，而决策制定的五阶段循环模型（CASVE循环）可用于发展来询者的问题解决技能。信息加工理论还特别强调元认知在生涯问题解决中的作用，通过训练来询者辨别消极想法、进行积极的自我对话、发展自我控制等来促进来询者元认知的发展。

4. 对理论的客观评价　信息加工理论强调生涯发展是一个持续的学习过程，生涯决策能力的获得也可以被视为是一种学习策略。它区别于其他理论的最主要方面是着重强调了认知信息加工的重要性，并提出了具体直观的加工金字塔模型和决策模型来阐明信息加工的过程。该模型不同于其他理论的地方还在于其强调了元认知的作用。另外，促进元认知的发展也是该理论用于咨询所强调的重要方面。

### （四）其他的职业发展理论

前面我们重点介绍了7个比较成熟、结构比较完整、影响较大的理论。除了这七个职业发展理论，比较重要的生涯辅导理论还有社会经济学理论（地位获取理论）、罗伊（Roe）的亲子影响理论、鲍丁（Bordin）的心理动力理论、克内菲尔坎姆的认知发展理论、Gottfredson的妥协与限制理论。以及后现代主义建构理论（叙事疗法）等。有兴趣的同学可以查阅相关资料对这些其他理论进行比较详细的了解，从而加深对职业发展认识，提高其理论水平。

## 六、生涯发展理论的整合及应用

生涯发展的理论较多，每一种理论从不同的角度呈现出许多新的观点。随着职业指导到生涯辅导的转变，它们的侧重也由职业抉择转变为生涯的全方位长期发展。但是，职业发展理论的共通点为：职业生涯规划是一个过程，而非简单的结果。它们都认为生涯的发展是一个持续的、长期的决策过程，都强调了解自我的独特性，强调个人所处的家庭及社会环境对人的影响作用，倡导合理的生涯规划与决策。

熟练地掌握这些理论并加以融会贯通是至关重要的。应用好这些理论可以帮助个人实现既定职业目标并在工作中获得满足感和成就感，最终拥有美好人生。

## 课后思考及练习

1. 绘制自己的生涯彩虹图：想象自己未来的生活角色，在一张空白的纸上，首先画出彩虹图的半圆，并标注生涯阶段和年龄。写出不同阶段你可能扮演的角色名称，然后将你在某个年龄段所希望扮演的角色区域，按照你认为它重要性的程度由浅入深地涂上颜色（一种角色一种颜色）。

2. 幻想十年后的自己：设想一下未来十年自己在不同的生活角色上你要完成的事情或目标是什么？你可以发挥想象力，想象未来十年里社会和个人可能发生的变化，你必须要面对的问题以及你想要达到的目标或梦想。

3. 你认为你可以用哪些理论或概念解释自己的生涯发展史？

4. 你的生涯发展史中的哪些方面不能被所学的理论进行解释？

5. 从所学习的每一种理论看自己的生涯历史，你得到了什么启发？

6. 就你的经验而言，大学毕业生普遍对自己的工作满意吗？社会对大学毕业生满意吗？为什么？对你有什么启发？

**相关资源：**

1. GCDF中国网址：www. gcdf. com. cn.

2. GCDF中国培训中心 . 2006. 全球职业规划师GCDF资格培训教程［M］. 北京：中国财政经济出版社 .

3. 沈之菲 . 2000. 生涯心理辅导［M］. 上海：上海教育出版社 .

4. Reardon，等 . 2005. 职业生涯发展与规划［M］. 侯志瑾，伍新春，等，译 . 北京：高等教育出版社 .

5. 汪玲，方平，郭德俊 . 1999. 元认知的性质、结构与评定方法［J］. 心理学动态，7（1）：6－11.

6. 林清文 . 2003. 生涯发展与规划手册［M］. 北京：世界图书出版公司 .

7. 李家华，黄天贵 . 2005. 职业指导［M］. 北京：高等教育出版社 .

8. 蒋建荣，等 . 2005. 大学生生涯规划导论［M］. 天津：南开大学出版社 .

# 第二篇　自我认知

## 第三章　自我认知概述

**本章学习目标及重点：**

- 了解自我认知的内涵和理论
- 了解自我认知的理论基础
- 理解自我认知的目的及意义

### 第一节　自我认知的内涵

#### 一、自我认知的概念

自我认知（self-cognition）也叫自我意识、自我评估、自我探索等，是个体对自己客观存在的觉察。在职业指导中，自我认知通常包括对自己的生理、心理和社会状态等的认知。

一个人如果不能正确地进行自我认知，看不到自己的优点与长处，就容易觉得自己处处不如别人，从而产生自卑，对工作缺乏自信，做事畏缩不前……；相反，如果一个人看不到自己的不足，过高地估计自己，在工作中就容易骄傲自大、盲目乐观，导致失误。因此，恰当地自我认知，实事求是地评价自己，是开展职业工作，进行自我状态调节、职业规划和自我完善的重要前提。

#### 二、自我认知的内容

人作为地球上最为复杂和高级的生物，对其认知可以从生物、精神与文化等许多个层面和维度来洞察和理解。从职业维度上看，自我认知通常包括：

①生理的自我：包括性别、身体素质等。

②心理的自我：包括价值观、兴趣、性格与气质、能力等。

③社会的自我：自己的生活角色，在生活中的责任、义务、名誉，以及他人对自己的态度等。

### 第二节　自我认知的理论基础

#### 一、弗洛伊德的自我认知理论

西格蒙德·弗洛伊德（1856—1939）是奥地利著名的医生和心理学家，是精神分析学派的创始人。他把心理学的研究带进了人的深层精神世界，为现代心理学展现出一个全新的领域。

按照弗洛伊德的看法，人格是一个整体，在这个整体之内包含着彼此关联且相互作用的部分。早期，弗洛伊德提出了“二部人格结构”学说，即无意识和意识的结构学说，实际上他把人的心理机制视为由意识、前意识和潜意识三个系统所构成。

晚期，弗洛伊德在《自我与伊底》（1923年）中对他的理论做了修正，提出了新的“三部人格结构”学说，即人格是由伊底（本我）、自我和超我三部分组成。

弗洛伊德认为，本我的目的在于追求快乐，自我的目的在于追求现实，超我的目的则在于追求完美。由于超我永无止境地追求完美，所以它同本我一样是非现实的，它经常批评本我、谴责自我。自我服从超我的强制规则，它不仅必须寻找满足本我需要的事物，而且还必须考虑到所寻找的事物不能违反超我的价值观。弗洛伊德这样论述自我难扮的角色：“有一句格言告诫我们，一仆不能同时服侍两个主人，然而可怜的自我却处境更坏，它服侍着3个严厉的主人，而且要使它们的要求和需要相互协调。这些要求总是背道而驰并似乎常常互不相容，难怪自我经常不能完成任务。它的3位专制的主人是外部世界、超我和本我。”弗洛伊德认为[①]，在通常情况下，本我、自我和超我是处于协调和平衡状态的，从而保证了人格的正常发展，如果三者失调乃至破坏，就会产生神经病，危及人格的发展。

## 二、埃里克森的自我认知理论

埃里克森（E. H. Eriksion）出生于德国，在一所学校任教时接受了弗洛伊德的女儿安娜．弗洛伊德在儿童精神分析方面的训练，从此走上精神分析的道路。美国心理学史专家墨菲（G. Murphy）说：“现代弗洛伊德心理学的锋芒所向是自我心理学，而其最杰出的代表则是埃里克森”。埃里克森认为自我是一种独立的力量，不再是本我和超我压迫的产物。他把自我看作是一种心理过程，它包含着人的意识活动，是可以控制的。自我是人的过去经验和现在经验的综合体，并且能够把进化过程中的两种力量，即人的内部发展和社会发展综合起来，引导个体向合理的方向发展。

埃里克森的人格渐成论把个体自我意识的形成与发展划分为8个相互联系的阶段。分述如下：

---

① ［奥］弗洛伊德．1987．精神分析引论新讲［M］．安徽：安徽文艺出版社．

| 阶　段 | 大致年龄 | 自我危机 | 自我品质 | 理论关键词 |
| --- | --- | --- | --- | --- |
| 1 口唇～感觉期 | 0～1 岁 | 基本信任 Vs 不信任 | 希望 | 基本信任感 basic mistrust<br>希望 hope |
| 2 肌肉～肛门期 | 2～3 岁 | 自主 Vs 害羞和怀疑 | 意志 | 羞愧和怀疑 shame and doubt |
| 3 运动～性器期 | 4～5 岁 | 主动 Vs 内疚 | 目的 | 内疚感 guilt |
| 4 潜伏期 | 6～12 岁 | 勤奋 Vs 自卑 | 能力 | 勤奋 industry<br>自卑 inferiority |
| 5 青少年期 | 13～19 岁 | 自我同一性 Vs 角色混乱 | 忠诚 | 同一性 identity<br>角色混乱 role confusion<br>总体主义 totalism<br>同一性混乱 identity diffusion<br>提前终止 foreclosure<br>延缓 moratorium<br>同一性获得 identity achievement |
| 6 成年早期 | 20～24 岁 | 亲密 Vs 孤独 | 爱 | 亲密感 intimacy<br>孤独感 isolation<br>亲密的个体 intimate individuals<br>前亲密的个体 preintimate individuals<br>刻板的个体 stereolyped individuals<br>假亲密的个体 pseudointimate individuals<br>孤独的个体 isolation individuals<br>混乱的个体 merger individuals |
| 7 成年中期 | 25～64 岁 | 繁殖 Vs 停滞 | 关心 | 繁殖期 generatirity<br>停滞期 stagnant<br>繁殖感状态 generative statuses<br>繁殖型 generative style<br>传统型 conventional style<br>代理型 agentic style<br>理他型 communal style<br>停滞型 stagnant style |
| 8 成年晚期 | 64～死亡 | 自我整合 Vs 绝望 | 智慧 | 自我整合 ego integrity<br>子孙满堂 grand-generativity |

（Erikson，1950，1963）

## 三、罗杰斯的自我理论

罗杰斯（Carl Ranson Rogers，1902—1987）美国人本主义心理学家和教育学家。马斯洛去世之后，成为人本主义心理学的主要代言人。罗杰斯对心理学的贡献主要表现在他对人格的自我理论的提出、以患者为中心疗法的创立以及以学生为中心的教育思想的倡导，对心理学的最大贡献在于其心理治疗观。

在长期的心理治疗中，罗杰斯逐渐形成了自己的人格理论，而关于自我的理论则构成了他的人格理论的核心。

**（一）自我的概念及特点**

罗杰斯关于人格的基本假设是：每个人都具有一种固有的、先天的维护自我、提高自我、自我实现（self-Enhancement）的动机，这是人最基本的、也是唯一的动机和目的，它指引人朝向满意的个人理想成长。马斯洛提出的所有需要层次都可归入这一动机中。

罗杰斯认为每一个人都生活在一个以自我为中心、而又不时地变动的经验世界里。这个个人的经验和内心世界，罗杰斯把其称为"现象场"。罗杰斯认为自我是在与环境和他人的相互作用中形成的，是现象场的产物。

自我具有四个特点：①属于对自己的知觉范围，包括对"我"的特点的知觉，以及与"我"有关的人和事物的知觉的总和；②是组织化的稳定结构，对经验虽然具有开放性，但其"概念格式塔"的性质不变；③并非弗洛伊德精神分析意义上的人格结构要素，不是控制行为的主体；④作为一种经验的整体模型主要是有意识的或可以进入意识的东西。

自我概念一旦形成，一个人可以在社会生活中逐渐产生许多"机体经验"。例如，一个人可以完整地知觉到他的机体，体验到他所有的知觉，体验到这些知觉与所处环境中其他知觉和整个外部世界发生关系的方式。个体体验的积累决定着个体是否接受外界刺激的影响以及接受什么样的影响。但是，有些机体经验被儿童意识到，这些经验成为现象经验，而没有被儿童意识到的经验则以潜在的形式对自我的发展起着作用。

**（二）自我的发展**

刚出生的婴儿并没有自我的概念，随着他（她）与他人、环境的相互作用，他（她）开始慢慢地把自己与非自己区分开来。

当最初的自我概念形成之后，人的自我实现趋向开始激活，在自我实现这一股动力的驱动下，儿童在环境中进行各种尝试活动并产生出大量的经验。通过自身机体自动评价过程，有些经验会使他感到满足、愉快，有些则相反，满足愉快的经验会使儿童寻求保持、再现，不满足、不愉快的经验会使儿童尽力回避。在孩子寻求积极的经验中，有一种是受他人的关怀而产生的体验，还有一种是受到他人尊重而产生的体验。罗杰斯把这两种体验称为"正向关怀需求"，但儿童这种"正向关怀需求"的满足完全取决于他人，而他人（包括父母）是根据儿童的行为是否符合其价值标准、行为标准来决定是否给予关怀和尊重，所以说他人的关怀与尊重是有条件的。这些条件体现着父母和社会价值观，罗杰斯称这种条件为“价值条件”。

儿童不断通过自己的行为体验到这些价值条件，会不自觉地将这些本属于父母或他人的价值观念内化，变成自我结构的一部分。渐渐地儿童被迫放弃按自身机体评价过程去评价经验，变成用自我中内化了的社会价值规范去评价经验，这样儿童的自我和经验之间就发生了异化。当经验与自我之间存在冲突时，个体就会预感到自我受到威胁，因而产生焦虑。预感到经验与自我不一致时，个体会运用防御机制（歪曲、否认、选择性知觉）来对经验进行加工，使之在意识水平上达到与自我相一致。如果防御成功，个体就不会出现适应障碍，若防御失败就会出现心理适应障碍。

为保证经验与自我的一致即健康人格的形成，家长和社会就应该通过“无条件的积极关注”，使儿童得到“无条件的满足”。例如，母亲通过给予儿童以慈爱，使他们逐渐学会像母亲爱自己一样爱别人，把这种“无条件的积极关注”作为自己内在的需要和价值行动的准则。也就是父母或其他成人在给予儿童爱时较少注意儿童行为的方式，在这种条件下成长起来的儿童，不会显示出价值的条件，自我与经验之间也便不会有不一致，儿童就能发展成为“充分发挥作用的人”（the fully functioning person）。

按 Rogers 的看法，每个人心中有两个自我：一个是他的自我概念，即实际自我；一个是他打算成为的自我，即理想自我。如果两种自我有很大重合或相当接近，人们的心理是健康的；反之，如果两种自我评价间差距过大，心理问题就容易出现。

## 四、舒伯的生涯发展理论

舒伯（Donald E. Super）的职业发展理论，是围绕着职业生涯不同时期而进行的，舒伯将职业发展时期分为 5 个不同的阶段：①成长阶段，②探索阶段，③确立阶段，④维持阶段，⑤下降阶段。

职业生涯模式的不同性质，是由人们不同的家庭地位与经济状况、个人智力水平与人格特征，以及个人的机遇所决定的。人们对于职业的偏爱，以及自我概念，都会随时间和经验而改变，这使得职业的选择与调适成为一种连续的过程。该过程具有可塑性，可以通过指导而加以改善。这既包括培养人的职业才能与职业兴趣，使人达到成熟；也包括人在职业选择上的试选择和自我认知的发展。

## 五、职业锚理论

“职业锚”是在职业生涯规划领域具有“教父”级地位的概念，是由美国埃德加．施恩教授提出的。这一概念最初产生于美国麻省理工学院斯隆研究院的专门小组，是从斯隆研究院毕业生的纵向研究中演绎成的。

所谓职业锚，是自我意向的一个习得部分。个人进入早期工作情境后，由实际工作经验所决定，与在经验中自省的动机、需要、价值观、才干相符合，达到自我满足和补偿的一种稳定的职业定位。

埃德加·施恩认为，职业设计是一个持续不断的探索过程，随着一个人对自己越来越了解，这个人就会越来越明显地形成一个占主要地位的“职业锚”。这个所谓的“职业锚”就是指当一个人不得不做出选择的时候，无论如何都不会放弃的职业中的那种至关重要的东西或价值观，即人们选择和发展自己的职业时所围绕的中心。

有人的“职业锚”抛出得很早，“锚”得也很坚实，从大学的专业学习时起就明确了自己的职业方向；有人的职业锚抛出得很晚，一路风景走过，但最终要看是否找到了自己的职业所爱。

不管我们现在是否发现了我们的职业锚，“职业锚”这个职业规划的工具都可启发我们，我们未来的职业生涯是否成功，关键是我们要找准我们自己的定位，过我们想要过的生活，而不是盲从别人的做法。

## 第三节　自我认知的目的及意义

### 一、自我认知是进行职业生涯规划的基础步骤

职业价值观是人们衡量某种职业的优劣和重要性的内心尺度。它为人们进行职业选择、努力实现工作目标提供充分的理由。在工作中能够获得自己职业价值观的满足，职业的发展才会持续稳定地前进，获得工作的激情与生活的无限热情。

兴趣是一个人对事物的心理倾向。表现为对事物的选择性态度和情绪反应。职业兴趣就是一个人对某一职业的心理倾向，即对某一职业的选择性态度和情绪反应。职业兴趣往往是一个人职业选择的重要依据，是一个人取得职业成就的动力，是一个人职业生涯成功的重要保证。爱迪生几乎每天在实验室里工作十几小时，在那里吃饭睡觉，但丝毫不以为苦。他宣称：“我一生中从未间断过一天工作”，“我每天其乐无穷”。

从心理学上讲，性格是表现在一个人对客观现实的稳定态度和习惯化的行为方式之中的个性心理特征。气质是一个人的心理活动强度、速度、持续性、灵活性，表现为对事物的反应速度快慢，注意力集中时间长短，情绪反应的强弱等。性格与气质共同表现在个人对事物的“准备做什么”和“怎样做”两个方面，它们共同影响人们的职业选择，性格与气质和职业需求匹配，会使我们

更容易成为有效的工作者。

能力是指顺利完成某一活动所必需的个性心理特征。能力直接影响活动的效率、活动的结果。当能力和工作的要求相匹配时，最容易发挥自己的潜能，并且获得较好的活动效果。当能力与工作不匹配时：①力所不及。会让人感到焦虑，甚至产生挫败感，活动效果一般不理想。②能力超出工作要求太多。容易让人感到工作缺乏挑战，比较乏味，有时甚至容易因不重视而影响活动效果。

综上所述，自我认知的每一个基本内容都与职业生涯息息相关，是职业生涯的基础步骤。

### 二、自我认知是引导人格成熟的强大动力

认知理论认为，认知过程是由情绪与行为共同决定的，人们可以通过改变人的认知过程来改变人的观念，进而修正其情绪和行为。认知过程决定着情绪与行为的产生，同时情绪与行为的改变也可以影响认知过程的改变。认知和行为相互作用的关系在一些人身上可表现出一种恶性循环，即错误的认知结果会导致不适应的情绪和行为，而这些情绪和行为也反过来影响认知过程，使问题越来越严重。相反，认知和行为相互作用的关系在许多人身上可表现为一种良性循环，即正确的认知结果让人更准确地把握自己的情绪和行为，而这些良性的准确把握会让人的情绪和行为反过来影响认知过程，使人知行一致，人格越来越成熟。由此可见，自我认知是实现认知、情绪、行为这三者良性循环的关键环节，是引导人格成熟的强大动力。认知理论运用于高校大学生的职业生涯规划就是旨在实现认知、情绪和行为三者之间一种良性循环。

## 第四节　自我认知的基本途径

自我认知的基本途径，从认知执行的主体不同可分为：自己对自己的认知，他人对自己的认知和借助测评工具实现对自己的认知等。

### 一、自己对自己的认知

自己对自己的认知，就是实现对自己认知的行动主体被认知人本身自我认知的途径。它类似于我们平时所说的自省，但又不同于自省。因为我们平时所说的自省强调找出自己的不足，而自己对自己的认知则强调对自己某一方面状况的全面把握，即既要找出自己的不足，也要找出自己的优势。

自己对自己的认知方法通常采用回顾法，即通过自己对自己过去某些经历的回顾来评估自己某一方面能力或兴趣或价值观或性格特点等的状况。

课堂活动：

请大家回顾自己的过去，写下自己认为做得最为成功的5件事。分别就这

五件事，将你做事中体现出来的能力尽可能写下来。最后，你将你所写的自己所具备的能力不重复地汇合到一起，再将它们从你认为最重要到最不重要进行排列。

这就是自己对自己能力认知的一种方法。自己对自己的认知方法也可采用比较法进行，即自己通过将自己与现实生活中某一个有代表性的人进行对比，而实现自己对自己某一特性的状况的把握。

## 二、他人对自己的认知

他人对自己的认知，就是在自我认知中，借用他人为认知主体对自己进行认知的途径。俗话说，当局者迷，旁观者清。就是强调在自我认知中，往往会因自己主观取向和潜意识等原因，使得自己对自己的认知出现偏差或者不全面。而他人特别是多个个体同时对自己进行评价时，就会因无主观取向或主观取向被中和而对自己的某方面状况看得更加清楚、中肯。

360度评估法，又称为多渠道评估法，就是他人对自己的认知的一种具体方法。360度评估法是指通过收集与受评者有密切关系的、来自不同层面人员的评估信息来评估受评者。来自多层面人员既可以对受评者的思想素质进行评估，也可以就被评者的能力等进行评估。如对大家的能力会有所了解的各类人，往往包括家人、亲戚、朋友、老师、同学等。

## 三、利用测评工具

测评工具通常是指专业人士通过科学的手段和方法制定的人才测评量表及其使用方法说明的总称。它是对被测者加以了解的工具。运用测评工具是对自己进行认知，就成了区别于自己对自己认知和他人对自己认知的一种借助他人成果进行自我认知的途径。下面列举几种测评工具。

1. LEP领导效能测评　将领导力效能分成11个维度：头、心、健康、勇气、方向性、组成、合作、凝聚力、成就、愿景、实现愿景。

2. 5C团体发展测评　IWNC 5C团队发展测评模型是基于已发布的研究成果，以及IWNC 20年在亚洲团队发展的经验。我们认为一个成功有效的团队的动态和绩效与五个方面有联系：方向性、组成、合作、凝聚力、成就。

3. OEP组织效能测评　OEP组织效能评估衡量组织当前的经营能力，它关注组织的运作是否达到最佳的状态，并且帮助从领导力、互动、沟通、保留人才、方向和适应性这六个方面来了解组织当前的实际状况。它通常用于在组织开发计划之前，主动的确定和评估组织的状况，为高层管理者提供有价值的尺度去衡量为之采取行动的进度和有效性。它将组织有效性分成以下四个维度：内部基准、组织风向标、工作场所适应性、员工需求。

4. DISC性格分析测评　DISC是一种四象限的行为模型，其基础为美国心理学家 William Moulton Marston 博士的研究成果。他研究了个人在其所在的环境中，或者指定的处境中（或者其他已知环境）的行为，并由此得出了行为的偏好和风格。

这个测评通过一些字词来测试人的偏好，并根据结果将行为分成四个类型，DISC 的名称取自每个类型的首字母：

支配型（Dominate type）——联系到控制、权利、直接、坚定、自信等。

影响型（Influence type）——联系到社交情形、沟通等。

稳健型（Sound pattens）——联系到耐心、坚持不懈、慎重等。

服从型（Coming-on type）——联系到结构和组织。

5. HBDI™ 赫曼全脑优势测评　The Herrmann Brain Dominance Instrument（HBDI）是世界领先的思考风格测评工具，它帮助你认识你和他人的思考、学习和沟通方式。

通过问卷和报告，来了解思考偏好，它将给你一个全新的角度去认识你自己以及周围的人。它将会帮助你去更好的理解你是如何思考、学习、做决定、解决问题、沟通，以及你和他人为什么以自己的方式去做事情。

6. LGR 360 度领导力测评工具　LGR 是一个 360 度测评工具，这个领导者能力的在线测评工具，提供了两个部分的见解：第一个部分是关注如何加强那些当前领导团队中已经存在的优点，这里最关键的是提高当前你的领导团队的绩效。第二部分是，作为个人辅导和发展的基础，客观快速的呈现出被评估领导者的优缺点。

LGR 衡量以下领导力能力：宏观思维、执行策略、领导变革、追求卓越、专业技术、个人效率、沟通、领导力、以客户为中心。

7. LC 360 度领导艺术测评　LC 领导艺术测评是一个给领导者 180°度或 360°度反馈的领导力测评工具，是建立自我认知、洞察个人领导力的优势，以便提升自我。同样，对于经理辅导项目，它作为项目开始的前奏，发现并确定被辅导人需要优先提高的领域。它衡量实现职业成功的五个维度：展示领导力、明确的方向、可信度、外部远景、未来建设者。

报告中的详细的个人分数，将用于在个人领导力辅导中，改进领导者的弱势，发挥未知潜能。

## 课后思考及练习

1. 自我认知的内容主要有哪些？
2. 如何进行自我认知？
3. 自我认知与职业规划的关系有哪些？

# 第四章 自我价值观认知

**本章学习目标及重点：**

- 了解价值观、职业价值观的含义、特点
- 理解职业价值观在职业选择中的作用
- 价值观与职业选择、职业发展的关系
- 通过价值观的测量、澄清来了解个人价值观

## 第一节 自我价值观概述

### 一、价值观的含义

俗话说[①]：人各有志。这个“志”如果表现在职业选择上就可看作职业价值观，职业价值观是对待职业上的一种带有目的性、自觉性和坚定性的职业选择态度和行为，它是人们对职业的信念和态度，对一个人职业目标和择业动机起着决定性的作用。

每种职业都有各自的特性，不同的人对职业意义的认识，对职业好坏有不同的评价和取向，这就是职业价值观。如什么样的工作是好的工作，哪种职业好，你从职业中更看重的是什么？哪个岗位更适合你？等等，职业价值观不但决定人们的职业期望，而且影响着人们对职业方向和职业目标的选择，决定人们就业后的工作态度和劳动绩效水平。

### 二、价值观的特点

价值观具有相对的稳定性和持久性，在一定的时间条件下，人们的价值观总是具有相对稳定性和持久性。比如20世纪80年代，那时的大学生把实现自我发展，发挥个人特长，对社会有奉献作为职业的价值观标准。而到了90年代，受物质利益的影响，有些人除了重视个人发展外，更看重的是工作的物质利益，重视工作中带来的物质利益与个人收入。

价值观可以使人的行为带有稳定的倾向性，是用于区别好坏、分辨是非及其重要性的心理倾向体系，是个性心理结构的核心因素之一，并能决定、调

---

① 赵效．2005．青年职业规划［M］．北京：经济管理出版社．

节、制约个性倾向中低层次的需要、动机、愿望等，一旦确定则反过来影响调节人进一步的需求活动。

## 三、职业价值观

职业价值观是个人对某一职业的价值判断，每个人的职业价值观不同，因而对某一职业的评价和取向也会不同，有的人喜欢能有与人打交道的职业；有的人喜欢同物打交道的职业；有的人喜欢运用脑力的职业；有的人喜欢动手能力强的职业；有的人喜欢社会地位高的职业；有的人喜欢经济收入高的职业；还有的人喜欢安全平稳的职业等等。在这里我们讨论的职业价值观是一个人在职业选择与职业生活中，在众多价值取向里，优先考虑的那些价值。

职业价值观的分类：

1. 莎伯曾经将人们的职业价值观概括为15种类型[①]

(1) 助人。

(2) 美学。

(3) 创造。

(4) 智力刺激。

(5) 独立。

(6) 成就感。

(7) 声望。

(8) 管理。

(9) 经济报酬。

(10) 安全。

(11) 环境优美。

(12) 与上级的关系。

(13) 社交。

(14) 多样化。

(15) 生活方式。

2. 美国心理学家洛克奇于1973年在《人类价值观的本质》一书中，提出了13种价值观[②]

(1) 成就感。提升社会地位，得到社会认同；希望工作能受到他人的认可，对工作的完成和挑战成功感到满足。

(2) 美感的追求。能有机会多方面地欣赏周围的人、事、物、或任何自己

①② 罗双平．2007. 职业选择与职业导航［M］．北京：机械工业出版社．

觉得重要且有意义的事物。

(3) 挑战。能有机会运用聪明才智来解决苦难；舍弃传统的方法，而选择创新的方法处理事物。

(4) 健康，包括身体和心理健康。工作能够免于焦虑、紧张和恐惧；希望能够心平气和地处理事物。

(5) 收入与财富。工作能够明显、有效地改变自己的财务状况；希望能够得到金钱所能买到的东西。

(6) 独立性。在工作中能有弹性，可以充分掌握自己的时间和行动，自由度高。

(7) 爱、家庭、人际关系。关心他人，与别人分享，协助别人解决问题；体贴、关爱，对周围的人慷慨。

(8) 道德感。与组织的目标、价值观、宗教观和工作使命能够不相冲突，紧密结合。

(9) 欢乐。享受生命，结交新朋友，与别人共处，一同享受美好时光。

(10) 权力。能够影响或控制他人，使他人照着自己的意思去行动。

(11) 安全感。能够满足基本的需求，有安全感，远离突如其来的变动。

(12) 自我成长。能够追求求知方面的刺激，寻求更圆融的人生，在智慧、知识、人生的体会上有所提升。

(13) 协助别人。认识到自己的付出对团体是有帮助的，别人因为你的行动而受惠颇多。

## 第二节　价值观与职业选择和发展

### 一、职业价值观对职业选择起导引作用

为了生存，你不得不找到一份工作以应付生活中的各种清单。这时候人们会感觉到空虚、会在工作中无法实现自我。一旦你认清自己的价值观，你会很自然地把他们融合到择业过程中去，以求做出有意义的或令人满意的职业决定。换句话说，你的决定建立在你最重要的人生目标基础上。如果你决心沿着所选择的职业走下去，决心坚守你的价值观，你会发现即使在最困难的时刻，你也能紧紧咬住长远目标不放松，竭尽全力做出每一步努力。

**案例分析：**

小丽现在是某重点名牌大学一名大四的学生，她一直以来生活在一个较为富裕、生活条件较好的家庭，父母与周围的人期望她毕业后去大城市找个体面、待遇好又轻松的工作。在这种环境生长下的小丽，一直以来都以获得经济实惠与社会威望作为自己的奋斗目标。为了达到这个目标，在毕业找工作期间，面对班里一些平时表现较为优秀的同学选择去小城市或去支援西部

开发建设，她经常说这些人很傻。毕业后，她不惜动用家里关系如愿以偿地在大城市找到了一份她认为较为满意的工作。

同班同学小华则与小丽有相反的价值观，同样来自大城市条件较好家庭的小华，她在班里成绩优异，又是学院的主要干部，她一直怀着一颗用自己的知识与能力去服务祖国的偏远山区或去支持西部大开发的赤子之心，当很多同学都为好工作挤得头破血流时，小华一直没有任何行动，直到有一天得知支持西部开发的通知下来后，她毫不犹豫地报了名，最后，她选择了去服务西部。

为什么两个人的职业选择会差别这么大？

价值观使人的行为带有一定的指向性，学生的择业方向和标准在不断变化，正是这种价值观支配下的职业方向和标准支配着学生的职业选择。职业价值观不仅使学生认识世界是什么、怎么样？更为重要的是他会推动学生们应该做什么、选择什么，设计自己，并确定实现目标，这些都是由每个人的价值观来支配的。

**案例分析：**

**盼盼的故事**

盼盼是家中 4 个孩子中最大的。她父母拥有一家小型的房屋按揭代理公司。盼盼在高中时是一名优秀生，可是她父母对她上大学不置可否。他们认为盼盼无论干什么都能生活。在盼盼高中快毕业前，职业顾问告诉她极有可能获得一份大学奖学金，但是盼盼没有去争取那个机会。

毕业后，盼盼在她父母的公司里工作，生活几乎没有任何变化。盼盼是一个害羞安静的女孩子，她经常被动地接受别人的决定，或者干脆让别人替她做决定。一天早晨，她感到自己无法起床，非常累并且头痛，妈妈让他去医院看医生，医生说她可能得了流感。但几周后她依然感觉很不好。

一天晚上，她和一个朋友吃晚餐，她突然哭了起来。在朋友的鼓励下，她开始倾诉起她的工作和生活是如何的不幸福。朋友建议她去职业顾问那里咨询。于是盼盼打电话约见了社区学院职业中心的顾问。

职业顾问与盼盼交谈后，决定对盼盼的兴趣、个性、价值观和技能进行评估。测试结果表明，她的价值观表现在她有强烈的道德意识、创造性和自我表达意识。与职业顾问约见了几次之后，盼盼明白了为什么她会如此的缺乏幸福感。

职业顾问建议盼盼树立一些目标来改变她现在的处境，还建议她和父母谈一谈自己的感受，让他们了解自己的想法。一年后，盼盼的生活发生了巨大变化，她上了大学并且发现自己真正的兴趣在于心理学。她仍然与父母亲很亲密，并且保留了家庭公司的那份工作。但是，由于上学和参与各种活动，她感到自己的生活更加丰富多彩和平衡了。

思考题：

1. 你认为盼盼之所以对工作不高兴，是因为工作不能满足她的价值吗？或者是她的兴趣？还是两者都是？为什么？

2. 你认为在做出职业选择决定时，价值观比兴趣更重要吗？为什么？

3. 你认为盼盼是否在做决定方面有问题？为什么？

4. 哪些信号可以表明你已经做出了一个坏的决定？

5. 哪些价值对于你现在的职业满足感最为重要？

6. 你目前的工作和生活方式在多大程度上与你的价值观吻合？

7. 在你最近做出的决定中，哪些是符合你的价值观的？

8. 做出那些决定很容易吗？你是否意识到你的价值观对你做出决定起了作用？

（参考资料：萨克尼克，等．职业指——职业生涯规划教程［M］．7版．李洋，等，译．北京：中国劳动社会保障出版社．）

## 二、价值观有重要的激励作用

在进行职业选择时，不得不肯定一个人的价值观对其的影响。现在的大学生在职业环境上面临越来越大的挑战，社会价值观也会受到社会功利主义与实用主义的因素影响而产生一定的摇摆，有些意志薄弱的人很容易随波逐流。

马斯洛提出了人的5个需要层次：生理需要、安全需要、社会需要、尊重需要和自我实现的需要，当低级需要得到满足时，人们会倾向于追求高级需要，进而推动人的前进与发展。比如有的学生是为了追求安全的需要，找一份稳定的工作，有的人则追求自我实现的需要等。图4-1标出了不同层次需求所对应的价值观[①]。

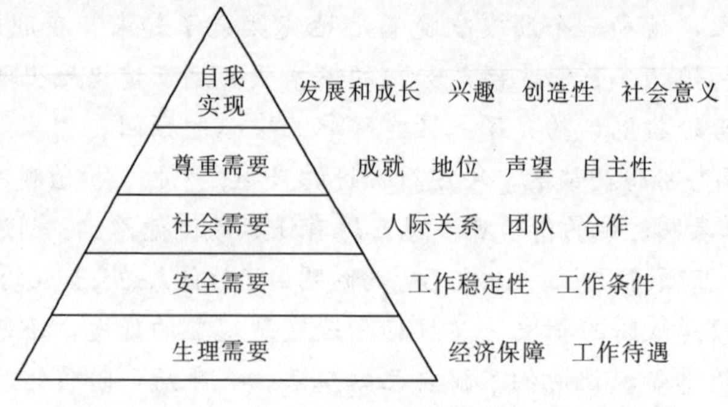


图4-1　不同层次的需求所对应的价值观

① 钟谷兰，杨开．2008．大学生职业生涯发展与规划［M］．上海：华东师范大学出版社．

当你能够稳定地满足身体的安全需求时，你就开始要求从工作环境中取得更多的回报（社会需求的满足）。著名的产业心理学家赫兹伯格对造成和影响大多数员工的工作满足度的因素进行研究。赫兹伯格发现存在外部和内部的激励，外部激励因素包括工资、工作条件、公司政策和晋升的机会等能满足生理和安全的需求因素。内部激励包括承担责任的大小，所完成的工作类型，得到的承认和取得的成就，所有这些外部和内部的激励因素的满足程度决定着工作满足感。这一类激励对地位和自我实现有需求的人很重要。人们对某一种需求的强度是不一样的。为了你自己的利益，你应该检查一下是什么样的需求和激励能带给你工作上的满足感。

**练习 4－1　寻找自己的需求**

对照需求层次模型，想一想：你处在哪一级需求层次上？你最希望在工作中获得对哪个层次需求的满足？什么因素能够带给你满足感、激励你更好地工作？

# 第三节　自我价值观认知

## 一、实例：价值观是可以改变的

**案例：难以取舍的人生路**

小军是一名大三的学生，上大学之前，父母及周围的人给他推荐了热门的专业——工商管理，父母希望他毕业后能进大公司找一份收入高、受周围人羡慕的白领工作。眼看懵懵懂懂的大一不知不觉中就过去了，他对自己当初的选择产生了怀疑，他发现自己对父母所描述的未来好工作不是很赞成，本科毕业后远远不能实现父母所说的去高收入的地方工作，他反而对专业的理论研究领域比较感兴趣，并希望自己以后能够成为本领域的专业学者，本科毕业后能够继续攻读研究生、博士生，毕业后再去高校从事相关领域的研究工作。

你赞成小军的做法吗？为什么？

当职业价值观变了，我们如何取舍？

虽然一个人的价值观一旦确立后就具有相对稳定性，但并不代表它的一成不变性，作为大学阶段这一特殊群体的大学生，他们的职业价值观的可塑性更强。随着对大学生活的深入了解和对专业的深入分析，有些同学可能在大学四年中改变原先的价值观而重新树立一些新的价值观，或在原先价值观的基础上进行确定新的职业价值观。

## 二、如何加强对自我价值观的认知

首先，自己应该清楚个人在职业选择过程中最看重什么，并且能够知道自己最想从工作中获得什么，在任何时候都最不愿意放弃什么。前面章节我们已经探讨过关于价值的意义，作为大学生来说，应该清楚：你为什么参加工作，主要是为了赚钱还是为了经济方面的独立或是获得一种享受，或是为了获得一定的荣耀感或权威感。所有这些问题，在你进行自我价值观测评时都应该考虑到。

其次，要通过多种途径来检验你的职业志向，并能反思为什么这样的工作是自己喜欢的，喜欢的原因是什么。喜欢干什么与擅长干什么，社会需求与自己想要干什么是紧密联系在一起的。喜欢是靠内心的兴趣来激发的，而擅长是要有一定的天赋才能，社会需求或自己内心想干什么意味着自己工作的社会价值与个人价值。在进行职业志向认识时，最好将个人兴趣、能力、价值观综合考虑，这样才能更清楚地明白自己内心最想干的是什么。

再次，多种渠道深刻认识自己，这样有助于了解自己内心的价值倾向。在自我认知方法上，可以使用心理学上的“橱窗分析法”[①]，可以将“自我”放在一个由自知—不自知与他知—非他知的二维坐标轴中去认识。由此组成四个象限（相当于四个“橱窗方格”）中的四种自我状态，即“公开我”、“隐私我”、“潜在我”、“背脊我”（图 4－2）。在进行自我剖析的时候，要一一检查自己的各个方面，重点是通过与别人真诚沟通，了解那些属于“背脊我”橱窗中的部分，并在可能的情况下试探自己“潜在”的能力和弱点。

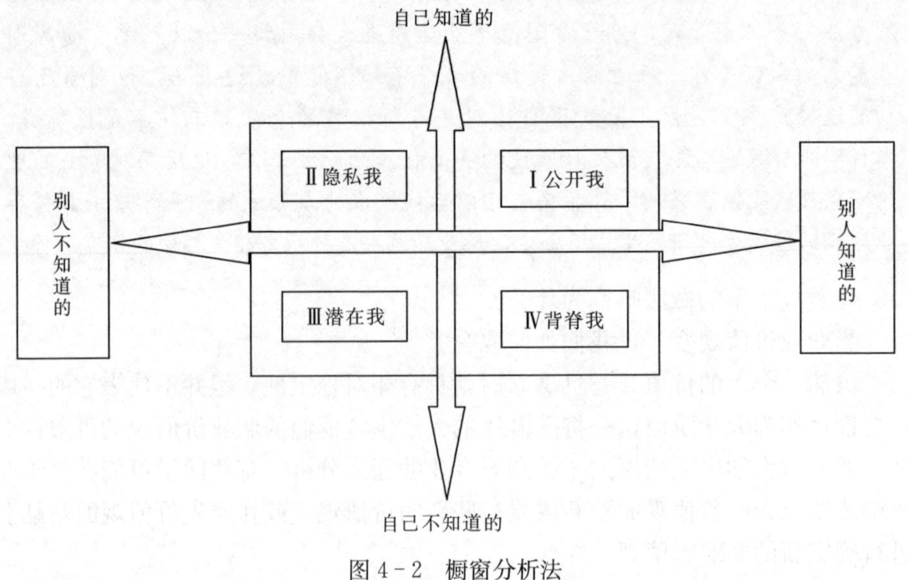


图 4－2　橱窗分析法

---

① 李宝元．2007．职业生涯管理：原理·方法·实践［M］．北京：北京师范大学出版社．

## 三、通过价值观测量来了解个人价值观

通过职业价值观测试，你可以大致了解自己的职业价值观倾向，你就可以理解在有些问题上为什么和其他同学或同事的看法不一致。同时，以此为基础来考虑一些问题，或对一些问题做出选择，可能会更符合你自己的心愿，也可以使你在处理问题上更加趋于成熟、理智和客观。

下面有52道题，代表13项工作价值观，每题有5个被选答案（非常重要、比较重要、一般、不太重要、很不重要），请根据自己的实际情况或想法，选一个答案。非常重要记5分，比较重要记4分，一般记3分，不太重要记2分，很不重要记1分。

1. 你的工作必须经常解决新的问题

   ①非常重要 ②比较重要 ③一般 ④不太重要 ⑤很不重要

2. 你的工作能力社会福利带来看得见的效果

   ①非常重要 ②比较重要 ③一般 ④不太重要 ⑤很不重要

3. 你的工作奖金很高

   ①非常重要 ②比较重要 ③一般 ④不太重要 ⑤很不重要

4. 你的工作内容经常交换

   ①非常重要 ②比较重要 ③一般 ④不太重要 ⑤很不重要

5. 你能在你的工作范围内自由发挥

   ①非常重要 ②比较重要 ③一般 ④不太重要 ⑤很不重要

6. 你的工作能使你的朋友非常羡慕你

   ①非常重要 ②比较重要 ③一般 ④不太重要 ⑤很不重要

7. 你的工作带有艺术性

   ①非常重要 ②比较重要 ③一般 ④不太重要 ⑤很不重要

8. 你的工作使你感觉到你是团体中的一分子

   ①非常重要 ②比较重要 ③一般 ④不太重要 ⑤很不重要

9. 不论你怎么干，你总能和大多数人一样晋级和加工资

   ①非常重要 ②比较重要 ③一般 ④不太重要 ⑤很不重要

10. 你的工作使你可能经常变换工作地点、工作场所或工作方式

    ①非常重要 ②比较重要 ③一般 ④不太重要 ⑤很不重要

11. 在工作中你能接触到各种不同的人

    ①非常重要 ②比较重要 ③一般 ④不太重要 ⑤很不重要

12. 你的工作上下班时间比较随便、自由

    ①非常重要 ②比较重要 ③一般 ④不太重要 ⑤很不重要

13. 你的工作使你有不断取得成功的感觉

①非常重要 ②比较重要 ③一般 ④不太重要 ⑤很不重要

14. 你的工作赋予你高于别人的权利

①非常重要 ②比较重要 ③一般 ④不太重要 ⑤很不重要

15. 在工作中，你能试行一些你的新想法

①非常重要 ②比较重要 ③一般 ④不太重要 ⑤很不重要

16. 在工作中，你不会因为身体或能力等因素被别人瞧不起

①非常重要 ②比较重要 ③一般 ④不太重要 ⑤很不重要

17. 你能从工作的成果中知道自己做得不错

①非常重要 ②比较重要 ③一般 ④不太重要 ⑤很不重要

18. 你的工作经常要外出，参加各种集会或活动

①非常重要 ②比较重要 ③一般 ④不太重要 ⑤很不重要

19. 只要你干上这份工作，就不会再调到其他意想不到的单位或工种上去

①非常重要 ②比较重要 ③一般 ④不太重要 ⑤很不重要

20. 你的工作能使世界更美丽

①非常重要 ②比较重要 ③一般 ④不太重要 ⑤很不重要

21. 在你的工作中，不会有人常来打扰你

①非常重要 ②比较重要 ③一般 ④不太重要 ⑤很不重要

22. 只要努力，你的工资会高于其他同龄的人，或升级，加工资的可能性比其他工作大得多

①非常重要 ②比较重要 ③一般 ④不太重要 ⑤很不重要

23. 你的工作是一项绝对智力的挑战

①非常重要 ②比较重要 ③一般 ④不太重要 ⑤很不重要

24. 你的工作要求你把一切事情安排得井井有条

①非常重要 ②比较重要 ③一般 ④不太重要 ⑤很不重要

25. 你的工作单位有舒适的休息室，更衣室，浴室及其他设备

①非常重要 ②比较重要 ③一般 ④不太重要 ⑤很不重要

26. 你的工作有可能结识各行各业的知名人物

①非常重要 ②比较重要 ③一般 ④不太重要 ⑤很不重要

27. 在你的工作中，能和同事建立良好的关系

①非常重要 ②比较重要 ③一般 ④不太重要 ⑤很不重要

28. 在别人的眼里，你的工作是很重要的

①非常重要 ②比较重要 ③一般 ④不太重要 ⑤很不重要

29. 在工作中，你经常接触到新鲜事物

①非常重要　②比较重要　③一般　④不太重要　⑤很不重要

30. 你的工作使你常常能帮助别人

①非常重要　②比较重要　③一般　④不太重要　⑤很不重要

31. 你在工作单位中，有可能经常变换工种

①非常重要　②比较重要　③一般　④不太重要　⑤很不重要

32. 你的作风使你被别人尊重

①非常重要　②比较重要　③一般　④不太重要　⑤很不重要

33. 你的工作单位的同事和领导人品较好，相处比较随便

①非常重要　②比较重要　③一般　④不太重要　⑤很不重要

34. 你的工作会使许多人认识你

①非常重要　②比较重要　③一般　④不太重要　⑤很不重要

35. 你的工作场所很好，比如有适度的灯光，舒适的坐椅，安静、清洁的环境，宽敞的工作间甚至恒温、恒湿等优越的条件。

①非常重要　②比较重要　③一般　④不太重要　⑤很不重要

36. 在工作中，你为他人服务，使他人感到很满意，你自己也就很高兴。

①非常重要　②比较重要　③一般　④不太重要　⑤很不重要

37. 你的工作需要组织和计划别人的工作

①非常重要　②比较重要　③一般　④不太重要　⑤很不重要

38. 你的工作需要敏锐的思考

①非常重要　②比较重要　③一般　④不太重要　⑤很不重要

39. 你的工作可以使你获得较多的额外收入，比如：常发实物，常购买打折扣的食品，常发紧俏商品的购货券，有机会购买进口货等。

①非常重要　②比较重要　③一般　④不太重要　⑤很不重要

40. 在工作中，你是不受别人差遣的

①非常重要　②比较重要　③一般　④不太重要　⑤很不重要

41. 你的工作结果应该是一种艺术品而不是一般的产品

①非常重要　②比较重要　③一般　④不太重要　⑤很不重要

42. 在工作中，你不必担心回应因为你所做的事情领导不满意而受到训斥或经济惩罚

①非常重要　②比较重要　③一般　④不太重要　⑤很不重要

43. 在工作中，你能和领导有融洽的关系

①非常重要　②比较重要　③一般　④不太重要　⑤很不重要

44. 你可以看见努力工作的结果

①非常重要　②比较重要　③一般　④不太重要　⑤很不重要

45. 在工作中常常要提出许多新的想法
①非常重要　②比较重要　③一般　④不太重要　⑤很不重要

46. 由于你的工作，经常有许多人来感谢你
①非常重要　②比较重要　③一般　④不太重要　⑤很不重要

47. 你的工作成果常常能得到上级，同事或社会的肯定
①非常重要　②比较重要　③一般　④不太重要　⑤很不重要

48. 在工作中，你可能做一个负责人，虽然可能只领导很少几个人，你信奉“宁做兵头，不做将尾”的俗语
①非常重要　②比较重要　③一般　④不太重要　⑤很不重要

49. 你从事的那份工作，经常在报刊、电视中被提到，因而在人们心中很有地位
①非常重要　②比较重要　③一般　④不太重要　⑤很不重要

50. 你的工作有数量可观的夜班费、加班费、保健费或营养费等
①非常重要　②比较重要　③一般　④不太重要　⑤很不重要

51. 你的工作体力上比较轻松，精神上也不紧张
①非常重要　②比较重要　③一般　④不太重要　⑤很不重要

52. 你的工作需要和电影、电视、戏剧、音乐、美术、文学等艺术打交道
①非常重要　②比较重要　③一般　④不太重要　⑤很不重要

下面52道题代表了13种价值观，请计算每一种价值观对应的得分。

| 价值观 | 题　号 | 分数 | 说　明 |
|---|---|---|---|
| 利他主义 | 2、30、36、46 | | 工作的目的与价值在于直接为大众的幸福与利益尽一份力 |
| 美感 | 7、20、41、52 | | 工作的目的与价值在于能不断追求美的东西、得到美的感受 |
| 智力刺激 | 1、23、38、45 | | 工作的目的与价值在于不断进行智力操作，动脑思考，学习以及探索新事物，解决新问题 |
| 成就感 | 13、17、44、47 | | 工作的目的与价值在于不断创新，取得新的成就，不断得到领导和同事的赞扬，或不断实现自己想要做的事情 |
| 独立性 | 5、15、21、40 | | 工作的目的与价值在于不断发挥自己的独立性与主动性，按自己的方式、步调或想法去做，不受他人的干扰 |
| 社会地位 | 6、28、32、49 | | 工作的目的与价值在于所从事的工作在人们心目中有较高的社会地位，从而使自己得到别人的重视与尊敬 |
| 管理 | 14、24、37、48 | | 工作的目的与价值，在于获得对他人或某事物的管理支配权，能指挥或调遣一定范围内的人或事物 |
| 经济报酬 | 3、22、39、50 | | 工作的目的与价值在于获得优厚的报酬，使自己有足够的财力去获得自己想要的东西，使生活过得极为富足 |

（续）

| 价值观 | 题　号 | 分数 | 说　明 |
|---|---|---|---|
| 社会交际 | 11、18、26、34 | | 工作的目的与价值在于能和各种人交往，建立比较广泛的社会联系和关系，甚至能和知名人士结识 |
| 安全感 | 9、16、19、42 | | 不管自己能力怎么样，希望在工作中有一个安稳局面，不会因为奖金、涨工资、调动工作或领导训斥等经常提心吊胆、心烦意乱 |
| 舒适 | 12、25、35、51 | | 希望能将工作作为一种消遣、休息或享受的形式，追求比较舒适、轻松、自由、优越的工作条件和环境 |
| 人际关系 | 8、27、33、43 | | 希望一起工作的大多数同事或领导人品较好，相处在一起感到非常愉快、自然，认为这是很有价值的事，是一种极大的满足 |
| 变异性 | 4、10、29、31 | | 希望工作的内容应该经常变换，工作和生活才会变得丰富多彩，不单调枯燥 |

得分最高的 3 项代表了你最看重的 3 种价值观，在进行职业选择时，尽量满足你认为最为重要的价值观。

1.

2.

3.

## 四、通过价值观澄清练习来进行测量

价值澄清练习①

下面的练习将帮助你发现你的价值观，在下面的价值中，你应该归纳出现最多最频繁的 5 个价值，这里讲的是你认为最主要的价值观。

练习 4－2 是一张价值表，它的目的是显示你想要完成的事或想法是如何反映你的价值观的，它还表示最高的价值是如何在多种活动中反复出现和实施的。练习 4－3 帮助你澄清在你的生活和工作中对你最为重要的是什么。

**练习 4－2　价值表**

1. 列出你的最重要的 5 个价值（按出现频率顺序排列）。

（1）____________________

（2）____________________

（3）____________________

（4）____________________

① 戴安・萨克尼克，威廉・班达特，丽莎・若夫门．2005．职业指导［M］7 版．李洋，张奕，小卉，译．北京：中国劳动社会保障出版社．

(5) ____________________

2. 利用价值表的练习，确定5个最能反映你价值的职业和5个最不能反映你价值的职业。

最能反映你价值的职业：

(1) ____________________

(2) ____________________

(3) ____________________

(4) ____________________

(5) ____________________

最不能反映你价值的职业：

(1) ____________________

(2) ____________________

(3) ____________________

(4) ____________________

(5) ____________________

## 练习4-3 探究你的价值

1. 列出5件你爱做的事。从这些事件中反映出哪些价值？

____________________

2. 在这个世界中，你想要改变哪一件事？你想改变你居住的城市中的哪一件事？关于你自已有哪件事想改变？

____________________

3. 在你死亡前，你特别想学会的事是什么？

____________________

4. 列出那些对你的一生最重要的价值（如独立、创造性、在户外工作）。

____________________

5. 工作环境即人的环境。有些人可以提升你的能量、效率和自尊，而有些人则会掩没你。举出3个人，并描述他们对你的影响。

____________________

6. 如果你有无限的财富，根本就不必工作，

a. 你会如何使用你的时间（不要仅仅局限在一个暑假，把视野扩大到一种生活方式）？

____________________

b. 你会参与哪类慈善事业或公益事业？

____________________

## 课后思考及练习

1. 当价值观与职业选择有冲突时，我该怎么办？
2. 思考并回答当进行职业选择时，涉及价值观的问题，需要注意什么？
3. 完成个人职业规划中的价值观部分。
4. 围绕“价值观与职业生涯规划关系”为主题写一篇小应用文。

# 第五章　自我性格与气质认知

一个人无论做出多少件事来，我们都可以在里面认出同样的性格。

—爱默生（美国）

**本章学习目标及重点：**

- 理解性格与气质的含义及其区别
- 认识性格、气质与职业匹配的重要性
- 学会通过 MBTI 理论来了解个人性格

## 第一节　性格与气质概述

### 一、性格、气质的含义

#### （一）性格含义

在心理学上，有关性格的研究不少。性格这个字眼在日常生活中出现的频率非常高，个人性格可谓是千差万别。一般来说，性格是一个人对客观现实的稳定态度和与之相适应的习惯化了的行为方式。态度和行为方式不仅反映人的本质，而且影响人们对职业的选择。相同性格的人，在现实可能表现为相同或相似的行为方式或态度，反之，性格截然相反的两个人，在行为方式上有很大区别。

#### （二）认识气质

提起气质，人们经常容易从外在容貌、打扮等联系起来综合进行评价，如某某同学看起来很有气质。实际上，我们一般说的气质是从心理学角度出发进行的研究，气质被认为是人的心理特性之一，即人的心理活动的强度、速度、灵活性及稳定性等的差异。虽然每个人在反应速度快慢、注意力集中时间长短、情绪的强弱等方面受各种内外因素的影响，但却与气质有很大关系。

对于气质来说，具有先天遗传素质与后天培养的双重特点。气质具有稳定性。比如一些人可能一生下来就带有一定的气质，如有的新生儿，一生下来会比较爱哭，有的则比较安静，还有的则比较怯生等。经常我们会讲“江山易改，本性难易”就是一个很好的写照。这也说明了人的气质具有一定较难改变性，但这并不代表一个人的气质一生下来都得不到改变。有些人的气质可以通过后天的努力与学习发生改变。例如有的人由于长期与那些温文尔雅的人接触，久而久之他的身上有可能也散发出一种与之相近的气质。再比方说，研究者对一个胆小、孤僻、害羞的女孩子进行培养，几年之后她慢慢变得主动，大胆并且很勇敢了。

气质与环境的相关。气质是在人的生理素质的基础上、在后天条件影响下形成的，并受到人的世界观和性格等的控制。同时也需要通过生活实践，一般是通过人们处理问题、人与人之间的相互交往显示出来的，并表现出个人典型的、稳定的心理特点。

## 二、性格与气质的类型

### （一）常见性格类型

在性格类型上，用的较多的是用“MBTI”来进行衡量，“MBTI”是个人的类型偏好或称作倾向，它用 4 个维度，每个维度都有偏好二分发的两极组成，具体来说：能力倾向维度：外倾（E），内倾（I）；接受信息维度：感觉（S），直觉（N）；处理信息维度：思考（T），情感（F）；行动方式维度：判断（J），知觉（P）。

此外，还有以下几种较为常见的性格类型分类：

1. 机能类型说[①]　19 世纪英国心理学家培因（A. Bain 1818—1903）等根据智力、情感、意志 3 种心理机能在性格结构中何者占优势，把人的性格区分为三种类型：理智型、情绪型和意志型。

理智型的人，理智在心理机能方面占优势，这种人倾向于用理智来衡量一切，支配自己行动。他们观察事物偏于认真仔细，思维占优势，很少受情绪波动的影响。

情绪型的人，情绪在心理机能中占优势，常喜欢感情用事，言行举止受情绪影响较大，缺乏理智思考，内心情绪体验深刻，外在表露明显，情绪不稳定，他们时而欢乐愉快，时而抑郁低沉，有时安静，有时烦躁。

意志型的人，意志在心理机能上占优势，性格可能会表现为固执、任性或轻率、鲁莽，表现为行动目标明确，富于主动性和自制力，勇敢、果断、坚定、不易为外界因素干扰。

除了上述 3 种典型类型以外，还有中间型，例如理智—意志型、情绪—意志型等。

2. 向性类型说　瑞士心理学家荣格（C. GJung）按照个体的心理活动倾向于外部或倾向于内部，把人的性格分为外倾型和内倾型。

属于外倾型的人，心理活动倾向于外部，当机立断，不拘小节，独立性

① http：//resource. sne. snnu. edu. cn/xxzy/dy2/news/view. asp？ id=906

强，特别善于交际，经常还会对外部事物表示关心，开朗、活泼，情感外露。

属于内倾型的人则与此相反，心理活动倾向于内部，一般表现为冷静，处事谨慎，深思熟虑，反应缓慢，适应环境比较困难，顾虑多，交际面窄，较孤僻。

荣格的这种性格分类较为简便易行，但实际生活中属于典型的内倾或外倾的人是很少的，大多数人都是中间型。

3. 文化—社会类型说　德国心理学家斯普兰格（E. Spranger）根据人类社会六种文化形态——理论的、经济的、审美的、社会的、权力的、宗教的文化形态，把人的性格划分成相应的6种类型。

（1）理论型。冷静而客观地观察事物，根据自己的知识体系来判断事物的价值，但遇到实际问题时，常常束手无策。理论型的人以追求真理为生活目的。

（2）经济型。以经济的观点看待一切事物，以实际效果来判断事物的价值。具有这种性格类型的人以获得财产、追求利润为生活目的。

（3）审美型。不大关心实际生活，从美的角度来判断事物的价值。艺术家多属此型。

（4）权力型。重视权力，并努力去获得权力。总是想指挥别人或命令别人。

（5）社会型。重视亲情和爱，以爱他人为其最高价值。有志于增进他人或社会的福利。

（6）宗教型。笃信宗教，有感于圣人相救之恩，坚信永存的灵魂和上帝。

4. 特性分析说　美国心理学家吉尔福特（J. PGuicford）把人的性格分为A、B、C、D、E 5种类型。这种分类学说认为：

A型性格的人，多具有雄心壮志，但易急躁。对周围环境适应较差，人际关系不甚融洽。

B型性格的人，能力一般，不善交际，但社会适应性较好，遇事丢得下，想得开，不耿耿于怀，又称平衡型。

C型性格的人，情绪稳定，感情内向，反应慢，较孤僻，好幻想，常处于被动状态，又称消极安定型。

D型性格的人，情绪稳定，感情外向，为人活跃开朗，善于交际，同周围人关系较好，有组织领导能力，又称管理者型。

E型性格的人，多有消极情绪，常要逃避现实。

### （二）气质类型

（1）A. H. 巴斯和普洛明提出气质的EAS模型，确定3种气质倾向：情绪性，指个体情绪反应的强度；活动性，指个体能量释放的一般水平；交际性，指个体的人际交往特点。

(2) 古希腊医生希波克拉底提出了“四体液学说”，他认为气质取决于人体内的四种液体，即血液、黏液、黄胆汁、黑胆汁的混合比例，并依据体液占优势而把人的气质分为多血质、黏液质、胆汁质、抑郁质。

(3) 巴甫洛夫研究了4种典型的高级神经活动类型，即活泼的、安静的、不可抑制的、弱的，这与希波克拉底的4种气质类型相对应，4种气质类型即四种典型的高级神经活动类型的行为表现。除这4种典型的类型外，还有许多中间类型。巴甫洛夫学派的观点得到后继者的进一步发展，如捷普洛夫和涅贝利岑等主张研究神经系统的各种特性及其判定指标。

(4) 梅尔林主张探讨神经系统特性与气质的关系，提出并强调了神经系统的几种特性的组织是气质产生的基础。还有人将气质归因于体质、内分泌腺或血型的差异，但气质的生理基础仍无法确定。

## 三、性格与气质的关系

### （一）性格与气质的区别

性格是指行为的内容，表现为个体与社会环境的关系，在社会评价上有好坏之分。而气质是表现在人的情绪和行为活动中的动力特征（即强度、速度等），无好坏之分；性格更多地受社会生活条件的制约，主要是后天的。而气质更多地受个体高级神经活动类型的制约，主要是先天的；性格可塑性较大，环境对性格的塑造作用较为明显；气质可塑性极小，变化极慢。

### （二）性格与气质的联系

性格与气质的联系是相当密切而又相当复杂的。相同气质类型的人可能性格特征不同；性格特征相似的人可能气质类型不同。具体地说，二者的联系有以下3种情况：

联系一，气质可按自己的动力方式渲染性格，使性格具有独特的色彩。例如，同是勤劳的性格特征，多血质的人表现出精神饱满，精力充沛；黏液质的人会表现出踏实肯干，认真仔细；同是友善的性格特征，胆汁质的人表现为热情豪爽，抑郁质的人表现出温柔。

联系二，气质会影响性格形成与发展的速度。当某种气质与性格有较大的一致性时，就有助于性格的形成与发展，相反会有碍于性格的形成与发展。如胆汁质的人容易形成勇敢、果断、主动性的性格特征，而黏液质的人就较困难。

联系三，性格对气质有重要的调节作用，在一定程度上可掩盖和改造气质，使气质服从于生活实践的要求。如飞行员必须具有冷静沉着、机智勇敢等性格特征，在严格的军事训练中，这些性格的形成就会掩盖或改造胆汁质者易冲动、急躁的气质特征。

## 第二节　性格、气质与职业选择和发展

### 一、性格与职业的关系

性格是在长期的生活、学习、工作实践中逐渐形成的，一旦形成，就有一定的稳定性。但性格并不是一成不变的，而是处在不断地发展变化之中。在同一环境从事同一工作的人，在性格上往往有许多共同的特点，这就是所谓的职业性格。职业性格是职业活动本身所要求的，如侦查员具有沉着、冷静、机敏的性格；演员具有情感丰富、富于变化的性格；幼儿教师永远保持着童真或雅趣；医生、护士则是救死扶伤的白衣天使，富有同情心和高度的责任感。这些都是在职业活动中适应职业要求形成的。

在进行职业选择时，应该尽量选择自己性格相符合的工作。因此，要选择理想的职业，就要明确自己是什么样的性格，什么样的职业与你的性格相适应。所以，对于大学生来说，大学期间要注意培养个人职业要求的性格特征。没有良好的与职业要求相适应的性格，就很难做好工作。

### 二、性格与职业的选择

**案例：你会怎么样选择?**

晓晓是某高校大一年级通信专业的学生，高考填报志愿时她报考了通信专业，经过一个多学期的学习，她发现自己对通信专业越来越感兴趣了。但她比较烦恼的是她的性格是属于那种比较外向、活泼型的，并喜欢与人打交道，做一些有创意的工作。但通信这个专业是理科专业，她需要具有一定的理性思维，并能静下心来做一些实验等，她担心自己的性格不适合今后的专业发展。因此，晓晓不知道自己是否适合通信这个专业，是否要向这个专业发展?

李兵是一位大三企业管理专业的学生，一直以来，他成绩都很优秀。大学三年，年年拿奖学金。虽然成绩不错，但现在李兵也为今后毕业发展非常烦恼。他平时性格是属于那种内向、不善言语的人。但自己目前的专业需要开朗、善于与人沟通交流的性格。他对自己现在的专业也很喜欢，怎么办，他能把性格改变成适合职业匹配的吗?

晓晓和李兵的例子都很具有代表性，一个是不知道个人的性格是否与今后职业选择相匹配，自己是否适合这个工作。一个是对自己的性格不满，担心性格会影响今后的职业发展，又不知道性格是否能够被塑造与改变。要解决这些问题，需要更清楚的认识个人性格，明白性格与职业有什么样的关系。

事实上，性格与职业选择有一定的关系。职业选择是人们就业的方向、劳动性质及种类的确定，对于一个走入社会进行生存的重要环节，认识性格可以更好地帮助实现个人有效发展，并能够干我们自己喜欢干的事情，一定的职业需要一定性格的人来匹配，所以需要选择与自己性格相适应的职业。如果出现现在的性格与当前的职业性格要求不符合，可以在个人努力下有所改变，从而重新塑造个人性格。但不得不肯定，个人性格对职业的选择有着重要影响。

## 三、认识性格有哪些作用

人的性格特征表现在生活的各个方面，他能控制人的精神状态和情绪。有的人经常抑郁低沉，消极悲观，有的人则能面对生活中的各种挫折，不易被情绪所左右，而有的人则经常有着朝气蓬勃、乐观向上的精神状态。性格还可以表现在人的意志品质上。有的人勇于在生活、学习上不折不挠，一步步向更高的目标前进，有的人则虎头蛇尾、朝三暮四，一遇到困难和挫折，就前功尽弃。

全面了解个人性格，除了可以帮助个人更好地认识自己，并能为择业做好准备，提前做好职业规划的前期准备部分。

只有当性格与职业相匹配，并有能力相支撑时，才能实现自身价值最大化。职场中有很多参加工作的人抱怨“现在工作不是自己喜欢的”，从而怀疑自己选错了职业入错了行。针对这种现象，这主要是因为在工作初期未做好职业规划，因此不要太急于转行或转换职业。建议大家在面对这样的情况时，先进行一个自我审视评估、性格测评，了解自己的职业气质、能力，并分析自己的优劣势，结合自己的教育背景、工作经验，进行职业生涯的发展规划。或者了解“自己要做什么?”“自己能做什么?”结合自己的价值观和理念，进行一个职业目标的设定以及策划，并进行反馈评估，不断调整自己的方法，完善自己的职业生涯规划。

## 四、气质与职业选择的关系

根据个人气质选择相关职业。

多血质的人灵活、容易适应新的环境，但注意力不够稳定，情感多变，兴趣容易转移；胆汁质的人反应快，但暴躁、易怒、任性，这两种气质的人从事需要做出灵活反应的工作比较合适。黏液质的人沉着、冷静、坚毅，情感较沉稳但不够灵活而且反应较慢；抑郁质的人工作耐受能力差，容易感到疲劳，但情感细腻，做事审慎，观察敏锐，能注意到别人不易觉察的细节。这两种气质的人从事要求持久、细致的工作较为合适。可见，根据自己的气质类型特点选择工作有可能提高工作效率，并能在工作中更好的发展自己的能力。

当然，在一般工作中，各种气质特性之间可以起互相补偿作用，因此对活动效率的影响并不太大，气质各异的人从事同一种普通职业都可以取得好成就。但一些特殊职业如飞行员、宇航员、体操运动员、潜水员等，要求从事该职业的人具备特定的气质特性，能经受高度的身心紧张，有极其灵敏的反应，临危不惧，行动敏捷准确。在这种情况下，如果不考虑自己的气质特性，选择不适合自己的职业，那么就较难实现愿望。即使从事了这种职业，工作效率也要大受影响，甚至可能中途被淘汰下来。固然，人可以根据环境要求，逐步改变某些气质，但气质是一种稳定的心理特征，改变它不是一朝一夕的事。所以，从自己的气质出发选择职业，对自己对工作都有益。

气质与职业的关系如下表（表5-1）。①

**表5-1　气质与职业的关系**

| 气质类型 | 优　点 | 缺　点 | 适合职业 |
|---|---|---|---|
| 多血质 | 热情、开朗，无忧无虑、活泼好动，对外界事物感受迅速 | 强烈但不深入，不能持久；兴趣广泛但注意力易分散，感情易变化 | 职业选择较广泛，如新闻工作、外事工作、服务人员、咨询员等。多血质的人不适合做细致单调、环境过于安静的工作 |
| 黏液质 | 黏液质的人坚定顽强、沉着踏实、耐心谨慎、自制力强 | 但反应迟缓、固执、不善交际 | 黏液质的人适合做管理人员、办公室文员、会计、出纳、法官、调解人员、外科医生等。黏液质的人不适合做富于变化和挑战性大的工作 |
| 抑郁质 | 思想敏锐、观察精细、谦虚谨慎、忠于委任 | 但是反应速度慢，相对刻板而不灵活，过于敏感、多疑和自卑 | 适合做打字员、校对员、保管员、化验员、数据登记人员、文字排版人员、机要秘书、研究人员等。抑郁质的人不适合做需与各色人物打交道、变化多端、大量消耗体力和脑力的工作 |
| 胆汁质 | 热情坦率、敏捷果断、大胆倔犟、进取心强、动作快而有力量 | 说话做事往往考虑不周全；脾气急躁、易于冲动；工作富有周期性、缺乏持久性 | 这种人适合于做刺激性大而富于挑战的工作，如导游、勘探工作者、节目主持人、推销员、外事接待员、演员、模特等。胆汁质的人不适合做整天坐在办公室或不走动的工作 |

## 五、气质的作用

气质影响活动的效率。如果在学习、工作、生活中考虑到这一点，就能够有效提高自己和他人的效率。例如，要求作出迅速灵活反应的工作对于多血质

① http://blog.sina.com.cn/s/blog_6020502d0100kot5.html

和胆汁质的人较为合适，而黏液质和抑郁质的人则较难适应。反之，要求持久、细致的工作对黏液质、抑郁质的人较为合适，而多血质、胆汁质的人又较难适应。在一般的学习和劳动活动中，气质的各种特性之间可以起互相补偿的作用，因此对活动效率的影响并不显著。对先进纺织工人所作的研究证明，一些看管多台机床的纺织女工属于黏液质，她们的注意力稳定，工作中很少分心，这在及时发现断头故障等方面是一种积极的特性。注意的这种稳定性补偿了她们从一台机床到另一台机床转移注意较为困难的缺陷。另一些纺织女工属于活泼型，她们的注意比较容易从一台机床转向另一台机床，这样注意易于转移就补偿了注意易于分散的缺陷。

## 第三节　自我性格、气质认知

### 一、自我性格的认识

#### （一）通过 MBTI 认识性格

MBTI 是瑞典心理学家荣格在知觉、判断和人格态度理论研究基础上，由布莱格斯和她的女儿迈尔斯研究发展的心理测评工具。MBTI 衡量的是个人的类型偏好，即人的一种天生倾向性。MBTI 有 4 个维度，即 E－I 维度、S－N 维度、T－F 维度、J－P 维度，每个维度由偏好二分法来评估一个人的类型偏好，每个维度偏好又由两极组成[①]。如 E－I 维度由外倾、内倾两极组成。

**表 5－2　MBTI 四维度心理测评**

| 4 个维度 | 4 个维度的两极组成部分 |
| --- | --- |
| 能力倾向：你更喜欢将自己的注意力集中于何处？你从何处获得活力？E－I维度： | 外倾：注意力和能量主要指向外部世界的人和事，而从与人交往和行动中得到活力。<br>● 关注外部环境<br>● 喜欢用谈话方式进行沟通<br>● 通过谈话形成自己的意见<br>● 用实际操作或讨论的方式能学得最好<br>● 兴趣广泛<br>● 好与人交往，善于表达<br>● 先行动，后思考<br>● 在工作和人际关系中都很积极主动 |

① 钟谷兰，杨开．2008．大学生职业生涯发展与规划［M］．上海：华东师范大学出版社．

（续）

| 4个维度 | 4个维度的两极组成部分 |
| --- | --- |
| | 内倾（I）：注意力和能量集中于自己的内心世界，从对思想、回忆和情感反思中得到活力。<br>● 关注自己的内心世界<br>● 更愿意用书面方式进行沟通<br>● 通过思考形成自己的意见<br>● 用思考、在头脑中练习的方式学得最好<br>● 兴趣专注<br>● 安静而显得内向<br>● 先思考，后行动<br>● 当情景或事件对他们具有重要意义时会采取主动 |
| 接受信息：你如何获取信息？S－N维度 | 感觉：用自己的五官来获取信息、喜欢收集实实在在的、确实已出现的信息。对于周围所发生的事件观察入微，特别关注事实。<br>● 着眼于当前的实际情况<br>● 现实、具体<br>● 关注事实的、实际存在的事物<br>● 观察敏锐，并能记住细节<br>● 经过仔细、周详的推理一步步得出结论<br>● 通过实际运用来理解抽象的思维和理论<br>● 相信自己的经验 |
| | 直觉：通过想象、无意识等超越感觉的方式来获取信息。喜欢看整个事件的全貌，关注事实之间的关联。想要抓住事件的模式，特别善于看到新的可能性。<br>● 着眼于未来的可能<br>● 富于想象力和创造性<br>● 关注数据所代表的模式和意义<br>● 当细节与某一模式相关时才能够记得<br>● 靠直觉很快得出结论<br>● 希望在应用理论之前先能对之进行澄清<br>● 相信自己的灵感 |

（续）

| 4 个维度 | 4 个维度的两极组成部分 |
| --- | --- |
| 处理信息：你是如何做决定的？T－F 维度 | 思考：通过分析某一行动或选择的逻辑后果来做出决定。会将自己从情景中分离出来，对事物的正反两方面进行客观地分析。从分析和确认事件中的错误并解决问题中获得活力。目标是要找到一个能应用于所有相似情景的标准或原则。<br>● 好分析的<br>● 运用因果推理<br>● 以逻辑的方式解决问题<br>● 寻求一个合乎真理的客观标准<br>● 爱讲理的<br>● 可能显得不近人情<br>● 公平意味着每个人都能得到平等的待遇 |
| | 情感：喜欢考虑对自己和他人来说什么是重要的。会在头脑中将自己放在情景所牵涉的所有人的位置上并试图理解别人的感受，然后在此基础上根据自己的价值判断做出决定。从对他人表示赞赏和支持中获得活力。目标是创造和谐的氛围，把每一个人都当作一个独特的个体来对待。<br>● 善于体贴他人、感同身受<br>● 受个人价值观的引导<br>● 衡量决定对他人产生的后果或影响<br>● 寻求和谐的气氛和积极地人际交往<br>● 富于同情心<br>● 可能会显得心肠太软<br>● 公平意味着每个人都被作为独特的个体来对待 |
| 行动方式：你如何与外部世界打交道？J－P 维度 | 判断：喜欢将事情管理的井井有条，过一种有计划的、井然有序的生活。喜欢做出决定，完成后继续下面的工作。生活通常会比较有规划、有秩序，喜欢把事情搞定下来。照计划和日程安排办事对他们来说很重要。从完成任务中获得能量。<br>● 有计划的<br>● 喜欢组织管理自己的生活<br>● 有系统有计划<br>● 按部就班<br>● 爱制订短期和长期计划<br>● 喜欢把事情落实敲定<br>● 力图避免最后一分钟才做决定或完成任务的压力 |

（续）

| 4个维度 | 4个维度的两极组成部分 |
|---|---|
| | 知觉：喜欢以一种灵活、自发的方式生活，更愿意去体验和理解生活而不是去控制它。详细的计划或最后决定会使他们感到被束缚。愿意对新的信息和选择保持开放，直到最后一分钟。足智多谋，善于调节自己适应当前场合的需要，并从中获得能量。<br>● 自发的<br>● 灵活<br>● 随意<br>● 开放<br>● 适应，改变方向<br>● 不喜欢把事情确定下来，以留有改变的可能性<br>● 最后一分钟的压力会使他们感到活力充沛 |

1. E-I维度　外倾者的典型特点是喜欢与人打交道，习惯于外界活动。如果遇到有讨论或集体发言的话，这种人发言比较先，并且可以一次讲很多的不同主题，可以听、说、想同时进行。

内倾者则多数安静、保守、喜欢独处或习惯一对一的人际交往，讨论问题时，这种类型的人发言较后，可能表达主题也没有外倾者多，但他们会经过深思熟虑后发表意见且会有一定的深度。

这里所说的内倾与外倾与我们平时说的内向、外向有很大区别，不能将二者对等。这里的内倾与外倾是从性格角度出发来谈的。内倾者只是回答问题不一定是第一回答的或不愿意与不同的人打交道，这并不代表他们的人际关系能力差。应该注意分析这些不同。

**练习5-1**

米莱是一个计算机专家，她乐于经常参加一些公司的若干人参加的需求和解决方案会议。她乐于为需要系统升级的客户提供培训。她的爱好包括参加各种文体活动，以及户外旅游。

1. 米莱的性格类型是什么类型？为什么？

2. 这一性格的人适合什么类型的工作？

杰斯也是一个计算机专业的人，他的工作是计算机系统设计。平时他不爱参与集体活动。他常常从集中精力从事技术工作而得到力量。他通过一个人的独处得到恢复。他的爱好包括阅读、上网和远程学习等方式来探索新东西。

1. 杰斯的性格是什么类型？
2. 这一性格类型的人又适合什么类型的工作？

2. S－N 维度　感觉型的人倾向于用五官来获取精确的信息。直觉型的人则习惯于通过第六感来获取信息。他们更注重事情的含义、象征意义和潜在意义。

现实生活中，这两类人的区别也很大。感觉型的人可以对某个人的外貌进行形象的描述，如胖瘦、高矮、黑白、脸型等进行详细的描述。而直觉的人看到是这个人更深层的东西，如有气质、沉着、干练等。

感觉型的人对待工作上，更关注事情的细节和事实，如应用性很强的工作。而直觉型的人更喜欢新的问题和可能性的问题，比如理论类的工作。感觉型的人更适合做实施执行的工作，直觉型的人适合做策划的工作。

**直觉型的例子：**

王磊是一位自由撰稿人，并且在社区学院里教授剧本写作。他运用他的创造性和现实生活经验帮助他人为独立制片人创作剧本。他经常在幻想中或在健身房健身锻炼时得到写作灵感。平时他会随身带着一个本子，随时记下自己的新想法。另外，他也教授别人如何在写作中记录下自己的创意。

3. T－F 维度

**练习 5－2　你如何决策**

某高校规定禁止同学们在校园内穿拖鞋走动或去教室上课，但校园里仍有不少同学穿着拖鞋上课，为此，学校出台发现 3 次后将对其进行通报批评的规定。某个同学连续被抓到 3 次穿着拖鞋去教室上课。这时，按照学校管理规定，这个同学将会受到学校的通报批评，如果是你，你会怎么办？为什么？

把自己的想法和其他同学分享，最后判断其他同学的想法哪些是思考型的，哪些是情感型的。

思考型的人习惯于通过分析数据、权衡事实来做出符合逻辑的、有目的的结论和选择；而情感型的人习惯于通过个人价值观来做决定，较多的依靠主观判断。思考型的人做决策时以事为主，如有的人说他违反了学校管理规定，就应该按照规定处罚他。而情感型的人做决策时则以人为本，如先不要对他进行通报批评，毕竟批评会对他产生负面影响，还是提醒与教育引导让他改正比较好。

在工作中，思考型的人讲究逻辑性，喜欢分析，解决问题，尤其愿意和概念、数字或者具体事物打交道；而情感型的人很看重所做事情的价值是否符合自己的价值观，和谐的工作环境、为人民服务是他们的追求之一。

4. J－P 维度

**练习 5－3**

小鹏是一个生活很有规律的人，每天晚上他都会在晚上 10：00 抽出时间来练习写字，一天学院搞活动，好朋友邀请他参加，但是这个活动需要 10：30 才能结束，所以，他很犹豫，在好朋友的一再要求下，他最后同意去了，但是活动后，他还是回来坚持练习了半个小时书法。你认为小鹏是一个判断型还是知觉型的人呢？

很显然，练习中的小鹏是一个生活井井有条的人，他是一个判断型的人。判断型的人往往拘泥于计划和秩序，如果计划被打乱了会非常烦躁和不适应，他们喜欢有秩序的生活。而知觉型的人则相反，他们较为灵活，他们喜欢完成事情不要有期限，但缺少完成任务的自制力。

学习了 MBTI4 个维度的练习后，你是否已经能初步判断出自己在每个维度上的偏好了呢？对照上面的内容，写下自己的 MBTI 类型。

能量倾向：

接受信息：

处理信息：

行动方式：

### （二）认识性格的其他方法

除了以上的方式以外，还可以通过多种方式来了解个人性格。有时候可以通过同学的评价，家长或身边的同学的评价来进行全方位的了解个人性格，或许你身边有很多资源可以帮助你更好的认识自己。

同学眼中的我的性格是：

老师眼中的我的性格是：

家长眼中的我的性格是：

朋友眼中的我的性格是：

## 二、16 种 MBTI 性格类型

MBTI 对性格的测试只能是一个人的偏好，虽然测试结果只有一种特征，但并不代表他就没有其他特征。一个人如果是感觉型的，这意味着在绝大多数情况下他的自然反应是感觉型的，但也有外倾的时候。所以，不要绝对来看这个结果。人的性格很复杂，这 4 个维度都会彼此影响，因此，将 4 个维度结合起来才是较为正确的做法，虽然这节并没有介绍4个维度组合的16种MBTI类型，但有兴趣的同学可以自己查找学习相关的内容。性格只是自我探索的一部分，在做职业规划时，可以将其同气质、价值观、兴趣结合起来一起看，这样能更全面、真实地了解自己。

此外，16种MBTI类型有其职业倾向，可以根据职业倾向的描述来进一步了解适合个人的职业。但职业倾向描述都是从一大类别工作中去描述的，所以，在理解个人职业倾向时，请勿仅仅以类别名称的描述，而要以实际工作的特点更为重要。值得注意的是：16种性格类型中的每一种性格并没有好坏之分，更没有对错之分。认识个人性格特点，可以让你根据自己的特点学习、工作和解决问题，但不能成为你不选择某种职业或约束你不做某事的借口。

**MBTI 16种性格类型的职业倾向①**

| 性格类型 | 职业倾向 |
| --- | --- |
| ISTJ | 管理者、行政管理、执法者、会计，或者其他能够让他们可以利用自己的经验和对细节的注意完成任务的职业 |
| ISFJ | 教育、健康护理（包括生理、心理）、宗教服务，或者其他能够让他们运用自己的经验亲力亲为帮助别人的职业，这种帮助是协助或辅助性的 |
| INFJ | 宗教、咨询服务（包括个人、社会、心理等）、教学/教导、艺术，或者其他能够促进他们情感、智力或精神发展的职业 |
| INTJ | 科学或技术领域、计算机、法律，或者其他能够让他们运用智力创造和技术知识去构思、分析和完成任务的职业 |
| ISTP | 熟练工种、技术领域、农业、执法者、军人，或者其他能够让他们动手操作、分析数据或事情的职业 |
| ISFP | 健康护理、商业、执法者，或者其他能够让他们运用友善、专注于细节的相关服务的职业 |
| INFP | 咨询服务（包括个人、社会、心理等）、写作、艺术，或者其他能够让他们运用创造和集中于他们的价值观的职业 |
| INTP | 科学或技术领域，或者其他能够让他们基于自己的专业技术知识独立、客观分析问题的职业 |

① 钟谷兰，杨开.2008.大学生职业生涯发展与规划.上海：华东师范大学出版社.

（续）

| 性格类型 | 职业倾向 |
| --- | --- |
| ESTP | 市场、熟练工种、商业、执法者、应用技术，或者其他能够让他们利用行动关注必要细节的职业 |
| ESFP | 健康护理（包括生理、心理）、教学/教导、教练、儿童保育、熟练工种，或者其他能够让他们利用外向的天性和热情去帮助那些有实际需要的人们的职业 |
| ENFP | 咨询服务（包括个人、社会、心理等）、教学/教导、宗教、艺术，或者其他能够让他们利用创造和交流去帮助促进他人成长的职业 |
| ENTP | 科学、管理者、技术、艺术，或者其他能够让他们有机会不断承担新挑战的工作 |
| ESTJ | 管理者、行政管理、执法者，或者其他能够让他们运用对事实的逻辑和组织完成任务的职业 |
| ESFJ | 教育、健康护理（包括生理、心理）、宗教，或者其他能够让他们运用个人关怀为他人提供服务的职业 |
| ESFJ | 教育、健康护理（包括生理、心理）、宗教，或者其他能够让他们运用个人关怀为他人提供服务的职业 |
| ENFJ | 宗教、艺术、教学/教导，或者其他能够让他们帮助别人在情感、智力和精神上成长的职业 |
| ENTJ | 管理者、领导者，或者其他能够让他们运用实际分析、战略计划和组织完成任务的职业 |

**练习 5-4　思考与回答**

1. 某同学发现自己的性格类型与 16 种性格类型中的很多类型都很相像，他不知道自己的性格到底是什么类型，怎么办？

2. 我和班里很多同学都是一个性格类型，可实际上觉得很不一样，这怎么解释？

3. 当同学发现自己的性格类型与目前所学专业很不相符，这是否意味着他很难在所学专业上取得成功？

## 三、气质类型的认识

### （一）个人气质测量

下面这个“量表[①]”，告诉我们该怎样去认识自己的心理特征，根据分析结果该采取怎样的调整策略来更好地发挥自己的优势。你在回答下面量表问题时，认为很符合自己情况的记 2 分，比较符合的记 1 分，介于符合与不符合之

① 相正求．2007．气质类型测量［J］．成才与就业（10）：26－27．

间的记 0 分，比较不符合的记−1 分，完全不符合的记−2 分。

1. 做事力求稳妥，不做无把握的事。
2. 遇到可气的事就怒不可遏，想把心里话全说出来才痛快。
3. 宁肯一个人干事，不愿很多人在一起。
4. 到一个新环境很快就能适应。
5. 厌恶那些强烈的刺激，如尖叫、噪音、危险镜头等。
6. 和人争吵时，总是先发制人，喜欢挑衅。
7. 喜欢安静的环境。
8. 善于和人交往。
9. 羡慕那种能克制自己感情的人。
10. 生活有规律，很少违反作息制度。
11. 在多数情况下情绪是乐观的。
12. 碰到陌生人觉得很拘束。
13. 遇到令人气愤的事，能很好地自我控制。
14. 做事总是有旺盛的精力。
15. 遇到问题常常举棋不定，优柔寡断。
16. 在人群中从不觉得过分拘束。
17. 情绪高昂时，觉得干什么都有趣，情绪低落时，又觉得干什么都没有意思。
18. 当注意力集中于一件事时，别的事很难使你分心。
19. 理解问题总比别人快。
20. 碰到危险情境，常有一种极度恐怖感。
21. 对学习、工作、事业怀有很高的热情。
22. 能够长时间做枯燥、单调的工作。
23. 符合兴趣的事情，干起来劲头十足，否则就不想干。
24 一点小事就能引起情绪波动。
25. 讨厌做那种需要耐心、细致的工作。
26. 与人交往不卑不亢。
27. 喜欢参加热烈的活动。
28. 爱看感情细腻、描写人物内心活动的文艺作品。
29. 工作学习时间长了，常会感到厌倦。
30. 不喜欢长时间谈论一个问题，愿意实际动手干。
31. 宁愿侃侃而谈，不愿窃窃私语。
32. 别人说你总是闷闷不乐。
33. 理解问题常比别人慢些。
34. 疲倦时只要短暂的休息就能精神抖擞，重新投入工作。
35. 心里有话宁愿自己想，不愿说出来。

36. 认准一个目标就希望尽快实现，不达目的，誓不罢休。
37. 学习、工作同样一段时间后，常会比别人更感疲倦。
38. 做事有些莽撞，常常不考虑后果。
39. 老师或师傅讲授新知识、技术时，总希望他讲慢些，多重复几次。
40. 能够很快地忘记那些不愉快的事情。
41. 做作业或完成一件工作总比别人花的时间多。
42. 喜欢剧烈、运动量大的体育活动，或喜欢参加各种文娱活动。
43. 不能很快地把注意力从一件事转移到另一件事上去。
44. 接受一个任务后，希望把它迅速完成。
45. 认为墨守成规比冒风险强些。
46. 能够同时注意几件事物。
47. 当你烦闷的时候，别人很难使你高兴起来。
48. 爱看情节起伏跌宕、激动人心的小说。
49. 对工作抱认真严谨、始终一贯的态度。
50. 和周围人们的关系总是相处不好。
51. 喜欢复习学过的知识，重复做已经掌握的工作。
52. 希望做变化大、花样多的工作。
53. 小时候会背诗歌，你似乎比别人记得清楚。
54. 别人说你“出语伤人”，可你并不觉得这样。
55. 在体育活动中，常因反应慢而落后。
56. 反应敏捷，头脑机智。
57. 喜欢有条理而不甚麻烦的工作。
58. 兴奋的事情常使你失眠。
59. 老师讲新概念，常常听不懂，但是弄懂以后就很难忘记。
60. 假如工作枯燥无味，马上就会情绪低落。

按题号将各题分为4类，计算每类题的得分总和。

胆汁质：2、6、9、14、17、21、27、31、36、38、42、48、50、54、58。

多血质：4、8、11、16、19、23、25、29、34、40、44、46、52、56、60。

黏液质：1、7、10、13、18、22、26、30、33、39、43、45、49、55、57。

抑郁质：3、5、12、15、20、24、28、32、35、37、41、47、51、53、59。

**测试结果说明：**

(1) 如果某气质类型得分明显高于其他3种，均高出4分以上，则可定为该气质类型。如果该气质类型得分超过20分，则为典型型；如果该气质类型得分高出10～20分，则为一般型。

(2) 2种气质类型得分接近，其差异低于3分，而且又明显高于其他2种，高出4分以上，则可定为两种气质类型的混合型。

(3) 3种气质类型得分相接近而且均高于第四种，则为3种气质类型的混合型。如多血—胆汁—黏液质混合型或黏液—多血—抑郁质混合型。

虽然气质没有好坏之分，但不同的气质类型确实会影响到人对工作和对他人的态度及方法。如果你是胆汁质型，那么说明你精力充沛、生机勃勃，是一个积极向上的人，但情绪暴躁，易于激动，容易感情用事，在人际交往时应沉着冷静，善于控制自己的情绪，做到果敢、率直但不急躁。如果你是多血质型，那么说明你表情丰富，动作敏捷，是个活泼爱动的人，但情绪多变，做事相对轻率，在人际交往时应努力表现灵活、亲切、机敏的一面，尽量避免浮躁。如果你是黏液质型，那么说明你有沉着、坚毅、冷静的优点，但也有着缺乏活力、冷淡等缺点。在人际交往时尽量将自己的情绪调动起来，让他人更多地了解你的内心感受，以便互相交流，达成共识。如果你是抑郁质型，那么说明你柔弱易倦，情绪发生慢而强，敏感而富于自我体验，情感深刻稳定，易孤僻。在人际交往时要突破闭锁心理，把自己的深刻体验表述出去，你会发现另外的一片天地。

### （二）其他认识个人气质的方法

除通过测量来了解个人气质类型外，还可以通过父母及身边的同学来认识个人气质。

#### 练习 5－5　他人眼中的我

1. 回忆父母对我的评价

我平时对待事情的第一反应强度如何？

______________________________

我平时处理事情的灵活性怎么样？

______________________________

我平时对待事物或处理问题是否异变？

______________________________

我平时情绪是属于怎么样的？

______________________________

2. 同学对我的评价收集

我心理活动的强度如何？

______________________________

我心理活动的速度如何？

______________________________

我心理活动的稳定性如何？

______________________________

我心理活动的易变性如何？

______________________________

根据以上评价，综合分析自己的气质类型，并与气质类型测试进行对比，最后对自己的气质进行综合分析，确定个人气质特点。

## 课后思考及练习

1. 分析并解答如果个人专业与目前的专业不适合时，该如何做？
2. 了解个人职业性格方式有哪些？
3. 性格与职业关系如何？
4. 气质与职业的关系如何？
5. 完成《我的职业生涯规划档案》中的性格部分。
6. 完成《我的职业生涯规划档案》中的气质部分。

# 第六章　自我职业兴趣认知

**本章学习目标及重点：**

- 理解兴趣、职业兴趣的含义
- 兴趣与职业选择、发展的关系
- 重点介绍霍兰德职业兴趣测验
- 学会通过霍兰德职业兴趣测验及其他方法了解个人兴趣和查找适合个人兴趣的职业

## 第一节　职业兴趣概述

### 一、职业兴趣的含义

如果你走在职业道路上，能把自己的性格和兴趣考虑进去，你就有可能获得工作中的乐趣和满足感。兴趣是一个人力求认识某种事物并愿意从事某项活动的心理倾向，可以表现为对事情或活动的选择性的态度和积极的情绪反应，当这种倾向指向职业有关的活动时称之为职业兴趣。职业兴趣在人们的职业生活中起着非常重要的作用。选择自己感兴趣的择业，在这种兴趣的引导下，即使是枯燥无味的工作，也能使人们全身心的投入、忘我的工作。可见，职业兴趣不但能够较好地发挥个人潜能，而且能提高相应的工作效率。

由于兴趣可以表现在各个方面，所以，兴趣也是复杂多样的。心理学研究表明，兴趣可以分为很多类，有直接兴趣与间接兴趣，在进行自我兴趣认识时，一定要分辨出自己的真正兴趣是什么，有时候自认为的兴趣并非和个人真正兴趣是相符合的。

**案例分析：**

蓝蓝的父母是工程师，小时候受父母影响，她对建筑有关的知识很感兴趣。父母也希望她报考大学时能够选择工程学为专业。大学时，她选择了工程学专业。但是，很快她就发现，她讨厌这个专业，一直以来她很不开心。学习成绩也不好。一次偶然的机会，让她有机会去接触到心理学。她发现自己对这个专业很感兴趣，学得也很轻松，期末考试她考了最高分。所以，她换了专业，毕业后，她拿到了心理学学位。现在，她自己拥有了一个咨询公司，专门为企业的人才招聘提出各种建议。

蓝蓝成功的背后说明了什么？

## 二、生涯规划需要考虑个人职业兴趣

在进行个人职业生涯规划时，也需要考虑职业兴趣的因素，一些单位会把职业兴趣作为招聘人才的职业素质的一方面来考虑，这样，将个人职业兴趣融入职业规划中，这样才能更好地选拔和配置适合本岗位需要的人才。

职业兴趣是职业活动强有力的动力之一，一个人如果从事与自己职业兴趣相近的工作，往往能够发挥其全部才能的80%～90%，并能长时间地保持高效率的工作而不疲劳；反之，从事不感兴趣的工作，只能发挥全部才能的20%～30%，并更容易感到厌倦和疲劳。由此可见，职业兴趣可影响人在相应职业中的工作绩效。

很多大学生在进行职业选择时，通常会走入一个误区：认为找到一个“好”工作、高报酬、高社会地位、好城市就是“好”工作，再尽力说服自己去磨合个人个性去适应这个认为是“好”的工作。

**试一试　招聘广告中的职业①**

找出两三周内报纸或网站上的招聘广告，这些必须是近期或本地区的。阅读所有上述的招聘广告中让你感兴趣的职位，先不要考虑该工作你是否胜任。思考一下这些你感兴趣的职位的广告词，想一想是哪些字眼抓住了你的注意力。在下面的空格中记下让你感兴趣的职务名称和行业。

# 第二节　职业兴趣与职业选择和发展

## 一、兴趣与职业发展的关系

在进行职业岗位选择时，除了要考虑个人性格、价值观、气质，还须了解个人的兴趣。先问问自己“我想干什么?”“我适合干什么?”干自己喜欢的职业能给个人工作与生活带来意想不到的兴趣与快乐。有研究表明，兴趣与工作满意度、职业稳定性和职业成就感之间存在着明显的关联。

干自己感兴趣的事情，往往会不自觉地投入更多时间，这有利于个人能力的培养与提升。个人能力提高了，这又能反过来影响兴趣的浓度，形成二者之间的良

① 戴安．萨克尼克，威廉．班达特，丽莎．若夫门．2005．职业指导［M］．李洋，张奕，小卉，译．北京：中国劳动社会保障出版社．

性循环，取得工作上的成功。因此，职业发展离不开对个人职业兴趣的考查。

## 二、职业选择的因素之一——兴趣

**案例：与兴趣相违背的职业选择**

玛丽大学毕业后在一家企业辛苦工作，寻找提升，但是到最后，她却发现她自己真正的兴趣是插花。于是，她辞掉工作，开了一家花店，每天过得很开心快乐，并取得了巨大的成功。

从这个案例中，你获得了什么启发？兴趣对职业选择的影响有哪些？

除了要认识到兴趣是职业选择不可缺少的部分外，还应该理解兴趣在职业选择中的作用。

兴趣可以提高个人的工作效率，对从事工作越感兴趣，即使本身是从事枯燥的工作，个人也会觉得乐趣无穷，工作不再是一种负担。如需换工作，如果有这方面的兴趣，也会很快熟悉，并适应新的工作。

兴趣是事业成功的重要因素，对某一职业有浓厚的兴趣，这可以成为智力开发的“触发器”。获得诺贝尔物理奖的华人丁肇中说过：“兴趣比天才重要”。

兴趣可以开发个人潜能。兴趣是一种强大的精神力量。当一个人对某种事物发生兴趣时，他就能调动整个身心的积极性；并积极地感知、观察事物，增强克服困难的毅力，反之，“牛不喝水强按头”的做法是不可取的。所以，在做职业选择时，贵在能够发现自己的真正兴趣，并能够从事自己感兴趣的职业。

# 第三节　自我职业兴趣认知

## 一、兴趣与专业、职业的关系

认识自己的兴趣，可以通过一些心理测试或其他方式来进一步了解。下面的一个练习可以帮助你进一步了解个人的兴趣与专业、职业的关系。

**练习 6－1　兴趣与专业、职业**①

思考一下，你的兴趣可以与哪些职业相联系，这些兴趣有可能与你的专业相结合吗?

如果自己很难想出来或难以做这个决定的话，可以请教你的父母、同学、老师、朋友等，以便来获得更多启发。

对于大学生来说，现实中存在着毕业生高比例地对第一份工作不满意、并频繁转换工作的不幸现象，我们应该有一个清晰的认识。这种情况其实也是一

① 钟谷兰，杨开．2008. 大学生职业生涯发展与规划［M］. 上海：华东师范大学出版社．

种没有考虑个人兴趣、盲目就业或跟着感觉走的错误认识，对兴趣与职业之间的匹配与适应考虑较少造成的失误。

在自我兴趣认识过程中，难免会出现个人兴趣太广泛，以至于不清楚个人兴趣究竟是什么的现象。这时可以通过分析，把次要兴趣通过兼职或社团活动、学生活动、业余爱好表现出来，从而把主要兴趣与今后的就业与择业联系起来。

## 二、兴趣测验

### （一）霍兰德兴趣测验

认识自己兴趣的一种有效方式是通过兴趣测验来进一步了解。Holland（1958，1969，1973，1985）编制了职业偏好量表[①]（VPI）和自我探索量表（SDS）[②]，并提出了6种职业兴趣理论构想和环形结构模型，建立了解释兴趣与职业关系的人格—职业匹配理论；他把职业兴趣分成6个方面[③]，即现实型、研究型、艺术型、社会型、企业型、常规型，相应的，职业也分成与之对应的6个领域。这一理论影响非常大，很多研究者都对其持赞同观点，其信度、效度也比较高。

现实型（realistic type）：现实型又称实用型。现实型的人喜欢技术性和体力性的工作，喜欢与机械打交道，以及各种修理工作。他们的兴趣范围在大自然和户外，他们“行动”多于“思考”，倾向于具体问题；不喜欢模糊的、抽象的问题，不善于交际。现实型的人往往表现出看重具体事物价值观的倾向。

研究型（investigative type）：研究型的人有明显的科学倾向，喜欢收集信息，发现新的事实或提出新理论，分析和解释资料，倾向于独立工作，具有分析概括能力、数理和科学能力。他们看重科学研究的价值，不喜欢组织、领导方面的活动，厌恶要求劝说和机械重复的活动。

艺术型（artistic type）：艺术型的人是以形态和语言来创作艺术作品，借助于文字、动作、音乐与色彩等来表达美、思想。他们富有幻想和创造性，看重美的品质，厌恶明确、秩序和系统化的活动。

社会型（social type）：社会型的人喜欢与人打交道，喜欢讨论问题和社会交际，具有人际交往技巧，善解人意，友善合作。他们重视社会和伦理道德问题，不喜欢与材料、工具、机械等实物打交道。

企业型（enterprising type）：企业型的喜爱实现组织目标，或者为获得经济利益而操纵人、驱动人的活动。在主导性、对人接触和说服能力上特别优

① 白利刚．1996. Holland职业兴趣理论的简介及评述［J］．心理学动态，4（2）：27－31.

② 龙立荣．1991. 职业兴趣测验SDS的现状及发展趋势［J］．教育研究与实验，（2）：34－37.

③ 裴娜．2010. 职业兴趣简述［J］．科教文化（28）：196.

秀。企业型的人看重政治和经济方面的成就，厌恶研究性的活动。

常规型（conventional type）：常规型又称事务型。常规型的人喜欢具体的、实际的、精确的工作，如做记录，整理档案、资料、操作办公机械等活动。具有文书、算数能力。他们看重商业和经济方面的具体成就，厌恶模糊、不正规、非程序化的或探究性的活动。

霍兰德提出，大多数人的职业兴趣可以归为 6 种类型，但个人兴趣往往是多方面的，很少集中在某种类型。多数人或多或少都具有所有 6 种兴趣，只是偏好程度不同。为了更好地、全面地描述个人的职业兴趣，通常用最强的 3 种兴趣的字母代码来表示一个人的兴趣，这个代码就称为“霍兰德代码（Holland code）”3 个字母排列顺序的不同也表示了个人兴趣强度程度的不同。

**附表：霍兰德兴趣测试题**

## 了解你的职业兴趣①

测验指导语：本问卷共 90 道题目，每道题目是一个陈述，请您根据自己的真实情况对这些陈述进行评价，如果陈述符合实际情况就在相应的题目前打“√”，否则打“×”，不要漏答。

1. 强壮而敏捷的身体对我很重要。
2. 我必须彻底地了解事情的真相。
3. 我的心情受音乐、色彩、写作和美丽事物的影响极大。
4. 和他人的关系丰富了我的生命并使它有意义。
5. 我自信会成功。
6. 我做事时必须有清楚的指引。
7. 我擅长于自己制作、修理东西。
8. 我可以花很长时间去想通事情的道理。
9. 我重视美丽的环境。
10. 我愿意花时间帮别人解决个人危机。
11. 我喜欢竞争。
12. 我在开始一个计划前会花很多时间去计划。
13. 我喜欢用双手做事。
14. 探索新构思使我满意。
15. 我总是寻求新方法来发挥我的创造力。
16. 我认为能把自己的焦虑和别人分担很重要。
17. 成为群体中的关键人物，对我很重要。
18. 我对于自己能重视工作中的所有细节感到骄傲。

① 刘远我．2003. 职业总动员［M］．北京：北京经济管理出版社．

19. 我不在乎工作时把手弄脏。
20. 我认为教育是个发展及磨炼脑力的终身学习过程。
21. 我喜欢非正式的穿着，尝试新颜色和款式。
22. 我常能体会到某人想要和他人沟通的需要。
23. 我喜欢帮助别人不断改进。
24. 我在做决策时，通常不愿冒险。
25. 我喜欢购买小零件，做成成品。
26. 有时我可以长时间地阅读，玩拼图游戏，或冥想生命的本质。
27. 我有很强的想象力。
28. 我喜欢帮助别人发挥天赋和才能。
29. 我喜欢监督事情直至完工。
30. 如果我将面对一个新环境，我会在做事前做充分的准备。
31. 我喜欢独立完成一项任务。
32. 我渴望阅读或思考任何可以引发我好奇心的东西。
33. 我喜欢尝试创新的概念。
34. 如果我和别人发生摩擦，我会不断地尝试化干戈为玉帛。
35. 要成功，就必须定高目标。
36. 我不喜欢为重大决策负责。
37. 我喜欢直言不讳，不喜欢转弯抹角。
38. 我在解决问题前，必须把问题彻底分析。
39. 我喜欢重新布置我的环境，使他们与众不同。
40. 我经常借着和别人的交谈来解决自己的问题。
41. 我常起草一个计划，而由别人完成细节。
42. 准时对我而言非常重要。
43. 从事户外活动令我神清气爽。
44. 我不断地问：为什么？
45. 我喜欢自己的工作能够抒发我的情绪和感觉。
46. 我喜欢帮助别人找出可以互相关注其他的方法。
47. 能够参与重大决策是件令人兴奋的事。
48. 我经常保持整洁，喜欢有条不紊。
49. 我喜欢周边环境简单而实际。
50. 我会不断地思索一个问题，直到找到答案为止。
51. 大自然的美深深触动我的灵魂。
52. 亲密的人际关系对我很重要。
53. 升迁和进步对我是极重要的。
54. 当我把每日工作计划好时，我会较有安全感。
55. 我非但不害怕过重的工作负荷，并且知道工作的重点是什么。

56. 我喜欢能使我思考、给我新观念的书。
57. 我期望能看到艺术表演、戏剧及好电影。
58. 我对别人的情绪低潮思想相当敏感。
59. 能影响别人使我感到兴奋。
60. 当我答应做一件事时，我会竭尽所能地作好所有细节。
61. 我希望笨重的体力工作不会伤害任何人。
62. 我希望能学习所有使我感兴趣的科目。
63. 我希望能做些与众不同的事。
64. 我对于别人的困难乐于伸手援助。
65. 我愿意冒一点危险以求进步。
66. 当我遵循规则时，我感到安全。
67. 我选车时，最先注意的是好的引擎。
68. 我喜欢能刺激我思考的对话。
69. 当我从事创造性事务时，我会忘掉一切旧经验。
70. 我对于社会上有许多人需要帮助感到关注。
71. 说服别人依计划行事是件有趣的工作。
72. 我擅长于检查细节。
73. 我通常知道如何应付紧急事件。
74. 阅读新发现的书是件令人兴奋的事情。
75. 我喜欢美丽、不平凡的事情。
76. 我经常关心孤独、不友善的人。
77. 我喜欢讨价还价。
78. 我花钱时小心翼翼。
79. 我用运动来保持强壮的身体。
80. 我经常对大自然的奥秘感到惊奇。
81. 尝试不平凡的新事物是件相当有趣的事。
82. 当别人向我诉说他的困难时，我是个好听众。
83. 做事失败了，我会再接再厉。
84. 我需要确切地知道别人对我的要求是什么。
85. 我喜欢把东西拆开，看是否能够修理它们。
86. 我喜欢研读所有事实，再有逻辑性的做决定。
87. 没有美丽事物的生活，对我而言是不可思议的。
88. 人们经常告诉我他们的问题。
89. 我常能借着通讯网络和别人取得联系。
90. 小心谨慎地完成一件事，是件有成就感的事。

请将自己的答案用“√”或“×”画在相应的题号上。在最后一行计出各种类型打

"√"的总数。测出你的霍兰德代码，以得分最高的三个字母来表示你的霍兰德代码。

| 现实型（R） | 研究型（I） | 艺术型（A） | 社会型（S） | 管理型（E） | 常规型（C） |
|---|---|---|---|---|---|
| 1 | 2 | 3 | 4 | 5 | 6 |
| 7 | 8 | 9 | 10 | 11 | 12 |
| 13 | 14 | 15 | 16 | 17 | 18 |
| 19 | 20 | 21 | 22 | 23 | 24 |
| 25 | 26 | 27 | 28 | 29 | 30 |
| 31 | 32 | 33 | 34 | 35 | 36 |
| 37 | 38 | 39 | 40 | 41 | 42 |
| 43 | 44 | 45 | 46 | 47 | 48 |
| 49 | 50 | 51 | 52 | 53 | 54 |
| 55 | 56 | 57 | 58 | 59 | 60 |
| 61 | 62 | 63 | 64 | 65 | 66 |
| 67 | 68 | 69 | 70 | 71 | 72 |
| 73 | 74 | 75 | 76 | 77 | 78 |
| 79 | 80 | 81 | 82 | 83 | 84 |
| 85 | 86 | 87 | 88 | 89 | 90 |

班级：______；学号：______；姓名：______；性别：______

实际上，霍兰德提出的6种类型之间是有一定的关系，他们的关系将呈现出六角模型（图6-1）。在六角模型中，任何两种模型之间的距离越近，其职业环境及人格特质的相似程度也就越高。如：实用型的人与研究型的人具有相似性较高，这些人更喜欢以理性态度看待问题，而处于斜对角线上的研究型与企业型的人就有很大区别。企业型的人善于与人打交道，而研究型的人在这方面则不太善于与人打交道。

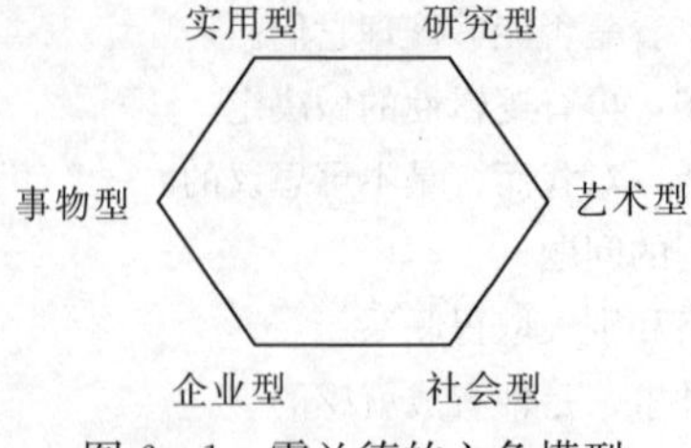


图6-1　霍兰德的六角模型

除了以上的霍兰德兴趣类型与代码，还可以借助个人的霍兰德代码认识与之相适应的职业。

霍兰德职业索引——职业兴趣代码与其相应的职业对照表①：

R（实际型）：木匠、农民、操作X光的技师、工程师、飞机机械师、鱼类和野生动物专家、自动化技师、机械工（车工、钳工等）、电工、无线电报务员、火车司机、长途公共汽车司机、机械制图员、修理机器、电器师。

I（调查型）：气象学者、生物学者、天文学家、药剂师、动物学者、化学家、科学报刊编辑、地质学者、植物学者、物理学者、数学家、实验员、科研人员、科技作者。

A（艺术型）：室内装饰专家、图书管理专家、摄影师、音乐教师、作家、演员、记者、诗人、作曲家、编剧、雕刻家、漫画家。

S（社会型）：社会学者、导游、福利机构工作者、咨询人员、社会工作者、社会科学教师、学校领导、精神病工作者、公共保健护士。

E（事业型）：推销员、进货员、商品批发员、旅馆经理、饭店经理、广告宣传员、调度员、律师、政治家、零售商。

C（常规型）：记账员、会计、银行出纳、法庭速记员、成本估算员、税务员、核算员、打字员、办公室职员、统计员、计算机操作员、秘书。

下面介绍与你3个代号的职业兴趣类型一致的职业表，对照的方法如下：首先根据你的职业兴趣代号，在下表中找出相应的职业，例如你的职业兴趣代号是RIA，那么牙科技术人员、陶工等是适合你兴趣的职业。然后寻找与你职业兴趣代号相近的职业，如你的职业兴趣代号是RIA，那么，其他由这三个字母组合成的编号（入IRA、IAR、ARI等）对应的职业，也较适合你的兴趣。

RIA：牙科技术员、陶工、建筑设计员、模型工、细木工、制作链条人员。

RIS：厨师、林务员、跳水员、潜水员、染色员、电器修理、眼镜制作、电工、纺织机器装配工、服务员、装玻璃工人、发电厂工人、焊接工。

RIE；建筑和桥梁工程、环境工程、航空工程、公路工程、电力工程、信号工程、电话工程、一般机械工程、自动工程、矿业工程、海洋工程、交通工程技术人员、制图员、家政经济人员、计量员、农民、农场工人、农业机械操作、清洁工、无线电修理、汽车修理、手表修理、管工、线路装配工、工具仓库管理员。

① 钟谷兰，杨开．2008. 大学生职业生涯发展与规划［M］．上海：华东师范大学出版社．

RIC：船上工作人员、接待员、杂志保管员、牙医助手、制帽工、磨坊工、石匠、机器制造、机车（火车头）制造、农业机器装配、汽车装配工、缝纫机装配工、钟表装配和检验、电动器具装配、鞋匠、锁匠、货物检验员、电梯机修工、托儿所所长、钢琴调音员、装配工、印刷工、建筑钢铁工作、卡车司机。

RAI：手工雕刻、玻璃雕刻、制作模型人员、家具木工、制作皮革品、手工绣花、手工钩针纺织、排字工作、印刷工作、图画雕刻、装订工。

RSE：消防员、交通巡警、警察、门卫、理发师、房间清洁工、屠夫、锻工、开凿工人、管道安装工、出租汽车驾驶员、货物搬运工、送报员、勘探员、娱乐场所的服务员、起卸机操作工、灭害虫者、电梯操作工、厨房助手。

RSI：纺织工、编织工、农业学校教师、某些职业课程教师（诸如艺术、商业、技术、工艺课程）、雨衣上胶工。

REC：抄水表员、保姆、实验室动物饲养员、动物管理员。

REI：轮船船长、航海领航员、大副、试管实验员。

RES：旅馆服务员、家畜饲养员、渔民、渔网修补工、水手长、收割机操作工、搬运行李工人、公园服务员、救生员、登山导游、火车工程技术员、建筑工作、铺轨工人。

RCI：测量员、勘测员、仪表操作者、农业工程技术、化学工程技师、民用工程技师、石油工程技师、资料室管理员、探矿工、煅烧工、烧窖工、矿工、保养工、磨床工、取样工、样品检验员、纺纱工、炮手、漂洗工、电焊工、锯木工、刨床工、制帽工、手工缝纫工、油漆工、染色工、按摩工、木匠、农民建筑工作、电影放映员、勘测员助手。

RCS：公共汽车驾驶员、一等水手、游泳池服务员、裁缝、建筑工作、石匠、烟囱修建工、混凝土工、电话修理工、爆炸手、邮递员、矿工、裱糊工人、纺纱工。

RCE：打井工、吊车驾驶员、农场工人、邮件分类员、铲车司机、拖拉机司机。

IAS：普通经济学家、农场经济学家、财政经济学家、国际贸易经济学家、实验心理学家、工程心理学家、心理学家、哲学家、内科医生、数学家。

IAR：人类学家、天文学家、化学家、物理学家、医学病理、动物标本录制者、化石修复者、艺术品管理者。

ISE：营养学家、饮食顾问、火灾检查员、邮政服务检查员。

ISC：侦察员、电视播音室修理员、电视修理服务员、验尸室人员、编目录者、医学实验定技师、调查研究者。

ISR：水生生物学者、昆虫学者、微生物学家、配镜师、矫正视力者、细菌学家、牙科医生、骨科医生。

ISA：实验心理学家、普通心理学家、发展心理学家、教育心理学家、社会心理学家、临床心理学家、目标学家、皮肤病学家、精神病学家、妇产科医师、眼科医生、五官科医生、医学实验室技术专家、民航医务人员、护士。

IES：细菌学家、生理学家、化学专家、地质专家、地理物理学专家、纺织技术专家、医院药剂师、工业药剂师、药房营业员。

IEC：档案保管员、保险统计员。

ICR：质量检验技术员、地质学技师、工程师、法官、图书馆技术辅导员、计算机操作员、医院听诊员、家禽检查员。

IRA：地理学家、地质学家、声学物理学家、矿物学家、古生物学家、石油学家、地震学家、声学物理学家、原子和分子物理学家、电学和磁学物理学家、气象学家、设计审核员、人口统计学家、数学统计学家、外科医生、城市规划家、气象员。

IRS：流体物理学家、物理海洋学家、等离子体物理学家、农业科学家、动物学家、食品科学家、园艺学家、植物学家、细菌学家、解剖学家、动物病理学家、作物病理学家、药物学家、生物化学家、生物物理学家、细胞生物学家、临床化学家、遗传学家、分子生物学家、质量控制工程师、地理学家、兽医、放射性治疗技师。

IRE：化验员、化学工程师、纺织工程师、食品技师、渔业技术专家、材料和测试工程师、电气工程师、土木工程师、航空工程师、行政官员、冶金专家、原子核工程师、陶瓷工程师、地质工程师、电力工程量、口腔科医生、牙科医生。

IRC：飞机领航员、飞行员、物理实验室技师、文献检查员、农业技术专家、动植物技术专家、生物技师、油管检查员、工商业规划者、矿藏安全检查员、纺织品检验员、照相机修理者、工程技术员、编计算程序者、工具设计者、仪器维修工。

CRI：簿记员、会计、记时员、铸造机操作工、打字员、按键操作工、复印机操作工。

CRS：仓库保管员、档案管理员、缝纫工、讲述员、收款人。

CRE：标价员、实验室工作者、广告管理员、自动打字机操作员、电动机装配工、缝纫机操作工。

CIS：记账员、顾客服务员、报刊发行员、土地测量员、保险公司职员、会计师、估价员、邮政检查员、外贸检查员。

CIE：打字员、统计员、支票记录员、订货员、校对员、办公室工作人员。

CIR：校对员、工程职员、海底电报员、检修计划员、发扳员。

CSE：接待员、通讯员、电话接线员、卖票员、旅馆服务员、私人职员、商学教师、旅游办事员。

CSR：运货代理商、铁路职员、交通检查员、办公室通信员、簿记员、出纳员、银行财务职员。

CSA：秘书、图书管理员、办公室办事员。

CER：邮递员、数据处理员、办公室办事员。

CEI：推销员、经济分析家。

CES：银行会计、记账员、法人秘书、速记员、法院报告人。

ECI：银行行长、审计员、信用管理员、地产管理员、商业管理员。

ECS：信用办事员、保险人员、各类进货员、海关服务经理、售货员、购买员、会计。

ERI：建筑物管理员、工业工程师、农场管理员、护士长、农业经营管理人员。

ERS：仓库管理员、房屋管理员、货栈监督管理员。

ERC：邮政局长、渔船船长、机械操作领班、木工领班、瓦工领班、驾驶员领班。

EIR：科学、技术和有关周期出版物的管理员。

EIC：专利代理人、鉴定人、运输服务检查员、安全检查员、废品收购人员。

EIS：警官、侦察员、交通检验员、安全咨询员、合同管理者、商人。

EAS：法官、律师、公证人。

EAR：展览室管理员、舞台管理员、播音员、驯兽员。

ESC：理发师、裁判员、政府行政管理员、财政管理员、工程管理员、职业病防治、售货员、商业经理、办公室主任、人事负责人、调度员。

ESR：家具售货员、书店售货员、公共汽车的驾驶员、日用品售货员、护士长、自然科学和工程的行政领导。

ESI：博物馆管理员、图书馆管理员、古迹管理员、饮食业经理、地区安全服务管理员、技术服务咨询者、超级市场管理员、零售商品店店员、批发商、出租汽车服务站调度。

ESA：博物馆馆长、报刊管理员、音乐器材售货员、广告商售画营业员、导游、(轮船或班机上的）事务长、飞机上的服务员、船员、法官、律师。

ASE：戏剧导演、舞蹈教师、广告撰稿人、报刊、专栏作者、记者、演员、英语翻译。

ASI：音乐教师、乐器教师、美术教师、管弦乐指挥、合唱队指挥、歌星、演奏家、哲学家、作家、广告经理、时装模特。

AER：新闻摄影师、电视摄影师、艺术指导、录音指导、丑角演员、魔术师、木偶戏演员、骑士、跳水员。

AEI：音乐指挥、舞台指导、电影导演。

AES：流行歌手、舞蹈演员、电影导演、广播节目主持人、舞蹈教师、口技表演者、喜剧演员、模特。

AIS：画家、剧作家、编辑、评论家、时装艺术大师、新闻摄影师、男演员、文学作者。

AIE：花匠、皮衣设计师、工业产品设计师、剪影艺术家、复制雕刻品大师。

AIR：建筑师、画家、摄影师、绘图员、环境美化工、雕刻家、包装设计师、陶器设计师、绣花工、漫画工。

SEC：社会活动家、退伍军人服务官员、工商会事务代表、教育咨询者、宿舍管理员、旅馆经理、饮食服务管理员。

SER：体育教练、游泳指导。

SEI：大学校长、学院院长、医院行政管理员、历史学家、家政经济学家、职业学校教师、资料员。

SEA：娱乐活动管理员、国外服务办事员、社会服务助理、一般咨询者、宗教教育工作者。

SCE：部长助理、福利机构职员、生产协调人、环境卫生管理人员、戏院经理、餐馆经理、售票员。

SRI：外科医师助手、医院服务员。

SRE：体育教师、职业病治疗者、体育教练、专业运动员、房管员、儿童家庭教师、警察、引座员、传达员、保姆。

SRC：护理员、护理助理、医院勤杂工、理发师、学校儿童服务人员。

SIA：社会学家、心理咨询者、学校心理学家、政治科学家、大学或学院的系主任、大学或学院的教育学教师、大学农业教师、大学工程和建筑课程的教师、大学法律教师、大学数学、医学、物理、社会科学和生命科学的教师、研究生助教、成人教育教师。

SIE：营养学家、饮食学家、海关检查员、安全检查员、税务稽查员、校长。

SIC：描图员、兽医助手、诊所助理、体检检查员、监督缓刑犯的工作者、娱乐指导者、咨询人员、社会科学教师。

SIR：理疗员、救护队工作人员、手足病医生、职业病治疗助手。

**（二）其他兴趣测试**

除了上面的兴趣测验以外，还可以通过多种方式来了解自己的兴趣。如自我导向探查表（self - Directedsearch，SDS）与职业兴趣组合卡。自我导向探查表（self - Directedsearch，SDS）是在 VPI 的基础上发展而成的量表，是自己管理、计分和解释结果的职业咨询工具。整个量表有 4 个部分：第一部分是列出自己理想的职业；第二部分是测查部分，分别测活动、潜能、爱好的职业及自我能力评定 4 个方面，每个方面都是按霍兰德的理论编制的测 6 种类型的项目；第三部分按 6 种类型的 4 个方面测得结果的得分高低，按由大到小取三种类型构成三字母的霍兰德综合码；第四部分为职业寻找表，包括 1 335 个职业，每种职业都标有职业码和所要求的教育水平。第三部分所得的职业综合码可在第四部分寻找喜欢的职业，如找不到，还可改变三字母的排列顺序去寻找。

另外，职业兴趣组合卡也是一种测试个人兴趣的方式。还有一种比较有趣的测验是罗夏墨迹测验，这种测验是用模糊刺激投射物的对称型墨迹图，施测者向被测者展示墨迹图，然后问“这可能是什么？”然后记录其反应时间和方式，根据其反应的内容、关键因素，注意部分逐渐打分，来评价其志趣特征。

## 三、实践与练习

**（一）实践**

根据霍兰德兴趣测验找出你的霍兰德代码。

你的霍兰德代码是：

**（二）练习 6 - 2：发现你的职业兴趣**

在下面的 3 个题目中，如果你只剩下 1 个小时的选择的话，在你认为最感兴趣的职业领域画√。

1. 哪些领域让你感兴趣？

社交

你是否喜欢和人们一起工作，你是否愿意帮助别人组织活动？你是否热衷于社会活动？

推销—说服

你是否喜欢销售、证明、说明、影响和领导？你是否喜欢说话、写作和阅读？

动手

你是否喜欢整理东西？你是否喜欢使用和修理机器、家电和设备？你是否喜欢制造或建造东西？

科学

你是否对思想和抽象概念好奇？你是否喜欢做试验和解决问题？

计算及行政事务

你是否喜欢有条有理地做事？你是否习惯于做记录、使用计算机和做事精细？

艺术

你是否喜欢音乐、跳舞、绘画、文学、摄影和装饰？你是否喜欢创造性地表现自我？

2. 基于霍兰德 6 种个性类型的职业分类

现实型（R）：职业涉及生产、贸易和服务领域

探索型（I）：职业涉及科学和技术领域

艺术型（A）：职业涉及艺术、音乐和文学领域

社会型（S）：职业涉及教育和福利领域

企业家型（E）：职业涉及销售和管理领域

传统型（C）：职业涉及办公室行政事务领域

3. 职业领域与工作群对应

经济活动——现实型或探索型

艺术和文学——艺术型

工商业——传统型

教育和福利——社会型

工程和建筑——现实型与探索型

政府和法律——企业家和社会型

保健卫生——探索型和社会型

生产贸易服务——现实型和传统型

科学——探索型和现实型

## 课后思考及练习

1. 为什么就业时要考虑个人职业兴趣？

2. 举例说明兴趣与职业关系？

3. 当兴趣过多，不知哪个是自己的职业兴趣怎么办？

4. 如何培养职业兴趣？

5. 完成自我生涯规划中的兴趣部分。

# 第七章 自我职业能力认知

**本章学习目标及重点：**

- 理解技能、能力、职业能力的含义
- 把握常见职业能力分类
- 掌握认识与了解个人专业能力的方法
- 学会通过能力测验及其他方法了解个人的一般能力及职业能力

## 第一节 职业能力概述

### 一、技能的含义

技能在心理学上一般认为是通过练习而形成的合乎法则的活动方式。技能根据其熟练程度可分为水平较低的初级技能和水平较高的技巧性技能。初级技能的形成需要借助于有关的知识和过去的经验。技巧性技能，是通过一系列个别的动作联合成为统一的动作系统。

### 二、能力的含义

《辞海》中对能力的解释为“完成一种活动的本领，是体力、智力、知识和技能的有机结合”。《教育百科辞典》中对一般能力的解释为“能力即智力，是人们在顺利有效地完成各种活动时所共同需要的心理基础”，而特殊能力为“从事某种专业活动所需要的能力”。前苏联心理学界也把能力分为一般能力和特殊能力，他们认为，一般能力包括观察力、记忆力、思维能力、想象力和注意力；特殊能力包括数学能力、音乐能力、绘画能力、体育能力和写作能力等这与黄希庭在《心理学导论》中的观点比较一致，他认为，能力是顺利地完成某种活动所必备的心理特征。这也是目前被大多数人所接受的一种说法。

技能与能力有区别。技能在心理学上一般认为是通过练习而形成的合乎法则的活动方式。技能根据其熟练程度可分为水平较低的初级技能和水平较高的技巧性技能。初级技能的形成需要借助于有关的知识和过去的经验。在技巧性技能中，一系列个别的动作联合成为统一的动作系统；意识对动作的调节集中在活动的整体上。

### 三、职业能力的含义

对于职业能力来说，目前并没有一个统一的认识。国外有将其定义为“职业行动能力”，也有将其定义为人们从事一门或若干相近职业所必备的本领，个体对个人与社会责任的热情和能力。在我国的研究中，有倾向于把其理解为综合职业能力的，也有将其理解为科学工作和学习中必不可少的特定职业能力、通用职业能力、综合职业能力的综合。在这里，暂且把职业能力理解为从事某种职业所必须具备的本领，当然，这些本领可能包括一些基本的知识、技能和专业所必需的特殊需求素质和能力等。

# 第二节　常见职业能力分类

## 一、能力的多元智力倾向分类

“多元智力理论”又叫“多元智能理论”。他是美国心理学家加德纳于1983年在《多元智能》这本书中提出来的。他认为，人的智力不应该像传统认为的仅仅是单一的。智力是在某种社会或文化环境的价值标准下，个体用以解决自己遇到的真正的难题或生产及创造出有效产品所需要的能力。所以，人类至少有7种不同的智能：言语—语言智力、视觉—空间智力、音乐—节奏智力、身体—动觉智力、交往—交流智力和自知—自身智力、逻辑—数理智力。

言语—语言智力：是指听、说、读、写的能力，表现为个人能够顺利而高效地利用语言描述事件、表达思想并与人交流的能力。这种智力在演讲家、作家、记者等人的身上表现得较为突出。

视觉—空间智力：是指感受、辨别、记忆、改变物体的空间关系并借此表达思想和情感的能力，表现为对线条、形状、结构、色彩和空间关系的敏感，以及通过平面图形和立体造型将它们表现出来的能力。这种智力在画家、雕刻家、建筑师等人身上表现较为突出。

音乐—节奏智力：感受、辨别、记忆、改变和表达音乐的能力，表现为个人对音乐，包括节奏、音调、音色和旋律的敏感，以及通过作曲、演奏和歌唱等表达音乐的能力。如音乐家、歌唱家、作曲家等。

身体—动觉智力：运用四肢和躯干的能力，表现为能够较好地控制自己的身体，对事件能够做出恰当的身体反应，以及善于利用身体语言表达自己的思想和情感的能力。运动员、舞蹈家等身上具备这种能力。

交往—交流智力：指与人相处和交往的能力，表现为觉察、体验他人情绪、情感和意图并据此做出适宜反应的能力。教师、律师、领导者、管理者等具备这些能力。

自知—自身智力：如哲学家、理论家，这种人具有认识洞察和反省自身的能力，表现为能够正确地意识和评价自身的情感、动机、欲望、个性、意志，并在正确的自我意识和自我评价的基础上形成自尊、自律和自制的能力。

逻辑—数理智力：侦探、律师、工程师、科学家和数学家身上有比较突出的表现。指运算和推理的能力，表现为对事物间各种关系如类比、对比、因果和逻辑等关系的敏感，以及通过数理运算和逻辑推理等进行思维的能力。

在多元智能研究中，每个人至少都拥有这 7 种能力，但在每个人身上会以不同的方式、不同的程度组合，从而使每个人的智力各显有特点。比如刘翔、姚明在运动方面表现出了突出成绩，而毛主席、贝多芬、爱因斯坦这些人也看不出谁比谁更聪明。我们只能说他们各自在不同的领域，以不同的方式，将自己的聪明才智发挥出来。

多元智能告诉我们，每个人的智力都是各具特点并有自己独特的表现形式，智力领域是多方面的，人们在解决实际问题时所需要的智力也是多方面的，现实生活需要每个人都充分利用多种智力来解决各种实际问题。作为正在培养各方面能力的大学生来说，更需要全方位地培养个人能力。

与此同时，对于那些具有某些特殊才能的学生，每一个体都有相对而言的优势智力领域，如有的人显露出过人的“音乐天才”，有的则表现出超常的“数学天才”，而每一个体不同优势智力领域的充分发展才能使个体的特殊才能得到充分展示、个性得以充分体现，增强个人优势竞争力，才能保证个体适应并立足于当今这个极具个性化的时代。

## 二、其他能力分类

有关职业能力的分类，我国唐以志（2000）、徐朔（2006）根据国外研究基础上，认为职业能力包括专业能力和关键能力，这在国外的研究中，也有学者提出这样的分类。职业能力是从事某一特定的职业所应该具备的能力。而关键能力则不仅仅指某一特定的职业所需能力，它是指可迁移和应用到很多职业和岗位上的能力。如表达能力，与人交流合作能力等。

荷兰职业教育协会提出了荷兰本土的包括 8 个方面组成的含有 25 项能力的 126 项行为描述的能力框架。8 个方面主要是指协作、表达、分析、创新、执行、适应、成就感。

蒋乃平将职业能力分为专业能力、方法能力和社会能力（图 7－1）。

专业能力（专业之外的能力、可迁移的、跨职业的能力）
方法能力
社会能力

图 7－1　职业能力分类图

陈宇则认为职业能力可以被结构化，由职业特定技能、行业通用技能和核心技能三个层次。职业特定技能是从事某一特定职业所需技能，核心技能是从事一切活动所需的能力。

## 第三节　自我职业能力认识

### 一、职业能力认识

职业能力是指人们成功地完成所从事职业活动所需具备得条件。他在职业活动中形成、发展和表现出来的。一般由一般能力与特殊能力来衡量。一般能力是一般工作都需要的能力，即智力，如感觉、知觉、想象、思维等能力。特殊能力是从事某种特殊行业所应该具备的能力，如开飞机、当运动员、做心理咨询等。我们应该清楚，任何一项工作的完成都需要这两种能力的有效结合。

一般能力可以通过一些测验来帮助了解。如：韦斯曼人员分类测验、工业人事测验、韦克斯成人智力量表。

美国人霍华德·加德纳博士提出的多元智力理论，强调了智能不是单一的，每个人与生俱来都拥有7种以上各自独立存在的智能，各种智能表现上，会有强项和弱项区别。如有的人善于进行空间想象，有的人善于表演，有的人的语言表达能力较强等。在职业发展过程中，多发展个人多方面的智能，对个人综合素质的提高有很大作用。

### 二、认清个人职业技能

在简历或面试过程中，应聘者往往将个人拥有的技能向雇主证明，表达技能的词汇也是用来说服雇主给自己工作的词汇。因此，要认清个人能力，需要将自己与工作相关的能力表现出来。需要做到这些，你需要对自己拥有什么样的能力有清楚地认识，同时还要了解具体职业所需要的技能是什么。因此，进行个人技能认识，第一步需要对技能有清楚地认识。

辛迪·梵和理查·鲍尔斯把技能分为3种类型：知识技能、自我管理技能和可迁移技能。知识技能对于大多数人来讲比较熟悉，但后两种技能很多人可能不够重视或认识不够。

知识技能是指那些需要通过教育或者培训才能获得的特别的知识或能力，也就是个人所学习的科目、所懂得知识。如某些人所具备的某一领域的具体经验、知识，或是在平时专业课及课外学习中获得的知识、能力。在大学里，很多大学生的知识技能可以通过正规学校教育获得。现实中，知识技能还可以通过自学、参加培训、参与讲座、研讨会、资格认证等方式获得。

**练习7－1　找找你具备什么知识技能**

根据下面的经历，找出你所掌握的知识技能，再从中分别挑出你认为最精通的知识技能和你在工作中应用或希望应用的知识技能，并找出你最为重要的知识技能。

在兼职工作中学到的：
在专业课学到的：
在各种资格考试（英语四、六级）中学到的：
从课外辅导班、课外培训、研讨班学到的：
从各类课外实践活动中学到的：
从各种课外娱乐学到的：
同学认为你学到的：
家长认为你具备的：
朋友认为你具有的：
我最擅长的知识技能是：
我尚不具备的技能有哪些：
我当前不具备但希望拥有的知识技能是：

通过上面的练习你是否发现，知识技能需要我们不断地学习，这样才能够不断地充实个人的知识。专业领域的知识技能固不可少，但这个社会更需要复合型人才。具备不同知识技能的人在人才市场上可能更具有竞争力。比如一个精通英语、法语、日语的电子专业毕业生，他拥有的这些知识更会被雇主欣赏，从事本专业的工作，发展平台会更大。

自我管理技能被看做是自己管理自己、自己控制自己的个性品质。在不同环境下，是能够克制自己不受干扰还是很容易随波逐流，是能够认真对待还是敷衍了事，是保持热情还是很容易倦怠等。

具备一定自我管理的人，能够合理的分配自己的时间、资源并能使个体很好适应周围的环境。

自我管理技能可在平时进行练习，为了更好地认识个人自我管理技能，可以通过平时的学生工作或兼职或社会实践活动、自愿者活动来进行。

**真实故事**

一位草业专业的大三女生，利用暑期时间去参与了一个中国移动汕尾分公司“领航100”的实习培训计划，在市场部门与其他两位组员共同负责“渔民市场的研究与拓展”的实习项目。在项目的最开始，她学习了销售技巧和服务礼仪。这使她第一次学会了主动与人推销自己，热情、主动、幽默地与人交流以及树立了接待中的服务意识。而后期的渔民市场调查，她除了收获了有效合理分配时间，收获最大的还是充分利用时间高效完成任务。此外，通过这个活动，她也学会了团队合作。

这个故事对你有什么启发？

如何培养个人的自我管理技能？

可迁移技能是一个人会做的事能够迁移到生活中的方方面面，或用于到其他工作中。例如作为一个办公室行政助理或保险理赔员所掌握的文字处理能力，会对他从事如新闻工作、文秘工作等其他工作都有很大帮助。随着社会的发展，多面手员工将会更受欢迎。发现自己擅长的技能，并找出哪些是自己可以迁移的技能，这对于对自己专业不感兴趣而找不到个人优点或竞争力的你也是一个很好出路。也许，你找到了更多自己可以迁移的技能，这会为你的职业选择扩宽更多机会。

**案例：一个文学专业学生的可迁移技能**

李维是一名文学专业的毕业生，他个人除了具备较好的文学知识基础、文字书写能力外，还具备一些可以迁移的技能。这些技能包括：

人际关系技能：

他善于与人沟通交流，在大学的学生会担任主席、班长等职务中，他的人际交往能力都得到了表现。并能指导他人，帮助别人解决问题，与他人沟通观点。

组织技能：

计划和安排各种社会活动、学生活动，活动协调工作到位。

研究技能：

善于收集数据并进行分析，处理具体事务，调查问题，发现和形成主题，撰写报告或总结。

沟通技巧：

有效倾听，起草文章和报告，向个人或群体说明个人观点的重要性，判断处理争议。

想一想，你具备哪些可迁移技能？

值得注意的是，除了知识技能以往，雇主往往比较看重自我管理技能与可迁移技能。认清你的这些技能，在个人简历中，将你的这些技能最好都尽可能地充分体现出来。

## 三、如何进行个人职业能力认识

**案例：** 丹丽是某个外贸公司的职员，大学期间她学习的并不是跟外贸有关的专业，而是建筑设计，但她本身对建筑设计并不感兴趣，通过兴趣测试后她知道她自己在语言方面具有一定的天赋才能，根据自己的实际情况，她找到了日语作为自己发展的方向，于是，利用课余时间，她不仅自学了日语，还注意锻炼自己日语的说、写等方面的能力。正是因为她具备了较好能力，在层层面试，她脱颖而出，找到了与自己个人技能相关的满意的职业。

从案例中可以看到，一定的工作岗位是需要具备一定能力的人才能够胜任，这就是我们为什么说术业有专攻，正是因为如此，在做职业选择时，个人职业技能与对工作的胜任力是不可忽略的。提升个人职业技能就显得极为重要了。

实际中，很多人不知道自己拥有哪些技能。如果你被问及个人技能时，你是否可以很清楚地说出你具备的技能呢？如果你不具备某种技能，就不能宣称自己拥有某种能力。

下面的分析你的成就例子练习可以帮助你进一步了解自己拥有的技能。

**练习 7-2　描述你的成就**

以班为单位，每位同学描述出一个你认为大学期间完成的最好的活动。在描述过程中，注意描述出那些你为之自豪的成就。然后列出完成这些成就所需要的技能。

**练习 7-3　写出你的成就故事**

每人至少写出三个以上的成就故事，然后将这些成就故事与其他同学进行分享。个人找出这些故事里面涉及的技能，并与其他同学分享后找出自己尚未发现的个人技能。

下面的一个例子是一个学生在写故事时涉及的技能，他的同学听了他的故事后，帮他列出了 18 条技能[①]：

①快速学习；②表现出灵活性；③迎接挑战；④自我管理；⑤执行；⑥面对新情况；⑦检查和编辑；⑧表达概念；⑨文字处理；⑩组织；⑪完成任务；⑫表现出耐心；⑬关注细节；⑭克服障碍；⑮清晰地沟通；⑯克服压力；⑰坚持；⑱提出问题。

个人职业技能是可以通过后天的努力和学习进行培养的，为了更好地提高

---

① 戴安．萨克尼克，威廉．班达特，丽莎．若夫门．2005．职业指导［M］．李洋，张奕，小卉，译．北京：中国劳动社会保障出版社．

个人职业素养，有时必要的技能训练和实践学习是必不可少的。

追求个人职业能力提升，一方面，可以通过进行个人职业技能的培养和训练达成的。另一方面，也可以通过创设一定的职业情景，通过来自于超出实际情景中的行动训练来提高个人职业能力。如我国的吴晓义提出过“情景—达标”式职业能力开发模式，情景的选择成为设计职业能力开发过程的出发点，从而可以使其主动了解和适应职业世界真实。

### （一）职业能力测试

个人职业能力是可以通过一定方式来进一步了解，如职业能力测验、能力倾向测验，还有一些比较成熟的网站职业测评等。

**练习 7-4 你有哪些专业技能**

对下面的经历进行分析，尽可能地把自己所掌握的专业技能列出来，再从中挑选出你感觉比较精通和你有待培养的技能，最后写出对你来说最重要的五项专业技能。

在学校课程里学到收获最大的课程：

______________________________

在专业课程里你能够应用的技能：

______________________________

从课外实践中学到的专业能力：

______________________________

擅长的技能或能力有哪些：

______________________________

回忆自己取得的成就，哪些成就是与现在的技能联系起来的？

______________________________

我尚不具备但希望拥有的专业技能：

______________________________

### （二）一般能力测试

**测测你的一般能力**①

下面是一份职业能力测试，通过这个测试，你能够了解个人相应的职业能力。

① 李旭旦，吴燕.2007.职业能力与测试［J］.成才与就业（5）：4-13.

# 第一部分　逻辑推理能力测试

本测试共有10道题，请仔细阅读题目，认真思考，并在10分钟内完成。

1. 水壶之与开水，相对于（　）之于（　）。

A. 桌子；游戏　　B. 邮箱；信件

C. 音响；歌曲　　D. 灌溉；池塘

2. 妄想指一种病态的信念，尽管不符合事实，但仍坚信不疑。下列属于妄想的是（　）

A. 尽管实验失败了5次，但他想，要是实验条件再做些改变也许就能成功

B. 尽管许多医院的专家都诊断他无病，但他还是认为自己患了不治之症，反复就医，并认为那些医生不负责任，有意害自己

C. 尽管他的妻子已去世多年，但他眼前还经常浮现出妻子的音容笑貌

D. 如果学习认真点，他想还可以取得更好的成绩

3. 古代有一个地方，只有两种人，骑士和无赖，骑士说真话，无赖说假话，但从外表上看不出什么区别。一个学者遇到两个人，甲和乙，他问甲：你们两个当中肯定有一个骑士？甲说："没有。"请你判断甲和乙分别是（　）

A. 甲是骑士，乙是无赖　　B. 甲、乙都是骑士

C. 甲是无赖，乙是骑士　　D. 甲、乙都是无赖

4. 德育是以理服人，重在说服，训示和灌输，这是一种单向性教育；美育则是以情动人，重在引导、启发和劝诱，他要强调学生自身的感受、体验和领悟。依靠学生精神的自我建构，来达到个性的发展和人格的完善。可见（　）

A. 美育是一种双向互动的教育

B. 德育比美育的作用大

C. 有了美育，就可以不要德育了

D. 美育就是让学生自己管自己

5. 要对社会现象做详尽的了解、探讨，就一定要走进现实社会中找资料，绝不能凭空想象。要明白事情的因果关系，建立有关的理论，要有实质资料，以供验证理论之用。所以（　）

A. 从事社会研究的人同时一定是从事实践工作的人

B. 要从事社会研究，不能不从实际工作中搜集资料

C. 依据实质的资料做社会研究，则不具有理论

D. 社会研究只需有实质的资料就可以了

6. 唯物辩证法告诉我们要全面地看问题，不能以偏概全；要联系地看问题防止孤立的观点；要发展地看问题不能静止地看问题。因此下列理解不正确的是（　　）

A. 看问题要一分为二，既要看到好的一面又要看到不好的一面

B. 不仅要看到事物本身而且要看到它与周围事物的联系

C. 人性都是一成不变的，对犯罪分子绝不能给他改过的机会

D. 共产主义一定会取得胜利

7. 教育上“谁受益、谁出钱”这一提法如果是正确的话只能理解为国家是教育的最大受益者。这是因为一方面教育的经济效益虽然不能直接体现在市场经济交换过程中，却存在于社会之中；另一方面，教育不仅有经济效益，而且是国家综合国力的重要组成部分。因此（　　）

A. 教育经费主要由国家承担是合理的

B. 教育经费应由个人、社会与国家共同承担

C. 教育是个人的事情，因此经费也应由本人负责

D. 应该实行由幼儿园到大学的免费教育

8. 1995 年，中国选手在世界性的重大体育比赛中，共夺得 103 个世界冠军，创造了 57 项世界纪录，为历史之最。1995 年中国升入大学的高中生只有 15％的人体检合格。因此，我们可以得出的正确结论是，在 1995 年（　　）

A. 中国已成为世界的体育强国

B. 中国只有 15％的高中生升入大学

C. 中国的竞技体育达到了历史的最高峰

D. 大学入学体检标准提高了

9. 在政策执行过程中，从上到下依然缺乏强有力的机构专门负责检查监督各种政策的贯彻落实情况。往往是一遇到需要解决的问题就下发一个文件，作出一些新规定或成立新机构，而较少关心这些政策的执行情况。由于法律、法规或政策文件的落实缺乏监督保证体系，执行不执行都是一个样，时间一久，令不行、禁不止之风就会自然盛行。因此（　　）

A. 必须做到令行禁止

B. 必须加强政策执行的力度

C. 必须加强政策执行机构建设

D. 必须加强政策执行的监督检查工作

10. 政府对基本商品征收的一种税是对出售的每一罐食用油征税两分钱。税务记录显示尽管人口数量保持稳定且税法执行有力，食用油的税收额在税法生效的头两年中还是显著下降了。如果正确，最有助于解释食用油的税收额下

降的一项是（　）

A. 很少家庭在加税后开始生产他们自己的食用油

B. 商人在税法实施后开始用比以前更大的罐子售油

C. 在食用油税实行后的两年一政府开始在许多其他基本商品上征税

D. 食用油罐传统上被用作结婚礼物税法

说明：答对 8～10 题以上，说明你的逻辑推理能力很强；答对 6～7 题，逻辑推理能力较强；答对 3～5 题，逻辑推理能力一般；答对 1～2 题或以下，逻辑推理能力很差。

适合职业：逻辑推理能力强的人适合从事律师、检察官、管理人员、政府机关公务员、社会科学和自然科学研究人员、教师、公关、策划、情报人员等职业。

以上问题正确答案 1. B　2. B　3. C　4. A　5. B　6. C　7. A　8. C　9. D　10. B。

## 第二部分　言语能力测试

本测试共有 10 道题，请仔细阅读题目，认真思考，并在 10 分钟内完成。

1. 找出没有语病的一句（　）

A. 他使得很多得重病的人又诊好了

B. 大家不由得热烈鼓掌望着慰问团微笑着走进会场

C. 骑着摩托车的几个选手沿着山路疾驰而去

D. 许多好心的同志都担心他能否胜任他自己也觉得缺乏把握

2. 健康的市场经济以公平竞争为基本前提。公平竞争要求有健全的社会主义民主与法制，民主与法制又以一定水平的道德为基础，而道德不能不以一定的人文精神为导引。可见人文精神的培植对于市场经济的发展并非只起消极作用，相反社会主义市场经济不能脱离马克思主义所内含的人文精神。

最能准确复述这段话主要意思的是（　）

A. 健康的市场经济以公平竞争为基本前提

B. 健康的市场经济需要人文精神的支持

C. 社会主义市场经济不能脱离马克思主义所内含的人文精神

D. 社会主义市场经济应注重人文精神的培植

3. 找出没有歧义的一句（　）

A. 路太滑我只有扶着小花走

B. 朱德同志是人民军队的缔造者之一

C. 面对困难，这几个人缩首不前

D. 北京地区将有小量雨夹雪

4.《纽约时报》是美国最有影响的报纸。该报的版面在传统上比较严肃新闻照片不多并且尺寸也小。近年来由于电视的影响和报业的竞争《纽约时报》上新闻照片的尺寸也扩大了。从《纽约时报》看来，报纸运用照片，不只是作为活跃版面的手段而且已成为报纸报道工作中的重要环节。这段话主要支持了这样一个论点，即（　　）

A.《纽约时报》是美国最有影响的报纸

B. 就连美国最有影响的《纽约时报》也不得不迫于竞争的压力对自己一贯的风格做出调整

C.《纽约时报》以版面严肃著称

D. 通过《纽约时报》改变版面传统的事例说明报纸运用照片已成为报纸报道工作的重要环节

5. 随着宏观经济调控政策的逐步落实我国经济增速会适度放缓对石油天然气资源的需求有所减少，供求矛盾在一定程度上将得到缓解。根据国际能源署的最新预测，今年我国原油产量将达 1.75 亿吨，比去年增长 1%；而原油消费量将有可能突破 3 亿吨，比去年增长 12%左右；进口将会超过了亿吨，有可能接近 1.2 亿吨，比去年增长 30%左右。根据这段文字我们可以知道（　　）

A. 我国原油供给紧张

B. 我国原油消费主要靠进口

C. 我国对进口原油的依赖加大

D. 我国对能源的需求会越来越少

6. 在辞书的编纂过程中存在所谓“共识”问题，因而做出完全相同的释义是可能的但也是有限度的，绝不能用所谓的“共识”给自己的抄袭行为开脱。这段话支持了这样一种观点，即在辞书编纂过程中（　　）

A. 出现完全相同的释义是不可避免的

B. 会出现一定数量的完全相同的释义但限度很难掌握

C. 只要出现完全相同的释义就应视为抄袭行为

D. 如果出现大量的完全相同的释义，就不是“共识”，而是抄袭

7. 马克思、恩格斯指出：“我们首先应当确定一切人类生存的第一个前提也就是一切历史的第一个前提。这个前提就是：人们为了能够‘创造历史’，必须能够生活。但是为了生活首先就需要衣、食、住以及其他东西。因此第一个历史活动就是生产满足这些需要的资料即生产物质生活本身。”“人类的精神生产不是纯粹与物质无关的活动，精神文明的发展需要一定的物质条件，这些物质条件正是物质文明提供的。”

最能准确这段话主要意思的是（　　）

A. 人物质文明为精神文明提供物质条件

B. 一物质资料的生产是人类生存的首要条件

C. 物质生产决定精神生产

D. 物质资料的生产是人类的第一个历史活动

8. 在世界范围内，常规能源逐渐减少，所以许多国家都在尽力减少或摆脱对进口能源的依赖寻找新能源。由此可知（　）

A. 能源是人类面临的一个紧迫的问题

B. 新能源——核能的开发和利用将会受到越来越多的重视

C. 常规能源作用将逐渐减小

D. 许多国家不再进口外国的能源

9. 一家饭店有这样一副对联：为名忙，为利忙，忙中偷闲，且喝一杯茶去；劳心苦，劳力苦，苦中作乐，再斟两壶酒来。这副对联意在强调（　　）

A. 现代人争名夺利，沉迷于物质

B. 人们生活艰辛幸福来之不易

C. 现代人应该适当放慢生活节奏

D. 人们应劳逸结合，会享受生活

10.社会主义经济建设自改革开放以来所取得的令人瞩目的成就应该说与理论界和经济学家的突出贡献是分不开的，但这不应该成为要求理论界和经济学家独立承担起改革重任的理由。历史和现实已经在召唤社会学家、政治学家文化学家以及经济学家共同参与到中国的改革理论与改革实践中去。这段话中心思想是（　）

A. 理论界和经济学家为社会主义经济建设作出了巨大的贡献

B. 社会主义经济建设取得了令人瞩目的成就

C. 历史和现实要求各方面的专家、学者共同参与到中国的改革理论和改革实践中

D. 中国的改革理论与改革实践是艰巨的

说明：答对8～10题以上，说明你的言语能力很强；答对6～7题，言语能力较强；答对3～5题，言语能力一般；答对1～2题或以下，言语能力很差。

适合职业：言语能力强的人比较适合成为管理人员、政府机关工作人员、教师、市场营销员、营业员、服务员、护士、编辑、记者、演员、导演、教练员、情报人员等；而对于机械工程技术人员、电子技术人员、计算机技术人员、科学研究者等职业来说，则不一定需要较强的言语能力。

以上问题正确答案 1.C　2.B　3.A　4.D　5.C　6.D　7.A　8.B　9.D　10.C。

# 第三部分　人际交往能力

测评说明：仔细领会题意，根据自己的情况，作出适宜的选择。本测试共有 25 道题，请你仔细阅读下面的题目。如果题中陈述与你的情况相符，就在题后填上“是”，不符合就填“否”。

1. 你平时是否关心自己的人际关系是否好？

2. 在学校你一般都是独自吃饭吗？

3. 你是否经常不经同意就使用他人的东西？

4. 当你的朋友有麻烦时，你是否时常发现他们不来求助你？

5. 你认为在任何场合下都应该坦陈自己的想法吗？

6. 当你的同学或朋友取得进步或成功时你是否也由衷感到高兴？

7. 你喜欢拿别人开玩笑吗？

8. 和自己兴趣不同的人在一起相处时，你也不会感到无话可说吗？

9. 当住在楼上时，你会往楼下丢东西吗？

10 你经常指出别人的缺点要求他们去改进吗？

11. 当别人在融洽地沟通某事时，你会贸然地插话吗？

12. 你是否经常探听别人的私事？

13. 你讲话时常会说一些不文明的口头语吗？

14. 当有人在对你说明一些事情时，你是否时常觉得很难精神集中地听下去？

15. 当你处于一个新环境中时，你觉得交新朋友是一件简单的事吗？

16. 你是一个愿意慷慨地招待朋友的人吗？

17. 你会向别人吐露自己的心事吗？

18. 遇到不开心的事你会精神沮丧、意志消沉或把气出在家人、朋友、同事身上吗？

19. 你是否经常埋怨这、埋怨那？

20. 在公共场合你会随便喊他人的绰号吗？

21. 当发觉自己无意中做了损害别人的事是否会很快地承认错误并作出道歉？

22. 闲暇时，你是否喜欢跟人聊聊天？

23. 跟别人约会时，是否经常让别人等你？

24. 你是否有时会与别人谈论一些只有自己感兴趣的话题？

25. 你平时告诫自己不要做虚情假意的事吗?

测评标准：第1、6、8、15、16、17、21、22、25题答“是”记1分，答“否”记0分。其余各题答是记0分，答“否”记1分，各题得分相加，统计总分。

测评分析：

20分以上：人际关系情况很好。

15～19分：人际关系情况较好。

9～14分：人际关系情况较差。

8分以下：人际关系情况很差。

适合职业：

对于营销人员、市场经理、导游、律师、记者、咨询人员、社会工作者、导购员、服务员、公关工作者、教师等职业来说，必须具有较强的人际交往能力

**总结：**

了解技能的方式有很多种，除了本章前面提到的了解技能方式外，还可以通过实践锻炼，或参与社会实践来了解个人的技能。技能培养的方式也有很多，在培养个人的技能时，需要注意的是技能的组合很重要，也就是所说的复合型人才。在人才竞争市场上，具有多技能的人才更受青睐。

## 课后思考及练习

1. 通过实践了解你所学专业对应工作的技能要求有哪些?

2. 如何将个人技能与职业要求直接连接起来，如何在求职简历中表现你的个人技能。

3. 培养个人专业技能的途径有哪些?

4. 完成个人职业规划中的技能部分。

# 第三篇　环境认知

随着信息化和国际化进程的加快，环境的不确定不可避免。大学生在进行了充分的自我认知后，必须将视角从内部转向外部，进行环境认知。

## 第八章　大学生职业规划与环境认知

**本章学习目标及重点：**

- 理解环境认知的定义
- 理解环境认知与就业的关系
- 认识环境认知的作用
- 重点掌握环境不确定性的划分

[先行阅读]

"两耳不闻窗外事，一心只读圣贤书"，这是玲玲的父亲对玲玲在校期间的一贯要求。玲玲是个听话的学生，她一直按照父亲的要求从小学坚持到高中，并顺利考进了一所知名大学，就读计算机科学与技术专业。由于玲玲将全部精力都用在学习上，所以她的学习成绩很好，大学期间获得了不少奖学金。临近毕业，她才发现自己虽然成绩不错，但每次面试时人力资源总问些"莫名其妙"的问题：如你如何看待信息产业未来 3 年的发展前景？而这些问题玲玲从未关注过，所以每次面试情况都不理想，玲玲很纳闷：我是名大学毕业生，又不是有工作经验的社会人员，人力资源部的面试官为什么老在这些问题上纠缠呢？

### 第一节　大学生职业规划环境认知概述

国家经济的发展、科技的进步等因素均会导致社会职业结构的变化，如新的职业不断涌现，相反一些职业会逐步衰退，有些职业虽然存在，但其属性或内涵已经发生了变化。是否能预测一种职业的发展趋势，是否能预测职业内涵的演化，对一种职业是否有深刻的认识将关系到我们能否为自己人生的发展找到或创造适宜的职业平台，并有效地规划自己的职业生涯。因此，深入的环境认知就成为建立明确的职业目标及有效降低机会成本和降低选择风险必不可少的重要一环。

## 一、大学生职业规划环境认知

环境是指对个人起着潜在影响的外部机构或力量。正如一位作家写道“从整个宇宙中减去代表个人的那一部分，余下的部分就是环境”。

所谓环境，一般是指对个人职业生涯发展产生影响的外部约束条件。充分认识外部条件对个人的的影响，可以使个人的职业定位更加合理和现实；相反，脱离现实的规划和定位只会给求职者带来打击和失望。所以，在规划个人的职业生涯时，应分析环境的特征，环境的发展变化，自己与所处环境的关系，自己在特定环境中的地位，环境对自己提出的要求或挑战，以及环境对自己的有利因素与不利因素等。

环境对于人的成长和职业的发展有着重要的影响，因此大学生在进行职业生涯规划时应对此作深入的分析和研究。所谓大学生职业规划环境认知是指通过对影响职业生涯规划的各种内外因素和作用进行评估、平衡，以辩证、系统的观点，审时度势，趋利避害，适时采取对策，做出适应环境的动态调整，从而促进生涯规划和发展，最终实现外部环境、内部条件及综合动态平衡的结合。

小练习：

头脑风暴：

大学毕业时，大学生除了就业外，还可能有哪些出路？

______________________________

______________________________

______________________________

## 二、大学生职业规划环境认知与大学生就业的关系

大学生职业规划环境认知实质上就是一个“知彼”的过程，就是了解和分析与生涯发展密切相关的周围有关环境，既包括与大学生直接相关的内环境，如家庭环境、学校环境等，也包括间接相关的外环境，如国家宏观法规政策环境、人才市场供给环境、中观的行业环境以及微观的组织环境等。

环境认知是个人在生涯规划中对工作世界以及现实生活的了解，是对生涯目标所处环境所进行的积极行动。它与大学生就业的关系如下：

大学生就业必须通过多种途径，尽可能获取目标就业城市、目标行业、目标职业、目标单位的相关资讯，结合自己的专业情况、就业机会、职业选择、家庭环境、社会需求等条件，理性评估职业机会。这个过程就是对环境的认识过程，是进行职业生涯规划不可缺少的一步。良好的大学生职业生涯规划能促进大学生的顺利就业，而大学生的就业则是大学生职业生涯的重要组成部分。

大学生在就业和职业生涯规划过程中都应努力做好以下工作：

首先，要明确社会需求。正所谓：知己知彼，百战不殆。要想融入社会，实现理想的就业，就必须先了解社会到底需要什么样的大学毕业生。从历年来用人单位、企业老板、人事主管招聘毕业生情况看，不难看出社会始终需要专业知识技能扎实、能力强、综合素质较高的大学毕业生，此外还更注重于对大学生的品德修养、个性特质和人文风范的考核，包括个人责任感、进取心、踏实、诚实守信、团队协作能力、奉献精神等。因而大学生应当有意识地把自己成培养成德才兼备的人才，才能符合社会需求。

其次，要了解自己所学专业对应的职业要求。随着社会及管理的变革、技术变革、经济发展、产业及行业的演变，中间层次和中等地位的职业发展较快。目前社会上的职业有几千种，究竟哪种或哪类较适合自己，这就要了解这些职业的特点、现状和发展趋势，特别是对自己所学专业对应的职业更要深入了解。比如学习财政学、金融学、国际经济与贸易这 3 个经济类专业的学生就要充分了解这些专业对应的职业种类、目前这些职业的现状和未来发展趋势、这些职业对人才的能力和个性要求以及这些职业的经济收入情况和稳定情况等。通常财政学专业就业方向主要在财政、税务及其他经济管理部门、企事业单位从事相关工作；国贸专业主要在涉外经贸部门、外资企业及政府机构从事实际业务、管理、调研和宣传策划工作等；金融专业主要在银行、证券、投资、保险及其他经济管理部门从事相关工作。应该说这些经济类专业对口的职业均属于第三产业，大都是当今较热门的职业，这些职业的市场需求情况较好，而且随着社会的发展，在这些经济专业领域里还产生出了最新的热门职业，如：税务代理师、理财代理师、金融分析师、投资咨询师、保险评估师、保险精算师、单证师和物流师等。这些新兴的职业为大学生的就业提供了更广阔的舞台，当然对大学生的专业知识技能和综合素质的要求也更高。但是正因为这些经济类专业对口的是较热门的职业，大多高校结合市场需求都开设了这些热门专业，导致目前这类专业的人才竞争激烈，甚至在沿海大城市供过于求。所以大学生们在确立自己的职业目标时必须深入了解自己所学专业较对口的职业的现状以及发展趋势，这样确定出来的职业目标会更切合自己的实际。

## 第二节　大学生职业规划环境的特点

有许多环境因素会对大学生职业规划产生影响，如 2008 年全球金融风暴使大学毕业生的就业受到激烈冲击，绝大多数外向型企业经营活动受到了较大打击，而在华外资企业均对应届毕业生招聘计划进行了压缩甚至暂停，很多以外企为就业目标的同学必须调整自己的职业生涯规划。因此，环境的不确定性是大学生职业规划环境的主要特点之一，大学生在进行职业生涯规划时，必须面对这一现实并处理好环境的不确定性，方能保持较高的效率。

## 一、环境不确定性的定义

环境不确定性是指在没有获得足够的有关环境因素的信息情况下必须做出决策，而决策人很难估计外部环境变化。大学生在职业生涯规划时，均面临着这个问题。环境不确定性增加了大学生职业生涯规划不能实现的风险，使大学生很难计算与各种选择方案有关的成本和概率。

大学生在进行职业规划时都会应通过分析使某些不确定因素有一定的参考价值，力求将许多环境影响减少到使自己能够理解和可操作的程度。

## 二、环境不确定性的划分

大学生在进行职业规划时面临的环境不尽相同，不同环境所呈现出的不确定性也有高低之分。美国学者邓肯认为，可以从两个维度来确定环境的不确定性：一是环境的动态性，二是环境的复杂性。

环境的动态性，即事件的稳定或不稳定（即动态）程度，主要指组织环境中的变动是稳定的还是不稳定的。它不仅取决于环境中各构成因素是否发生变化，而且还与这种变化的可预见性有关。

环境的复杂性，即环境简单或复杂的程度；复杂性程度可用组织环境中的要素数量和种类来表示。在一个复杂性环境中，有多个外部因素对组织产生影响。通常外部因素越少，环境复杂性越低，不确定性越小。

大学生职业规划的目标组织不同，其面临的环境则有很大不同。按以上两种维度，可以将大学生职业规划的目标组织环境分为四种环境状况如下：

### （一）简单与稳定状况

在简单与稳定状况下，不确定的程度很低。组织所面临的环境比较容易理解，变化不大。例如原材料供应商和大批量生产企业。在这类企业中，相关的外部因素较少，生产过程主要依赖于技术，比较单一，竞争和市场在较长的时期内固定，市场和竞争的数量可能有限。例如，软饮料制造厂、啤酒批发商、容器制造厂、食品加工厂以及律师事务所等。如果组织所处的环境简单且稳定，那么，对过去环境影响的分析就有一定的实际意义，因为历史上出现过的规律性事情有可能继续在未来出现。

### （二）复杂与稳定状况

复杂与稳定环境表明不确定性有所增加。在外部审查过程中需要考虑众多的环境因素。为了提高组织的效益，必须要对这些因素进行分析。然而，这种环境下的外部因素变化不大，且往往在意料之中。例如大学、电器制造厂和保险公司所处的环境复杂但比较稳定。尽管外部因素较多且在不断变化中，但是变化速度比较缓慢，而且可以预见。

### （三）简单与不稳定状况

在简单与不稳定环境中，不确定性进一步增加。尽管组织的外部因素很少，然而，这些因素很难预测，往往与组织初衷相违背。面对这种环境的组织包括时装公司、个人计算机公司、玩具制造公司和声乐行业等。这些组织面临的市场供求关系经常发生变动。

### （四）复杂与不稳定状况

复杂与不稳定状况下不确定程度最高。组织面临着众多的外部因素，且变化频繁，对组织的举措影响甚大。当几种因素同时变化时，环境会发生激烈动荡。电子公司和航空公司往往处在这种复杂与不稳定环境中。许多外部因素会同时发生变化。例如航空公司，在过去的几年中出现了不少地区性航空公司，法规进一步放宽、价格战不断出现，燃料成本上升、机场拥挤不堪、顾客需求变化等。除此之外，航天公司和电子通讯公司也属于这类处在复杂与不稳定状况下的企业。

小练习：

你列举 2 名你所认识的师兄或师姐的就业单位，并分析该单位环境的动态性和复杂性。

______________________________________________

______________________________________________

______________________________________________

______________________________________________

## 第三节　大学生职业生涯规划环境认知的作用

每个人都生活在一定的环境中，其成长与发展都与环境息息相关。俗话说，适者生存。环境无疑是个人职业生涯发展的重要约束条件，只有充分认识到环境条件的影响，个人的职业定位才会更加合理和现实。脱离现实的规划和定位只会给大学生带来打击和失望。大学生职业生涯规划环境认知主要有以下几个方面的作用：

### 一、促进进一步完善自我认知

大学生在进行环境认知的过程中，常常会遇到两难的选择。比如，大城市生活成本高、工作压力大，但是未来的学习、发展机会可能很多；回到家乡在基层工作虽然工作稳定、生活安逸，但发展前景比较有限，且缺乏挑战性。世事总是无法完美，环境条件总会成为约束，看上去似乎很难，也会有些沮丧，但经过两难的选择，越来越知道什么是对自己真正重要的，也越来越了解自己是谁，可以进一步澄清自己的价值，进一步认识个人的能力，完善自我认知，从而调整自己的行动，走出属于自己的生涯道路。

## 二、可以提高生涯决策的准确性

由于中国传统教育以升学为目标，导致一些大学生入校后对专业产生盲目性，加之我国高校大而全的办学模式，使大学与外界的环境相对隔离。一些学生对工作世界认知较缺乏，当了解和看到与就业相关的负面信息时，往往会陷入悲观状态。比如，有些学生根本不适合做研究工作，但由于对找工作陷入绝望，为了逃避工作就会跟风考研，作出了错误的生涯决策。但是如果学生能够清晰、全面地认知环境，认清毕业生激烈竞争的必然性，进而开始仔细了解企业用人要求及工作发展的普遍路径和规律等，就能够结合自己的特点在社会中找到合适的工作，从而作出合理的生涯决策。

## 三、有助于提升大学生的能力

大多数大学生在进行职业生涯规划时，往往会低估自己认知环境的能力，甚至将该工作视为学校、职业辅导老师和其他专业的职业辅导工作人员的责任，而忽视了专业背景、经验的局限对职业辅导人士的限制。因此，很多学生在工作后才意识到环境认知的主体是自己，其具有不可代替性。在进行环境认知的过程中，大学生要不断提升各方面能力，比如自我管理能力中的为自己负责任，可迁移技能中的沟通、搜集和观察等，而这些能力往往是大学生在职场上最缺乏的，也是最需要提升的能力。因此，进行环境认知有助于提升大学生各方面的能力，使大学生容易在入职的起步线上占得先机。

## 四、预测未来发展

在这个变革的社会里没有一成不变的事物。今天最热门的技术，明天可能就会遭遇淘汰；去年时髦的职业，今年可能就无人问津；当年招生备受冷落的专业，现在却供不应求。因而，我们在全面认知了解自己的同时，还必须充分考虑环境的需求和变化的趋势，清楚地认知环境特征，以评估职业机会来做好职业规划。在进行环境认知的过程中，能对未来的发展进行正确的预测，真正做到“未雨绸缪”。

## 课后思考及练习

1. 请结合自己的实际情况，谈谈职业生涯规划环境认知与就业之间的关系。

2. 请列举两种自己心仪的职业，并应用本章知识分析这两种职业的环境不确定性。

3. 请根据自己的理解，举例说明职业生涯规划环境认知的作用。

**相关资源：**

1. 肖建中 . 2006. 职业规划与就业指导［M］. 北京：北京大学出版社 .
2. 崔晓琴 . 2010. 大学生职业规划与就业指导［M］. 北京：高等教育出版社 .
3. 张玉利 . 2006. 管理学［M］. 南京：南开大学出版社 .
4. MBA 智库百科网 http：//wiki. mbalib. com.
5. 中国教育在线 http：//www. eol. cn.
6. 智联招聘网 http：//www. zhaopin. com.

# 第九章　环境认知的构成

**本章学习目标及重点：**

- 理解内部环境与外部环境的构成
- 重点掌握行业环境、微观环境和内部环境的认知

［先行阅读］

浩明和海波在刚进大学时曾听师兄说，外企在 IT 行业中薪酬是最高的，所以他们一直以进入外企工作为就业目标。2008 年金融海啸席卷全球，大量外企的业绩受到了很大冲击，开始压缩招聘计划，甚至裁员。浩明和海波在大三下学期时已具备进入外企的能力条件，但他们突然发现外企都不再招应届毕业生了。他们很沮丧，为什么自己的运气这么差，遇到了百年不遇的全球金融海啸。浩明和海波不甘心，心想要么一块考研究生，等到研究生毕业时可能外企的就业环境已经转暖。他们一起查阅了很多资料，但多数媒体都对全球经济的复苏并不乐观。于是，他们一起来到了就业指导中心。从老师那里他们了解到国家为了应对全球金融海啸，已经采取了扩大公务员招考数量、大学生预征兵等措施，危机对部分能力强的学生可能蕴藏着大量机会。海波因受到父亲的影响，最终考取了家乡的公务员。浩明还有两个弟弟在读高中，家里正等着他找份高薪的工作来供两个弟弟读大学。最后浩明通过国家预征兵政策成为一名士官，完成了供两个弟弟读书的重任。

常言道：心有多大，舞台就有多大。大学生在校期间便应开始进行职业生涯规划，不仅要全面认识自己，同时还要认清就业环境，了解对职业发展的要求、影响及作用，然后对各种影响因素加以衡量、评估，从而做出合理可行的职业生涯规划。按环境与大学生的相关性，可以将环境分为直接相关的内部环境和间接相关的外部环境，本章将就此进行详细分析。

## 第一节　外部环境认知

所谓外部环境认知，就是要认清影响大学生职业生涯规划的大环境，如国家的政策法规、行业发展趋势、组织文化等因素，这些因素往往间接影响个人的职业生涯规划。一般来说，外部环境认知包括宏观环境认知、行业环境认知

和微观环境认知三个方面的内容。

## 一、宏观环境认知

中国现在正处于近200年以来发展最好的历史时期。虽然社会上还有许多的体制存在弊端，还有许多没有解决的矛盾，但是政治上比较稳定，法制化进程已取得一定成效，市场经济已经步入正轨。“十二五”规划把提升就业率作为一个重要的发展目标，因此当前的大学毕业生正面临着较好的就业机遇。但是人才的竞争日趋激烈，大学生就业难、失业率高等各方面的挑战，都使我们的就业环境看起来不容乐观。宏观环境的认知主要包括以下几个方面：

### （一）法规政策环境

主要是指一个国家或地区的法律、法规、方针政策、经济管理体制、人才培养开发政策、人才流动有关规定等。目前我国正在建设人才强国，因此法规政策环境正日趋完善。

2003年12月26日中央正式印发《中共中央、国务院关于进一步加强人才工作的决定》，文件指出：要促进人才合理流动，进一步消除人才流动中的城乡、区域、部门、行业、身份、所有制等的限制，疏通人才流动渠道，发展人事代理业务，改革户籍、人事档案管理制度，放宽户籍准入政策，推广引进人才为主的工作居住管理制度，探索建立社会化的人才档案公共管理服务系统。鼓励专业技术人才通过兼职、定期服务、技术开发、项目引进、科技咨询等方式进行流动。加大吸引留学和海外高层次人才工作力度。坚持以自我为主、按需引进、突出重点、讲求实效的方针，积极引进海外人才和智力。继续贯彻支持留学、鼓励回国、来去自由的方针，鼓励留学人员以不同方式为祖国服务。建立符合留学人员特点的引才机制。要重点吸引高层次人才和紧缺人才。

2008年金融危机的爆发，使我国大学生就业的市场受到了较大的冲击，为了减轻其影响，我国各级政府出台了一系列促进大学生就业的政策，具体包括：实施“三支一扶”、“大学生志愿服务西部计划”、“选聘高校毕业生到村任职”、统筹实施大学生下基层项目、大学生自主创业优惠政策、优先征集应届高校毕业生入伍政策等。这些将对大学生就业市场产生持续的良性影响。

小练习：

请列举1～2名享受过促进就业政策的本专业校友，并分析该政策的优势与不足。

______________________________

______________________________

______________________________

______________________________

### (二) 人才市场供需状况

人才市场是组织的一个外部人才储备，组织能够在人力资源不足时通过从外部雇佣新的人才来及时获得它所需要的人才，因此人才市场成为人才资源管理的一个重要外部因素。人才市场是随时变化的，组织也会处于成本、发展战略等原因实时调整组织内部的人力资源分布，从而导致了组织内部人才不断发生动态变化。通过人才市场供给分析，可以了解哪些人才富余，哪些人才短缺；哪些人才社会急需，哪些人才需求一般。这些都是职业生涯规划的重要信息资源和决策依据。

总体而言，中国劳动力市场上劳动力的供给大于需求，但高水平的技术人才、管理人才仍不能满足社会发展。大学毕业生是劳动力市场的重要组成部分，而大学毕业的数量与大学生初次就业率表现出一定的负相关性，即随着我国大学教育由精英教育发展到大众教育，大学毕业生数量逐年增加，在短期内形成了大学生的“超量”供给，大学生就业率则出现大幅下降。2003 年第一届大规模扩招学生毕业时，就业率快速下滑至 70%，此后一直在 70%左右徘徊。

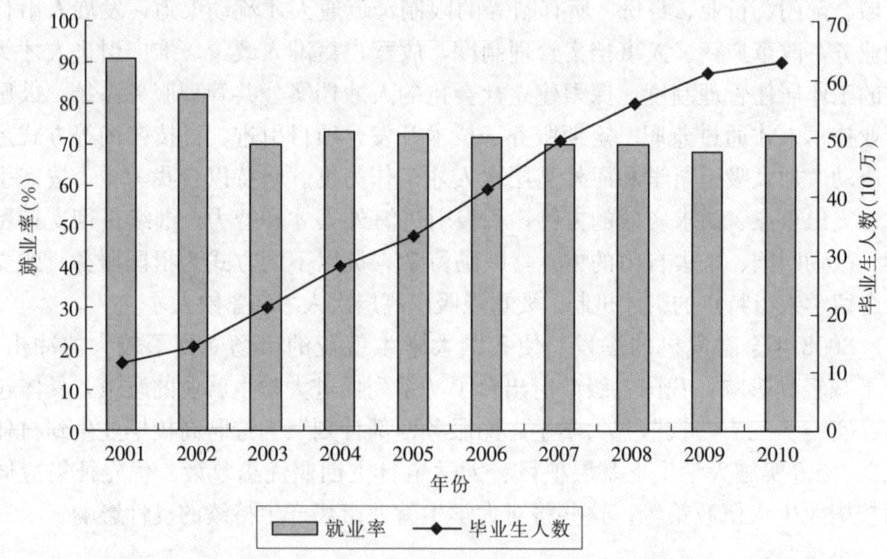


图 9-1　2001—2010 年大学毕业生人数与就业率

也有学者预测随着中国将逐步进入“老龄化”阶段，到 2034 年我国 60 岁以上人口的比例将高达 22.8%，相对于 2005 年的水平的近两倍，劳动供给将出现下降，因此在未来十多年内整体就业趋势有望逐渐好转。

“十二五”规划指出，我国在“十二五”期间将以加快转变经济结构调整为主线，实现经济战略性调整取得重大进展。而此过程中，将会形成一批因经济、产业结构变化以及生产形式、规模变化促使劳动力结构进行相应调整而导致的结构性失业。因此，我国将在较长的一段时间内呈现“劳动供给过剩和短缺并存”的现象。失业不是因为缺乏就业机会，而是劳动力素质不能满足组织的需求，而高级技术人才和高级管理人才可能最为短缺。

此外，信息化和全球化的趋势将带来国际化人才竞争。一方面，大型跨国公司将在中国实现本土化，另一方面我国的大型企业也将走出国门，这就需要更多具有国际化视角与能力的员工。当然，随着我国改革开放的深化，也将有更多国外人才进入中国，这也必然加大我国高层次职位的竞争。因此大学生进行职业生涯规划时，也应充分考虑国际化对人才市场的影响，这样才能实现最终的职业目标。

**（三）科技发展水平**

科技的发展引起产业结构的调整，产业结构的调整必然引起职业模式的变化。目前我国正处于产业结构调整的关键时期，将通过大力提升科技水平实现产业结构的调整，提高第三产业在我国国民经济中所占的比重。尤其是第三产业中的金融服务、医疗保健、运输、法律和计算机领域等行业，而很多相关行业被列为战略新兴产业进行重点扶持，这些产业将提供更多的就业岗位。

据统计，在20世纪，我国消失的旧职业达3 000个，而就业岗位增长最快的是计算机和医疗保健领域。美国《时代》周刊曾预测，今后若干年内，美国现有的1.24亿个工作岗位中有0.9亿个将会被自动化系统完全取代。有人力资源专家预测，今后每两年将会出现一次重大职业变化，每10年将发生一次全面的“职业大革命”。还有专家预测，人类职业将面临每15年更换20%的严峻局面。而计算机世界网也认为每个时代转型或者科技发展改变了我们的某种生活状态时，都会出现新兴的职业，同时肯定也会有一些旧职业会被市场淘汰出局。

因此，在大学生进行职业生涯规划环境认知的过程中，应充分考虑技术发展水平对职业生涯规划的影响，顺应技术发展的大潮流，从而确保生涯规划的目标的顺利实现。

**（四）地域环境**

我国当前经济发展存着一些突出问题，其中一个重要问题就是区域经济发展不协调，中、东、西部发展差距过大。而大学生进行职业生涯的规划过程中，也经常以经济发展水平进行地域划分。比如常常在地域上的选择进行分类（不包括国外及港澳台地区）：一线城市，主要指北京、上海、深圳、广州四地；二线城市，指各省会城市及青岛、大连、苏州等经济发达的非省会城市；其余中小城市，主要是一般地级市；基层，包括县级以下的城镇与农村。

现在很多大学生求职时的思路都是尽量去一线城市，一线不行去二线城市，最后才考虑离家较近的中小城市与基层。据统计，在一线城市毕业的大学生的首份工作地址不在本省（直辖市）的同学更是少之又少。是不是一线城市比二线城市、二线城市比其余中小城市必然更适合就业呢？答案固然是否定的。

一般而言，大城市的工作机会比中小城市要多。这主要表现在行业齐全和企业众多这两个方面。但这并不是绝对的。在部分行业领域，受历史因素、自然环境、社会分工等方面的影响，可能出现中小城市反而领先于大城市的现象，甚至可能边远地区领先于经济发达地区。比如，二线城市长沙与一线的上海、广州相对，经济发展水平相差较大，但其电视传媒业在全国领先；而还有部分产业如采矿、畜牧、森林等必须在矿山、草原等资源集中的地域，而不可能是在深圳、上海的某栋写字楼里。

此外对于大学生而言，就业不仅仅是一份工作和职业的选择，很多时候更是生活环境甚至生活方式的选择。因此地域环境的选择对生活环境和生活方式的影响非常巨大。

## 二、行业环境认知

中国有句古言“男怕入错行，女怕嫁错郎”。这是封建社会的中国家庭以男性为主，而女性从属于男性基本不从事社会工作时的选择，当然也反映了当时巨大的行业差距对职业期望的影响。虽然我国已形成了较好的市场经济，但由于计划经济残留的影响等因素，使我国行业间的差距继续存在，如金融、电信、电力等行业平均薪酬远高于其他行业。因此，行业环境认知仍是大学生职

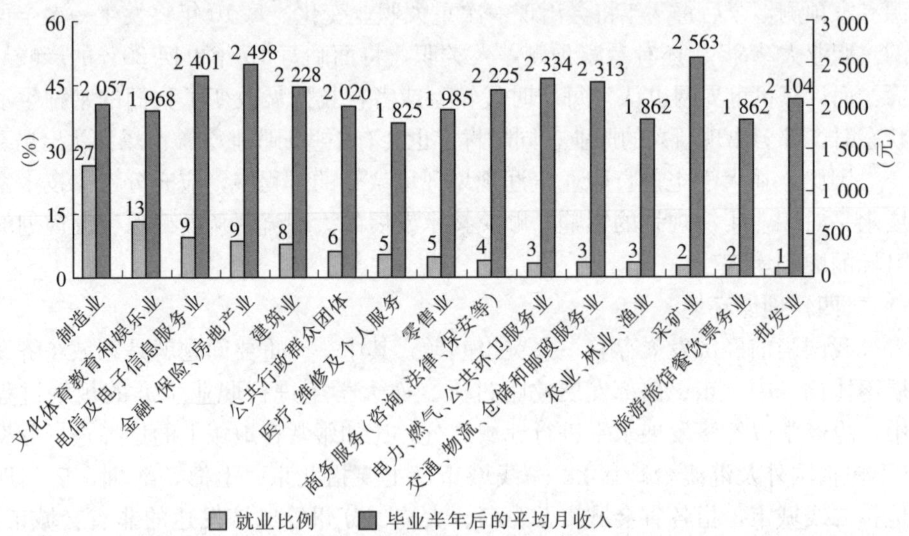


图 9－2 2008 年应届大学生各行业就业情况统计

资料出自：2009 年就业蓝皮书《中国大学毕业生就业报告（2009）》

业生涯规划环境认知的重要内容。

行业环境认知即对拟从事的目标行业的环境认知，其内容主要包括行业的发展状况、国际、国内重大事件对该行业的影响，以及目前行业的优势与问题、行业发展趋势等。

行业是企业的集合，只有当从事同类产品的生产销售企业或提供类似服务的企业达到一定的数量才形成一个行业，如生产电视机、空调、冰箱、洗衣机等不同类型具体产品的所有家电企业才能构成家电行业。当在不同行业的同一职业在薪酬、发展空间等方面均存在一定的差异。求职时，“趋热避冷”是很多求职者的思维定式。银行业、证券业等热门行业往往意味着高收入、高福利和长远的发展，而农林牧渔业、传统制造业等行业却总给人收入低、工作枯燥的印象。因此在人才市场中，热门行业总是人满为患，而冷门行业常常乏人问津。

在认知行业环境时，一定要结合社会大环境的发展趋势。由于科学技术的飞速发展，会使某些行业逐渐萎缩、消亡，这些行业常被称为夕阳行业；与之相对的是发展前途良好的朝阳行业。在国家层面纵观行业环境，也会因为国家安全、发展战略等原因针对特殊行业出台相关政策，因此在进行行业认知时必须了解国家对该行业是支持、鼓励和引导，还是限制、控制和制约，尽量选择有较好前景、较大发展空间的行业。例如，我国近年来降低生产的单位能耗，推行节能环保，狠抓新能源开发，如风能、太阳能、核能、新能源汽车等新能源，使节能环保产业如初生朝阳，充满生机，带动相关的设备生产、技术咨询等行业迅速发展，提供了大量就业岗位。而这时如果不了解国家政策，只为了一时的利益，盲目定位于那些环境污染超标的行业，如小型火力发电行业，必将会给自己的职业生涯造成严重的不良后果。

但是，进行职业生涯规划时不宜只盯着当前热门行业。首先，行业的冷与热是相对的，前些年互联网行业曾受人追捧，但互联网泡沫破灭时，有很多企业破产，同时导致大量的互联网业人才失业。故在进行职业生涯规划时，应尽量选择有发展潜力的职业，而不要一味追逐那些已经炙手可热的职业。目前知名的阿里巴巴网络公司也曾经历过互联网行业的“冰河时代”，而现在仍是许多 IT 人才向往的公司。再者，热门行业中也有冷门职位，而冷门行业中也有热门职位，行业前景不等同于职业前景。无论从事什么职业，都要努力做到最好，真正实现“干一行爱一行”。一份职业的前景如何，最大的决定因素并非是行业前景，而是自己的核心能力，因为任何一领域都有专家能实现职业目标并有所建树。

小练习：

请结合自己所学专业，分析该专业相关行业“冷热”程度，有哪些可以选择的职业方向？

______________________________________________

______________________________________________

______________________________________________

______________________________________________

## 三、微观环境认知

微观环境认知主要是对组织环境进行认知。组织是从业者生存和发展的土壤。每个组织都有自己的发展目标、运作模式，了解组织环境是融入组织的基础。科学的职业生涯规划一定要把个人与组织两者的发展结合起来考虑，这样才能与组织共同成长。

组织环境一般包括单位类型、组织文化、发展前景、发展阶段、产品服务、员工素质、工作氛围等。首先要确定自己适合什么样的单位类型及组织文化，找到真正适合自己的组织。在现实中，一部分应届大学毕业生因为对组织环境不了解，而花费几年的时间做自己并不适合的工作，这样既不利于个人的成长与发展，也会影响组织的业绩。

我国的组织按照单位性质来划分，可以分为国家机关、事业单位、企业单位、社会团体等类型，不同性质的单位其环境差别较大。但从当前我国大学生的就业单位所占比例来看，主要的就业单位仍集中在企业。故微观环境认知主要从单位性质和企业环境两方面进行认知。

### （一）单位性质认知

1. 国家机关　国家机关是指从事国家管理和行使国家权力的机关，是国家行使国家权力、管理国家事务的机关。具体包括国家权力机关、国家行政机关和司法机关，司法机关又包括审判机关、检察机关和军队等。如我国的全国人民代表大会、国务院、地方各级人民代表大会和人民政府、各级人民法院、人民检察院、公安机关等。当然，中华人民共和国主席也在国家机关之列。

国家权力机关是中央和地方各级人民代表大会常务委员会和各专门委员会及其办事机构。我国最高权力机关是全国人民代表大会，简称“全国人大”。

国家行政机关包括国务院及其所属各部、委各直属机构和办事机构；派驻国外的大使馆、代办处、领事馆和其他办事机构；地方各级人民政府及其所属的各工作部门；地方各级人民政府的派出机构，如专员公署、区公所、街道办事处、驻外地办事处，而村民委员会和居民委员会均属群众性自治组织，不属于国家行政机关；其他国家行政机关，如海关、商品检验局、劳改局（处）、公安消防队、看守所、监狱、基层税务所、财政驻厂员、市场管理所等。

国家审判机关具体包括最高人民法院、地方各级人民法院、专门人民法院和派出的人民法庭。

国家检察机关具体包括最高人民检察院、地方各级人民检察院、专门人民检察院和派出机关。

国家军事机关管理国家军事事务，中华人民共和国中央军事委员会是最高国家军事机关，负责领导全国武装力量。其主要力量为人民解放军、人民武装警察部队和民兵组织。

2. 事业单位　事业单位，一般指以增进社会福利，满足社会文化、教育、科学、卫生等方面需要，国家机关举办或者其他组织利用国有资产举办的，以提供各种社会服务为直接目的社会组织。事业单位不以盈利为直接目的，其工作成果与价值不直接表现或主要不表现为可以估量的物质形态或货币形态。事业单位是相对于企业单位而言的，与企业相比事业单位有以下特征：一是不以盈利为目的；二是财政及其他单位拨入的资金主要不以经济利益的获取为回报；三是知识密集性，绝大多数事业单位是以脑力劳动为主体的知识密集性组织，专业人才是事业单位的主要人员构成，利用科技文化知识为社会各方面提供服务是事业单位的主要手段。

事业单位一般是国家设置的机构，但不属于政府机构。按其经费来源大体可以分为“全额拨款”、“参公（即参照公务员）”、“财政补贴”、“自主”四类。

（1）全额拨款事业单位。全额拨款事业单位也称为全供事业单位，其所需的事业经费全部由国家预算拨款。该类事业单位一般没有收入或收入不稳定，如学校、科研单位、卫生防疫、工商管理等事业单位，即人员费用、公用费用都要由国家财政提供。

（2）参公事业单位。即参照《公务员法》管理的事业单位，是一些涉及国家安全，对政策和经济管理工作有明确辅助作用，以及明显以社会公益性为属性的事业单位。参公的条件有两个：一是具有法律、法规授权的公共事务管理职能。政府系统事业单位行使的行政管理职能，包括政策、规划的研究制度，行政执法、行政审批、行业管理等。二是使用事业编制、工资福利由国家财政全部负担。

（3）财政补贴事业单位。又称差额拨款事业单位，按差额比例，财政承担部分，由财政列入预算；单位承担部分，由单位在税前列支，如医院等。按照国家有关规定，差额拨款单位要根据经费自主程度，实行工资总额包干或其他符合自身特点的管理办法，促使其逐步减少国家财政拨款，向经费自收自支过渡。

（4）自主事业单位。又称为自收自支事业单位，是国家不拨款的事业单位。自收自支事业单位作为事业单位的一种主要形式，由于不需要地方财政直接拨款，因而一些地方往往放松对它的管理，其编制快速增长，呈膨胀态式。

3. 企业单位　企业单位一般是自负盈亏的生产性单位，其利润是其主要的经营目的。所谓“自负盈亏”意即：自己承担亏损与盈利的后果，有一定的自主权。

企业单位是从事生产、流通、服务等经济活动，以生产或服务满足社会需要，实行自主经营、独立核算、依法设立的一种盈利性的经济组织。企业主要指独立的盈利性组织，并可进一步分为公司和非公司企业，后者如合伙制企业、个人独资企业、个体工商户等。在 20 世纪后期中国内地改革开放与现代化建设，以及信息技术领域新概念大量涌入的背景下，“企业”一词的用法有所变化，并不限于商业性或盈利组织。随着社会发展，真正有发展潜力的企业肯定是公司类型的企业。企业单位的登记在工商行政管理部门进行。企业单位与职工签订劳动合同。发生劳动争议后，企业单位进行劳动仲裁。

(1) 企业的分类。由于分类标准的不同，企业分类方式较多，常见的分类方式有以上几种：

- 以投资人的出资方式和责任形式分为：个人独资企业、合伙企业、公司制企业。
- 以投资者的不同分：内资企业、外商投资企业和港、澳、台商投资企业。
- 按所有制结构可分为：全民所有制企业、集体所有制和私营企业。
- 按股东对公司负责人不同可分为：无限责任公司、有限责任公司、股份有限公司。
- 按信用等级可分为：人合公司、资合公司、人合兼资合公司。
- 按公司间的控制关系可以分为：母公司、子公司。

(2) 个体工商户。目前，中国实有私营企业 750 多万户，从业人员 8 700 万人，实有个体工商户 3 200 多万户，从业人员 6 500 万人，全国个体私营经济从业人员达到 1.52 亿人。这从另一个侧面说明，个体私营大大缓解了社会的就业压力，而创业成功的非公有制企业则不断扩大着就业机会。目前我国正在大力推行大学生创业，由于受资金、经验等条件的制约，目前大学生创业的出路还是成立个体工商户。

个体工商户是在法律允许的范围之内，依法经核准登记，从事工商业经营的自然人。其生产资料属于私人所有，主要以个人劳动为基础，劳动所得归个体劳动者自己支配。根据《中华人民共和国民法通则》第 26 条规定，公民在法律允许的范围内，依法经核准登记，从事工商业经营的，为个体工商户。个体工商户有个人经营、家庭经营与个人合伙经营三种组织形式。由于个体工商户对债务承担无限责任，所以个体工商户不具备法人资格。个体工商户的主体是自由职业者，而国家机关干部、企事业单位职工，不能申请成为个体工商户，从这个意义上看，个体工商户就是经过工商注册的自由职业者。

个体工商户主要以商铺门店经营来获得利润，主要经营范围大多为零售商品和提供民生服务，一个注册个体工商户，背后至少有一个个体工商户主。有的个体户随着其经营规模的扩张，不断增加企业规模，部分个体户能提供100多个就业岗位，创造1 000万元以上的产值。在服饰市场、建材市场、家具市场、水产市场、茶叶等产品市场上，都可以看到经营规模大、实力雄厚的“个体工商户”，他们均可以享受国家给予个体工商户的优惠政策。

4. 社会团体　简称社团，根据1998年10月25日颁布的《社会团体登记管理条例》的规定，社会团体指中国公民自愿组成，为实现会员共同意愿，按照其章程开展活动的非营利性社会组织。成立社会团体必须经其业务主管单位审查同意，必须同时接受登记管理机关（民政）、业务主管单位的监督。具体包括行业性社团、学术性社团、专业性社团和联合性社团。事实上，限制或者禁止政治性团体。全国性的社会团体，由国务院的登记管理机关负责登记管理；地方性的社会团体，由所在地人民政府的登记管理机关负责登记管理；跨行政区域的社会团体，由所跨行政区域的共同上一级人民政府的登记管理机关负责登记管理。

由于《社会团体登记管理条例》规定，成立社会团体必须提交业务主管部门的批准文件。而业务主管部门是指县级以上各级人民政府有关部门及其授权的组织，社会团体实际上附属在业务主管部门之下。因此，目前我国的社会团体都带有准官方性质。

目前我国有全国性社会团体近2 000个，但仅有约200个社会团体使用行政编制或事业编制，并由国家财政拨款，其中全国总工会、共青团、全国妇联的政治地位特殊，社会影响较大。此外，中国文联、中国科协、全国侨联、中国作协、中国法学会、对外友协、贸促会、中国残联、宋庆龄基金会、中国记协、全国台联、黄埔军校同学会、外交学会、中国红十字总会、中国职工思想政治工作研究会、欧美同学会等16个社会团体因其特殊的地位，具有较大影响力。以上19个社会团体均是参照公务员法管理的社会团体，其主要任务、机构编制和领导职数由中央机构编制管理部门直接确定，它们虽然是非政府性的组织，但在很大程度上行使着部分政府职能。

**小练习：**

请列举你最心仪的工作单位，指出该单位所属的单位类型，并分析选择该类单位与你的价值观的相关性？

______

______

______

______

## (二) 企业环境认知

企业环境认知包括企业在本行业中的地位、状况和发展前景、所面对的市场状况、产品在市场上的发展前景、能够提供的岗位等，可以简单概括为以下三方面内容：

1. 企业实力　具体包括企业在社会中的地位和声望、企业目前的产品、服务和活动范畴、企业的发展领域、发展前景、战略目标、技术水平、行业竞争地位、发展阶段、组织结构、薪酬制度等。

2. 企业领导人　多数成功的大企业都有一位出色的企业家作为掌舵领航人。企业主要领导人的抱负及能力是企业发展的决定性因素，这决定着企业员工在该企业的发展情况。因此，要了解企业主要领导人的战略眼光、发展思路、管理理念、创新精神、对员工的态度等。

3. 企业文化　是处于一定经济社会文化背景下的企业，在长期的发展过程中逐步生成和发展起来的日趋稳定的独特的价值观，以及以此为核心而形成的行为规范、道德准则、群体意识、风俗习惯等。企业文化是影响企业经营效益的重要因素，如果个人的价值观与企业文化有冲突，难以适应企业文化，在组织中就难以发展。

企业文化不是空洞的标语口号，真正的企业文化存在于每个人的心底，会从日常行为中自然流露出来。没有优秀的企业文化便不会有卓越的企业。从某种角度来说，企业文化折射了企业领导人的抱负。企业文化一个重要方面就是企业制度，具体包括管理制度、用人制度、培训制度等。在进行环境认知时，应重点了解企业在组织结构上的特征与发展变化趋势，分析这种安排对自己的未来可能带来什么样的影响。特别要注意企业用人制度如何，如教育培训的机会、个人的发展空间等。

**小练习：**

请列举一家与你的专业对口的知名企业，并分析其企业环境如何？

______

______

______

______

## 第二节　内部环境认知

所谓内部环境认知，就是要认清影响大学生职业生涯规划的内部环境，如家庭的经济环境、学校的环境、职业期望等，这些因素往往直接影响个人的职业生涯规划。一般来说，内部环境认知包括家庭环境认知、学校环境认知、人脉资源认知及职业期望认知四个方面。

### 一、家庭环境认知

任何人成长过程中性格和品质的形成都离不开家庭环境的影响，大学生在进行职业生涯规划时，不得不考虑家庭经济状况、家人期望、家族文化等因素。因此，个人职业发展规划的确立主要受自身的成长经历和家庭环境的影响。个人在成长过程中，在不同时期也会根据亲身经历和所受教育的情况，通过不断地修正、调整，最终确立职业理想和职业计划。家庭环境的认知主要应考虑以下因素：

1. 家庭经济状况　家庭的支付能力直接取决于家庭经济状况。例如规划大学毕业后选择参加工作，还是继续深造（考研或出国）时，首要考虑的是家庭经济状况。又如，为了快速获取较高层次的职业技能认证，如计算机网络领域的 CCIE 等均需要支付较高的培训费用。而部分贫困家庭的子女必须通过勤工助学、社会兼职等途径来承担一定的家庭开支，因此大学生在进行职业生涯规划时必须首先考虑家庭经济状况。

2. 家人期望　近年来大学毕业生已高达 600 多万，虽然我国的高等教育已进入大众化阶段，但大多数家长对大学生的职业期望仍较高，并在大学生进行职业规划过程中扮演着“主角”。如有的学生缺乏自主独立的勇气，依赖于父母的经验，进行职业生涯规划时听从父母的安排；有的父母担心子女缺乏社会经验，生活阅历少，控制子女职业生涯规划的方向，家人的期望可能会对大学生的职业生涯规划产生不利影响。在规划的过程中，大学生应与家人进行有效沟通，将他们的期望和意见作为参考，自主进行职业生涯规划。

3. 家庭文化　家庭是组成社会的个体，父母是子女的启蒙教师，家庭文化对子女的成长、性格的形成及职业生涯规划均起着重要的作用。家庭文化囊括了生活方式、道德修养、个性追求、为人处世、行为习惯等多种文化形态。这些文化形态无不反映在家庭日常琐碎的生活中，并潜移默化地影响子女的成长，具有不可忽视的教育功能。有调查显示，在大学毕业生中，来自“私营企业主”、“企业经理人员”、“个体工商户”等家庭的毕业生自主创业比例最高。由此可见，大学毕业生创业受其家庭的文化影响较大。

## 二、学校环境认知

学校环境是指所在学校的教学特色与优势、专业优势、社会实践经验等方面，这往往会对大学生的专业技能高低产生较大的影响，也是许多综合实力强的大学毕业生就业质量高的重要原因之一。学校与学习相关的资源较多，如教师、课程、专业实习、图书馆等，这些资源的组合基本可以满足大学生在专业学习方面的需求，而这些资源在其他社会机构中是无法轻易获得的。此外，大学还将为学生提供丰富多彩的第二课堂，如学生社团组织、勤工助学、各类讲座和竞赛，这些可以较好培养学习的可迁移能力。

一般来讲，大学生所受的专业教育将直接制约着其职业适应的范围。但随着近些年来各大高校的扩招和扩建，就业形势日趋严峻，很多大学毕业生抱怨找不到与专业对口的工作。一方面是因为大学教育并非完全按照社会所需人才的要求设置专业，就业范围受到市场供需比例的影响；另一方面专业设置过于宽泛，职业又太精细，导致难以找到绝对“专业对口”的工作。因此，大学生们在做职业生涯规划时，可以考虑通过辅修其他专业，甚至考取双学位来减少专业与工作的矛盾，可以尝试向边缘化、交叉化的学科拓展。

此外，由于部分高校及其大学生对职业生涯规划的重视程度不够，导致学生在进行规划时主要依赖于辅导员、班主任和其他老师的。而大多教师均会由于对本专业的偏好和对某一类或某种职业的认同，从而直接或间接地影响着学生职业生涯规划的方向。高校教师的意见也会因职业价值观的不同而不能完全摆脱个人主观色彩，与学生择业结果也存在一定的差别。

最后，大学生职业生涯规划还受到校友就业情况的影响。一般来说，绝大多数大学生在进行职业生涯规划前，都会有意识地去了解校友的就业情况，而一些成功的校友也会成为大家学习的榜样，往往可以起到一定激励和引导的作用。

**小练习：**

你认为你正在学习的专业职业适应的范围如何？该专业相关的交叉学科有哪些？

________________________________________

________________________________________

________________________________________

________________________________________

## 三、人脉资源认知

一般来说，个人在职业生涯中或多或少都会寻求他人的帮助。为了顺利就业和事业成功，个体需要对自己的社会关系进行评价和分析。通常人们都认为人脉关系的形成往往依托于家庭关系背景，其实更多的源于大学生自己在学习和工作过程中有意识的培养，如已经参加工作的校友、本校的教师、行业内的专家等人脉资源都可能出现，但关键是很多大学生没养成及时把握机会的习惯。

在发达国家，即便是在劳动力市场中介体系相当完善的条件下，基于人脉资源的社会网络资源使用在大学生寻找工作中也扮演了非常重要的作用。例如，美国哈佛大学超过半数的 MBA 毕业生都利用了校友的人脉关系寻找工作。在我国文化背景下，社会关系网络的使用已是大学生实现就业的典型行为特征。特别是在就业市场紧张的环境中，人脉关系资源的使用对于成功求职更显得格外重要。虽然在我国大学生使用的社会关系网络中，选择父母的人数最多，但随着在专业上的联系更紧密，校友资源的挖掘就更加充分。如果各高校能够注重校友资源的建设与维护，这将对大学生寻找工作发挥更有效的作用。

头脑风暴：

请列举可以建立与你所学专业有关的人脉资源的机会。

________________________________________

________________________________________

________________________________________

________________________________________

## 四、职业期望认知

所谓职业期望，是指个体对某种职业的渴求和向往。职业期望伴随着职业的出现而出现。随着社会的发展、职业的不断分化和更替，人们的职业期望呈现出多元化的发展趋势。

每个人都有自己的职业梦想，而职业期望决定了人们对求职的表达、动机和目标。人们在展望未来职业生涯的时候，不能仅为了社会时尚，而是首先要做到内省，明确什么职业能给你带来最大的满足和快乐。人人都想拥有一份好工作，但没有最好的工作，只有最适合自己的工作。毕竟每个人的兴趣、爱好、经历、能力、家庭背景、受教育程度、所处的环境、经济地位、宗教信仰等是有差异的，这些都极大地影响了求职者对职业的追求和期望。

每个人的职业期望是复杂多样的，但并不是所有的职业期望都能变成现实。一个人的职业期望能否变成现实主要取决于其合理性。每个人的职业选择都要受到人才市场的供求状况、自身的能力以及其他的社会因素的制约。有研究显示，许多大学生的职业生涯规划失败都是由一些心态上的误区造成的。大部分大学生并不了解自己真正想要的是什么，而是听取周围亲朋好友的意见，这是近年来“考研热”、“公务员热”的主要原因之一。有的大学生害怕失败，不敢去追求他们真正想要做的事业。即使那些表面上看来风光无限的成功者，有时也会觉察到他们职业上的表现与自我期望相差甚远。

因此，大学生在进行职业生涯规划内部环境认知时，应对自己的职业期望有一个客观科学的分析，以自己的能力、兴趣、价值观以及客观的人才供求关系为基础，摒除各种不合理的职业期望，树立正确的职业期望。

## 课后思考及练习

1. 在上一章作业中你已列举了两种自己心仪的职业，请应用本章所学知识分析其内、外部环境如何？

2. 利用假期或业余时间到一个行业或者一个企业进行职业环境认知实践，重点了解企业环境，并说明该环境对实施生涯规划的影响。

3. 请动态分析自己的职业期望主要受到了哪些因素的影响，这些影响是否使你的职业期望更加合理？

**相关资源：**

1. 叶政．2010. 大学生职业规划与就业指导教程［M］．北京：科学出版社．

2. 赵中建．2004. 学校文化——普校管量新视野丛书［M］．上海：华东师范大学出版社．

3. 广东人才网 http：//www. gdrc. com.

4. 广州市人力资源和社会保障局：http：//www. hrssgz. gov. cn.

# 第十章　环境认知的途径及方法

**本章学习目标及重点：**

- 理解环境认知的途径和方法
- 重点掌握工作分析法、生涯人物访谈法和 SWOT 分析法等三种常用环境认知的方法

［先行阅读］

大一学生志敏习惯于通过请教老师来解决自己所遇到的一切学习难题，在很多老师和同学眼中他都是一个爱学习的好学生。在修读了大学生职业生涯规划后，他知道要想做好职业生涯规划，就必须先认真做好环境认知，而社会实践就是一种较好的方法。上完课后，他立即与父亲进行了沟通，希望从父亲那里获得一些人脉资源，找一家与自己专业相关的公司进行兼职，可惜没能成功。志敏有些失望，觉得自己的人脉资源太有限了。为了做好规划，志敏立即开始积极行动起来，四处寻找无薪实习的机会。他的勇气，打动了一名小企业的老板，同意他去无薪实习。但是，刚实习 3 天，志敏就因提问太多而被辞退了。志敏的满腔热情被泼了一大盆冷水。

志敏很纳闷，就到就业指导中心向老师咨询。很快老师找出了问题的所在：志敏虽然有积极认知环境的意识，但他并没有进行必要的准备，甚至没有了解岗位职责。他甚至不明白企业是“利润最大化”的追求者，而将企业当成了解答问题的免费培训机构。

## 第一节　环境认知的途径

大学生在进行职业生涯规划时，认知环境的途径是多种多样的，比如可以通过互联网、行业杂志和专业实习等了解环境。互联网获得环境信息虽然方便快捷，但获得信息相对有限，且有效性和针对性不强。专业实习可以实际接触行业、企业，但机会较少，且成本较高。因此，大学生在进行环境认知时必须选择恰当的途径。本节按认知主体的主要行为方式的不同，即看、问、做将环境认知的途径分为媒体与资料、咨询与访谈、实习与实践三大类。

### 一、媒体与资料

媒体主要指互联网、电视、广播、报纸等，资料主要指相关的书籍、杂

志、文件等。以上途径可以获得大量外部信息，由于离现实工作的距离较远，获得的信息往往是第二手甚至是第三手资料，且因没有互动而缺乏针对性，也容易受到自身的理解能力等限制，但此类途径获得信息成本较低，且方便快捷。宏观环境信息、行业信息等通过其他信息获得成本将很高，且机会很少，故宜采用此途径。而通过此途径获得的其他环境信息，主要用为进一步认知环境做准备。

**小练习：**

请具体列举与你所学专业相关的环境认知媒体及资料各五种。

## 二、咨询与访谈

目前我国职业咨询类服务初具发展，进行职业咨询成为新鲜事物之一。咨询的对象主要是专门的咨询或服务机构，如人才服务中心、各级政府毕业生就业服务中心及学校就业指导部门等。其中人才服务中心因以输送人才为主要工作，故这类机构对当地社会劳动力、人才需求情况比较清楚，且其信息往往准确可靠，指导性强。各级政府毕业生就业服务中心主要从总体上规划学生的就业去向，进行全国性或区域性的毕业生信息的交流，具有很高的权威性。学校就业指导部门除与就业主管部门联系获得大量的就业相关政策规定及就业供需见面会外，还直接与用人单位联系，能了解较多企业、职位的环境。此外，大多数学校就业指导部门能提供职业生涯规划的咨询工作，能促进大学生认清自己的职业期望。

访谈的主要对象是对环境比较了解的个人，如长辈、老师、师兄师姐、校友及组织员工等。访谈长辈、老师、师兄师姐、校友等主要用于了解家庭、学校、人脉资源等内部环境，对组织员工进行访谈，主要是了解组织、职业等微观环境。咨询及访谈互动性较好，针对性较强，距离目标环境更近。

## 三、实习与实践

“不登高山，不知天之高也；不临深谷，不知地之厚也”。要想深入了解环境，必须进行相关实习和实践。

实习是大学生必修课程，是学校促进大学生认知行业环境和微观环境的最主要手段。通过实习，大学生能亲身体验环境。但实习的真正管理者仍为学校，故组织一般不会按内部员工进行要求，往往工作的内容相对简单，但仍可以体会到其他途径无法获得的职业信息，如职场的各种规则、组织的文化等。

大学生实践主要有校内勤工俭学、校外兼职、假期社会实践、当义工等。实践往往是学生的主动要求，而不是学校组织的课程实施，故学生的身份已逐渐变为“工作者”。组织的要求相对实习更高，与真实工作已非常接近。

实习和实践可以帮助学生将自己所掌握的理论知识运用于工作和生活实际，这不仅有利于加深对书本知识的理解和巩固，还能提高他们在理论知识的指导下观察、分析和解决问题的实际工作能力。此外，学生可以初步完成从理想到现实的心理转换和从学生到职场人士的角色转换。最后，在实习和实践的过程中若学生尽可能的倾尽自己所学完成工作任务，这将为学生提供了一个充分展现自我才华和能力的舞台。因此，实习和实践是一类及其重要的环境认知途径。

对比以上三类环境认知的途径，实习和实践是离职业最近、互动性最强的环境认知的途径，其针对性、准确性最高，但机会较少，且操作有一定的难度。因此，在面对不同的环境对象时，需要选择恰当的认知途径，有时甚至需要通过多种途径进行认知，而对认知的顺序来讲一般应从易到难、由远及近，按循序渐进的方式进行环境认知。

## 第二节　环境认知的方法

无论做任何工作，方法都很重要。好的方法可以事半功倍，在进行环境认知时也应该选择恰当的方法。很多大学生在面对环境时手足无措，主要原因是没能通过自我认知形成一个初步的预期职业范围。太多的职业信息往往容易让人迷失，而过少的职业信息又起不到让当事人了解客观事实的作用。因此建立5～10个职业的预期职业库对大学生较为适宜。当然，环境认知的方法也有很多，本节主要介绍目前应用较多的分类法、工作分析法、生涯人物访谈和SWOT分析等几种方法。

### 一、分类法

环境世界中与工作相关的信息非常多，从中挑选出必要的信息就显得尤为重要。即使学生形成了自己的职业库，但到底有哪些行业中的哪些工作可能和职业库得出的职业特点相符合，这也是一个问题。因此，分类法就能快捷高效地解决这个问题，以下将介绍几种常见的分类法。

#### （一）行业分类法

根据我国的实际情况我国对产业进行了科学分类，2002年国家统计局修订的《国民经济行业分类》将中国全国的国民经济划分为20个门类，98个大类，396个中类和913个小类。这20个门类依次为：

- 农业、林业、渔业、畜牧业；
- 采矿业；
- 制造业；
- 电力、煤气及水的生产和供应业；
- 建筑业；
- 交通运输、仓储及邮政业；
- 信息传输、计算机服务和软件业；
- 批发和零售业；
- 住宿和餐饮业；
- 金融业；
- 房地产业；
- 租赁和商务服务业；
- 科学研究、技术服务和地质勘察业；
- 水利、环境和公共设施管理业；
- 居民服务和其他服务业；
- 教育；
- 卫生、社会保障和社会福利业；
- 文化、体育和娱乐业；
- 公共管理和社会组织；
- 国际组织。

**（二）职业分类法**

职业分类法包含的方法较多，如霍兰德的职业环境分类、美国大学考试中心（ACT）在霍兰德职业环境分类基础上演变而来的工作世界地图等，霍兰德的职业环境分类在自我认知部分已有介绍，这里不再赘述；工作世界地图未经本土化，因此也不重点介绍。在此主要介绍我国的《中华人民共和国职业分类大典》。

《中华人民共和国职业分类大典》是由劳动和社会保障部、国家质量技术监督局、国家统计局联合编制，是我国第一部对职业进行科学分类的权威性文献。该书将中国目前的社会职业分为1 943个。这1 943个职业分归8个大类、66个中类、413个小类，并具体确定了各个职业的名称。其中8个大类具体为：

- 国家机关、党群组织、企业、事业单位负责人；
- 专业技术人员；
- 办事人员和有关人员；

- 商业、服务业人员；
- 农、林、牧、畜、水利业生产人员；
- 生产、运输设备操作人员及有关人员；
- 军人；
- 不便分类的其他从业人员。

## 二、工作分析法

工作分析是指企业系统全面的确认工作整体，以便为管理活动提供各种有关工作方面的信息所进行的一系列工作信息收集、分析和综合的过程。工作分析是人力资源管理工作的基础，其分析质量对其他人力资源管理模块具有举足轻重的影响。因此，大多企业都会进行详尽的工作分析，并会形成企业的岗位说明书。

工作分析法是通过企业的岗位说明书，分析岗位特征和任职资格，找出不能理解的内容，然后从企业获取相关信息而认知微观环境的一种方法。本方法的重点是对岗位说明书的理解，以下将重点介绍岗位说明书的内容。

### （一）岗位说明书

岗位说明书是在组织描述和岗位调查的基础上进行的，根据问卷调查的分析结果，对该岗位涉及的内容进行整理和归类。其内容主要为“岗位描述”和“任职资格界定”，其中“岗位描述”文件中一般包括岗位基本信息、工作描述、工作职责、工作衡量标准、职业发展等6个方面的信息，如图10－1所示。

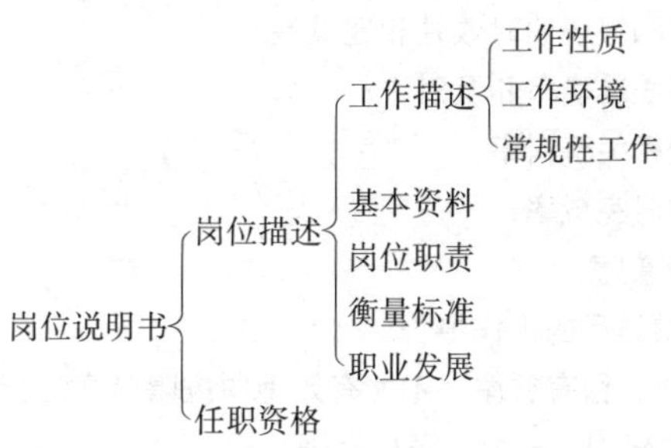


图10－1　岗位说明书的基本框架

### （二）岗位说明书范例

#### ××公司招聘专员岗位说明书

**一、招聘专员岗位描述**

岗位名称：招聘专员

所属部门：人力资源部

直接上级：人力资源部经理

岗位编号：HR—

工资等级：10 级

工作目的：为企业招聘优秀、合适人才。

工作要点：

1. 制订和执行企业的招聘计划。
2. 制订、完善和监督执行企业的招聘制度。
3. 安排面试人员的面试工作。

工作要求：认真负责、有计划性、热情周到。

工作职责：

1. 根据企业发展情况，提出人员招聘计划；
2. 执行企业招聘计划；
3. 制定、完善和监督执行企业的招聘制度；
4. 与辞职人员面谈，了解分析原因并做出分析报告；
5. 每月 5 日前编制公司上月度公司员工异动报表和分析报告；
6. 制定面试工作流程；
7. 安排面试人员的面试工作；
8. 应聘人员的材料管理；
9. 应聘人员材料、证书的鉴别；
10. 负责建立企业人才库，完成直接上级交给的所有工作任务。

工作衡量标准：

1. 工作计划（目标）完成情况；
2. 上交的报表和报告的时效性和建设性；
3. 员工异动报表准确率和及时率；
4. 未及时处理相关资料率；
5. 招聘计划按时完成率；
6. 内部服务满意度。

工作难点：如何提供详尽的工作报告。

工作禁忌：工作粗心，留有首尾，不能有效地向应聘者介绍企业的情况。

职业发展道路：招聘经理、人力资源部经理。

**二、招聘专员任职资格**

生理要求

1. 年龄：25～35 岁 性别：不限
2. 身高：女性：1.55～1.70 米 男性：1.60～1.85 米
3. 体重：与身高成比例，在合理的范围内均可
4. 听力：正常　视力：矫正视力正常

5. 健康状况：无残疾、无传染病

6. 外貌：无畸形，出众更佳

7. 声音：普通话发音标准、语音和语速正常

教育背景及培训

1. 学历要求：企业管理或相关专业本科，大专需从事本专业工作3年以上。

2. 培训：接受过系统的人力资源管理培训。

3. 英文水平：国家四级水平及以上。

4. 计算机水平：熟练使用 WINDOWS 和 MS OFFICE 系列。

工作经验

1. 3年以上大型企业人力资源管理或相关工作经验；

2. 专业背景要求：曾从事人事招聘工作2年以上；

3. 以往的工作经历中没有严重错误的记录。

所需知识和技能

1. 了解国家人事政策和劳资政策；

2. 掌握人力资源管理基本理论；

3. 语言表达能力：能够准确、清晰、生动地向应聘者介绍企业情况；并准确、巧妙地解答应聘者提出的各种问题；

4. 文字表述能力：能够准确、快速地将希望表达的内容用文字表述出来，对文字描述敏感；

5. 观察能力：能够很快地把握应聘者的心理；

6. 逻辑处理能力：能够将多相并行的事务安排得井井有条；

7. 独立工作能力强，能够独立完成布置招聘会场、接待应聘人员、应聘者非智力因素测评等任务；工作认真细心，能认真保管好各类招聘相关材料。

其他要求：

1. 保密要求高；

2. 必要时加班、出差；

3. 不可请一个月以上的假期。

## 三、生涯人物访谈

生涯人物访谈，是通过与一定数量的自己感兴趣的职业从业者会谈而获取关于一个行业、职业和单位“内部”信息的一种职业探索活动。本方法可以了解该职业岗位的实际工作情况，获取相关职业领域的信息，最终用于判断你是否真的对该工作感兴趣，其本质是一种间接、快速的职业体验。

生涯人物访谈是一种获取职业信息的有效渠道，主要用以学生检验和印证以前通过其他渠道获得的信息，并能让大学生从中了解一些通过传媒无法获取的信息，如潜在的入职标准、核心素质要求、晋升路径和工作者

的内心感受等。通过生涯人物访谈，还能正确认识自己的优势和不足，发现自己与岗位要求的差距，从而制定更加合理的职业生涯规划。其访谈流程具体如下：

**（一）寻找生涯人物**

从自己已经建立的预期职业库中列出未来可能从事的几个职业，然后在每个职业领域寻找3位以上的在职人士作为生涯人物。生涯人物可以是自己的亲人、老师和朋友，也可以通过校友会、行业协会等组织寻找到的职场人士。但生涯人物的职业应是自己向往的。每个职业领域的生涯人物应结构合理，即应包含初入职场的新人、中高层人士等；正式访谈前应尽量搜集生涯人物的信息，必须具有姓名、职务和联系方式等基本信息。

**（二）拟定访谈提纲**

结合目标职业信息设计访谈问题，对生涯人物的访谈应包括以下要点：如单位名称、行业、职业（职位）、工作的性质及主要内容、地点、时间、任职资格、市场前景、行业相关信息、工作环境、工作强度、福利薪酬、工作感受、员工满意度等。认真列好访谈提纲，提纲设计应由浅入深。

**（三）预约并实施采访**

预约方式主要有电话、QQ、电子邮件和普通信件等，可以使用电话预约的应尽量使用电话。预约时应首先介绍自己，然后说明找到他的途径、自己的采访目的、感兴趣的工作类型以及进行采访所需要的时间（通常30分钟左右），确认采访的日期、时间和地点。预约时应注意礼貌，并控制好通话时间。

访谈方式可以是面谈、电话访谈、QQ访谈，但最好是面谈。面谈前，采访者一般以生涯人物感兴趣的话题切入，逐步进入访谈提纲。访谈时应注意倾听，同时还应根据生涯人物的状况控制好不同问题的时间。访谈结束时，应表示感谢，并可以请生涯人物推荐其他相关的生涯人物。这样就可以快速拓展自己的职业认知领域。

**（四）分析访谈结果**

在一个职业领域采访3个以上的生涯人物后，应及时对获得的职业信息进行总结，并与之前自己对该职业的认知进行比较分析，找出主观认知与现实之间的偏差，确定自己是否适合这一行业、职业和岗位，并形成书面总结报告，进而详细制订自己的职业生涯规划。如果访谈结果与自己之前的认知出现严重脱节，就有必要进入另一个职业领域开展新一轮生涯人物访谈。

**表 10-1　生涯人物访谈记录表**

| 访谈目的： | | | |
|---|---|---|---|
| 被访谈人基本情况： | | | |
| 姓名： | 性别： | 联系方式： | 专业： |
| 毕业院校： | 毕业时间： | 工作单位： | 岗位名称： |
| 访谈主要内容： | | | |
| 访谈总结： | | | |
| 访谈人： | 专业： | 班级： | 访谈时间： |
| 推荐的生涯人物： | | | |

## 四、SWOT 分析方法

SWOT 分析是在综合了著名的竞争战略专家迈克尔·波特和能力学派管理学家相关理论的基础上，以资源学派学者为代表，将公司的内部分析与产业竞争环境的外部分析结合起来，形成了自己结构化的平衡系统分析体系。

SWOT 方法自形成以来，广泛应用于企业战略研究与竞争分析，成为战略管理和竞争情报的重要分析工具。SWOT 方法主要的优点是直观、简单。它可以在没有精确的数据支持和更专业化的分析工具的情况，也可以得出有说服力的结论。但是，正是这种直观和简单，使得 SWOT 不可避免地带有精度不够的缺陷。所以，在使用 SWOT 方法时要尽量避开其局限性。通过将事实罗列的尽量真实、客观、精确，增加一定的定量数据来弥补 SWOT 定性分析的不足，构造高层定性分析的基础。

到目前为止，SWOT 分析已被广泛应用于许多领域，尤其是在大学生职业规划过程中，该分析方法常被用于环境的综合分析。应用 SWOT 分析法进行内、外部环境综合分析时，一般遵循以下 5 个步骤：

第一步，评估内部环境。

每个人都有自己独特的家庭环境、学校环境、人脉资源和职业期望。在当今分工非常细的环境里，绝大多数人仅擅长于某一领域，而不是样样精通。通过列表可以找出自己的环境优势、弱势和自己不是很喜欢做的事情。找出你的短处与发现你的长处同等重要，因为你可以基于自己的长处和短处，作出不同的选择：即努力去改变环境的不利条件的制约，或者是放弃那些你不擅长的技能要求的学系。列出你认为自己所具备的很重要的强项和对你的学习选择产生影响的弱势，然后再标出那些你认为对你很重要的强弱势。

第二步，评估外部环境。

不同的行业都面临不同的外部机会和威胁，这些机会和威胁不仅会影响大学生的第一份工作，还会影响以后的职业生涯发展。如果行业常处于不利的环境中，组织的发展机会就会少，所以它能提供的职业机会和职业升迁的机会都会少。相反，存在着较多机会的行业就能为大学生提供广阔的职业前景。

第三步，列出职业目标。

理清内、外环境后，列出自己 5 年内最看重的 4～5 个职业目标，如职业、职位、薪酬等。这些目标要为尽可能发挥出自己的优势，使之与行业提供的工作机会完满匹配。

第四步，列出职业行动计划。

为了实现自己的职业目标，必须用行动来支撑。因此大学生必须详细地列出为了实现目标的详细行动计划。行动计划应包含实现职业目标的全部条件，当然也包含外界帮助和获取帮助的途径和方法。详尽的行动计划将促进正确的决策。

## 课后思考及练习

1. 了解近三年本学院进行的各种集体实习和实践活动，请分析其效果，并制订自己的个人实习和实践计划。

2. 请按 SWOT 分析的步骤进行环境认识的综合分析。

3. 任选一种自己心仪的职业，进行一次生涯人物访谈。

**相关资源：**

1. 张莹 . 2006. 如何进行职业生涯规划与管理［M］. 北京：北京大学出版社 .

2. 钟谷兰 . 2008. 大学生职业生涯发展与规划［M］. 上海：华东师范大学出版社 .

3. 职业规划中国网 http：//www. ienjoyjob. com.

4. 应届生论坛 http：//bbs. yingjiesheng. com.

# 延 伸 阅 读

胡适（1891.12.17—1962.2.24），汉族，徽州绩溪县上庄村人。现代著名学者、诗人、历史学家、文学家、哲学家。因提倡文学革命而成为新文化运动的领袖之一。胡适历任北京大学教授、北大文学院院长、辅仁大学教授及董事、美国国会图书馆东方部名誉顾问、北京大学校长等职，其一生被授予了35个荣誉博士学位。在北京大学任教期间，曾多次撰文鼓励北大学子。《赠与今年的大学毕业生（二）》一文初次发表于1934年6月24日天津《大公报》。70多年过去了，该文无论对即将走上工作岗位的大学毕业生，还是对正在进行职业生涯规划的低年级大学生都将有所启发！

## 赠与今年的大学毕业生（二）

胡 适

两年前的六月底，我在《独立评论》（第七号）上发表了一篇《赠与今年的大学毕业生》。在那篇文字里我曾说，我要根据我个人的经验，赠与三个防身的药方给那些大学毕业生：

第一个方子是："总得时时寻一个两个值得研究的问题。"一个青年人离开了做学问的环境，若没有一个两个值得解答的疑难问题在脑子里打旋，就很难保持学生时代的追求知识的热心。"可是，如果你有了一个真有趣的问题天天逗你去想他，天天引诱你去解决他，天天对你挑衅笑，你无可奈何他——这时候，你就会同恋爱一个女子发了疯一样，没有书，你自会变卖家私去买书；没有仪器，你自会典押衣服去置办仪器；没有师友，你自会不远千里去寻师访友。"没有问题可以研究的人，关在图书馆里也不会用书，锁在试验室里也不会研究。

第二个方子是："总得多发展一点业余的兴趣。"毕业生寻得的职业未必适合他所学的；或者是他所学的，而未必真是他所心喜的。最好的救济是多发展他的职业以外的正当兴趣和活动。一个人的前程往往全看他怎样用他的闲暇时间。他在业余时间做的事业往往比他的职业还更重要。英国哲人弥儿（J. S. Mill）的职业是东印度公司的秘书，但他的业余工作使他在哲学上、经济学上、政治思想上都有很重要的贡献。乾隆年间杭州魏之琇在一个当铺了做了二十几年的伙计，"昼营所职，至夜篝灯读书"。后来成为一个有名的诗人与画家（有柳州遗稿，岭云集）。

第三个方子是："总得有一点信心。"我们应该信仰：今日国家民族的失败都由于过去的不努力；我们今日的努力必定有将来的大收成。一粒一粒的种，必有满仓满屋的收获。成功不必在我，而功力必然不会白费。

这是我对两年前的大学毕业生说的话，今年又到各大学办毕业的时候了。前两天我在北平参加了两个大学的毕业典礼，我心里要说的话，想来想去，还只是这三句话：要寻问题，要培养兴趣，要有信心。

但是，我记得两年前，我发表了那篇文字之后，就有一个大学毕业生写信来说："胡先生，你错了。我们毕业之后，就失业了！吃饭的问题不能解决，哪能谈到研究的问题？职业找不到，哪能谈到业余？求了十几年的学，到头来不能糊自己一张嘴，如何能有信心？所以你的三个药方都没有用处！"

对于这样失望的毕业生，我要贡献第四个方子："你得先自己反省：不可专责备别人，更不必责备社会。"你应该想想：为什么同样一张文凭，别人拿了有效，你拿了就无效呢？还是仅仅因为别人有门路有援助而你没有呢？还是因为别人学到了本事而你没学到呢？为什么同叫做"大学"，他校的文凭有价值，而你母校的文凭不值钱呢？还是仅仅因为社会只问虚名而不问实际呢？还是因为你的学校本来不够格呢？还是因为你的母校的名誉被你和你的同学闹得毁坏了，所以社会厌恶轻视你的学堂呢？——我们平心观察，不能不说今日中国的社会事业已有逐渐上轨道的趋势，公私机关的用人已渐渐变严格了。凡功课太松，管理太宽，教员不高明，学风不良的学校，每年尽管送出整百的毕业生，他们在社会上休想得着很好的位置。偶然有了位置，他们也不会长久保持的。反过来看那些认真办理而确能给学生一种良好训练的大学——尤其是新兴的清华大学与南开大学——他们的毕业生很少寻不着好位置的。

我知道一两个月之前，几家大银行早就有人来北方物色经济学系的毕业人才了。前天我在清华大学，听说清华今年工科毕业的四十多人早已全被各种工业预聘去了。现在国内有许多机关的主办人真肯留心选用各大学的人才。两三年前，社会调查所的陶孟和先生对我说："今年北大的经济系毕业生远不如清华毕业的，所以这两年我们没有用一个北大经济系毕业生。"刚巧那时我在火车上借得两本杂志，读了一篇研究，引起了我的注意；后来我偶然发现那篇文字的作者是一个北大未毕业的经济系学生，我叫他把他做的几篇研究送给陶孟和先生看看。陶先生看了大高兴，叫他去谈，后来那个学生毕业后就在社会调查所工作到如今，总算替他的母校在陶孟和先生的心目中恢复了一点已失的信用。这一件事应该使我们明白社会上已渐渐有了严格的用人标准了；在一个北大老教员主持的学术机关里，若没有一点可靠的成绩，北大的老招牌也不能帮谁寻着工作。在蔡元培先生主持的“中央研究院”里，去年我看见傅斯年先生在暑假前几个月就聘定了一个北大国文系将毕业的高材生。今年我又看见他在暑假前几个月就要和清华大学抢一个清华史学系将毕业的高材生。

这些事都应该使我们明白，今日的中国社会已不是一张大学文凭就能骗得饭吃的了。拿了文凭而找不着工作的人们，应该要自己反省：社会需要的是人才，是本事，是学问，而我自己究竟是不是人才，有没有本领？从前在学校挑容易的功课，拥护敷衍的教员，打倒严格的教员，旷课，闹考，带夹带，种种躲懒取巧的手段到此全失了作用。躲懒取巧混来的文凭，在这新兴的严格用人的标准下，原来只是一张废纸。即使这张文凭能够暂时混得一支饭碗，分得几个钟点，终究是靠不住保不牢的，终究要被后起的优秀人才挤掉的。打不破“铁饭碗”不是父兄的势力，不是阔校长的荐书，也不是同学党派的援引，只是真实的学问与训练。能够如此，才是反省。能够如此反省，方才有救援自己的希望。

“毕了业就失业”的人们怎样才可以救援自己呢？没有别的法子，只有格外努力，自己多学一点可靠的本事。二十多岁的青年，若能自己勉力，没有不能长进的。这个社会是最缺乏人才又是需要人才的。一点点的努力往往就有十倍百倍的奖励，一分的成绩往往可以得着十分百分的嘘声，社会上的奖掖只有远超过我们所应得的，绝没有真正的努力而不能得着社会的承认的。没有工作机会的人，只有格外努力训练自己可以希望得着工作，有工作机会的人而嫌待遇太薄地位太低的人，也只有格外努力工作可以靠成绩来抬高他的地位。只有责己是生路，因为只有自己的努力最靠得住。

# 第四篇 大学生职业生涯规划的决策、实施与管理

## 第十一章 大学生职业生涯规划的决策

**本章学习目标及重点：**

- 了解职业生涯规划决策的要素和类型
- 了解职业生涯规划决策中的影响因素
- 职业生涯规划的种类、内容和步骤
- 掌握 PLACE 和平衡单两种决策的具体方法，进而学会科学理性地决策

在现实生活中，每个人随时随地都要做出决定。一般而言，一个决定对你来说越重要，决策就越是困难，职业生涯规划决策更是如此。英国经济学家凯恩斯认为个体在面临选择时，往往会选择使用使个体获得最高报酬、并将损失降低到最低的选择项[①]。在我们做出职业生涯规划决策时，也要对各个选择项进行考量，而此处的选择项则是指我们的职业生涯道路。

职业生涯道路是个人职业发展的轨迹，具体的职业生涯道路多至无以计数，但美国管理学家薛恩（E. H. Schein）分析发现，职业生涯道路可根据其发展方向分为纵向、横向、向心三种，并提出了一个职业发展圆锥形趋势的三维结构理论，如下图[②]：

方向一：纵向发展。指个人职位等级的升降，在工作中，随着工作经验、工作表现的变化，个人的职位等级也会相应地升降。如某企业行政人员的职业生涯道路是：前台接待→办公室文员→办公室主任→人力资源部经理→人力资源总监→副总经理。然而，虽然每个人都追求其职位等级的提升，但一般而言，职位的数量随着等级的增高而减少，因此能走向组织最高层职位的只有少数人。

方向二：横向发展。指在各平衡部门间的职务调动，如从人力资源部经

① 唐晓林 . 2006. 大学生职业生涯规划与就业指导［M］. 北京：中国言实出版社.

② 余凯成 . 1997. 人力资源开发与管理［M］. 北京：企业管理出版社 .

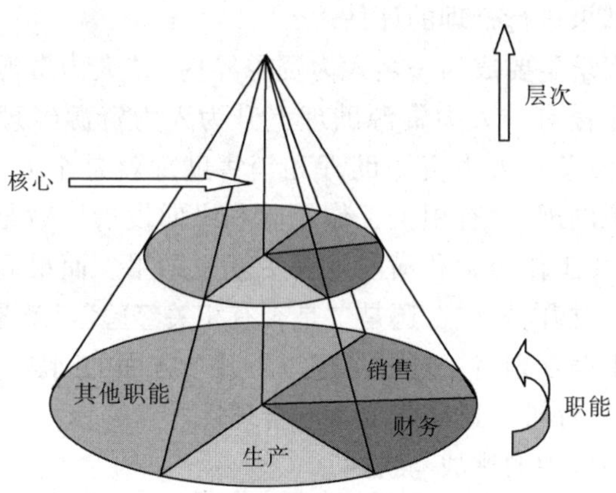


图 11-1　职业发展圆锥形趋势的三维结构

理一职转为计划部经理或财务部经理。横向发展在组织的中层管理人员中较为常见，通过平衡调动使其对组织多个部门的工作有所了解，有利于提高员工对全局的宏观把握。

方向三：向心发展。指职位从组织的边缘向核心靠拢的过程，越接近核心，员工的地位越重要，承担的责任也越重，例如从办公室文员、技术员等事务型的岗位转向办公室主任、销售总监等管理型、决策型岗位。实现向心发展关键是具备突出的专业才能和综合素质，同时还要经受上级的考验，因此向心发展往往和纵向发展结合在一起。

职业生涯道路是职业生涯规划决策里的关键要素，职业生涯规划决策的过程始于初步确定可能的职业生涯道路，然后搜索职业生涯信息，再比较各种可能选择的职业生涯道路，最终选择一条适合自己的职业生涯道路。

## 第一节　大学生职业生涯规划决策的要素和类型

### 一、职业生涯规划决策的要素

问题解决和决策制定，是我们生活中必不可少的部分。每时每刻，我们都在不断地从各种可能的选择中挑选出我们所需要的和我们所喜爱的。职业生涯规划决策也是一样，需要考虑到你的价值观、兴趣、技能以及你在职业、教育、休闲方面的各种选择。任何一个合理决策的作出，都需要考虑和分析决策目标、选择、结果、评价，这也被称为职业生涯规划决策的四大要素。

目标是指所要获得的具体职业，这也是职业生涯规划决策这一行为之所以存在的根本；选择是指在获得具体职业的过程中有多种实现途径，采取哪一种途径就是要做出选择；而结果是指每一种选择所衍生出来的附加物；评价是指对各个选择后的结果进行合理的评估。

比如从一名大学生要成为一名人力资源经理，“人力资源经理”是一个目标，可以选择的途径有“人力资源助理上升为人力资源经理”或者“销售助理——人力资源经理”，人力资源助理和销售助理就是个人面临的两个选择。如果选择人力资源助理，“有相关工作经验和纵向发展”就是结果；如果选择销售助理，“无相关工作经验和横向发展”就是结果。而最后你认为你更看中“纵向发展”还是“横向发展”还是“是否有相关经验”，就是你的评估结果。

在进行职业生涯规划时，还要考虑以下几个方面的问题，以确保“目标”、“选择”、“结果”、“评价”这四大要素的合理性。

①分析自己环境中的挑战与机遇。

②分析自己的优势与劣势。

③分析自己的价值取向、兴趣爱好等。

④分析自己的规划是否符合社会价值、家庭期望、个人期望等。

这几个问题是职业生涯规划决策之前必须要考虑的问题，它们会指引我们的职业生涯决策更加合理。

## 二、职业生涯规划决策的类型

在进行科学的决策前，我们首先要了解职业生涯规划决策的几种形态，可分为以下 4 种：理性型、依赖性、直觉型、犹豫型。

1. 理性型　大部分职场成功人士在规划自己的职业生涯时，都是非常理性的，属于此类型。这种类型的人在进行规划前，会比较理性，对自己认识比较到位，对环境了解清楚，并且能综合权衡个人和环境，分析利弊得失，做出并执行相应的计划。此类型最大的优点就是自己主宰命运。如我的手绘能力不好，而我喜欢植物，所以选择园艺专业，而不选择园林专业。

2. 直觉型　此类型的人在做出决定时往往跟着感觉走，一切处理方式只凭个人的直觉和情绪的反应，不够理性，很少能系统地收集相关信息。他们往往较少在一个领域坚持下去，所以很难在同一工作上晋升到较高的职位。因而，直觉型的人可能常常会对自己的选择付出较大的代价。虽然，也有一部分直觉型的人，在“直觉”的引导下，碰巧达到理想的目标。但是，直觉的引导毕竟不能取代科学、理性的决策。

3. 依赖型　此类型决策风格的人在职业生涯发展中较为被动，依赖他人，怕承担责任。此类型的人在问题发生时，一切听从家人、老师或专家的意见。由于文化传统的影响，亚洲的孩子比较倾向于这种决策类型。

4. 犹豫型　此类型的人属于“宿命型”，遇到问题时不愿做出任何选择，任由命运的安排，这就是他们的决策风格。这种类型比较容易延误良机，是对个体负面影响最大的决策风格。

每个人的学习、生活、工作风格不一，所选择的学习、生活和工作方式也不一样，从结果上看，理性型和直觉型的决策风格“我的命运我做主”更容易给人带来高满意度的职业生涯规划。

**小测试：**

每个人做事的风格都不太一样，有人雷厉风行，有人则谨小慎微，下面就来测测，你做事是什么风格吧。

题目：独自一人出行，进入一片森林，感觉非常累，忽然发现一小屋，你想进屋休息，此时你希望屋门？

①大开着　　②关闭着　　③半开半闭　　④不进小屋

答案解析：

①选“大开着”

你处理事情单一，直接，做事欠考虑，冲动，容易招人怨，即便对人慷慨施恩，也不为人所理解，常常处于被动状态。

②选“关闭着”

你害怕拒绝，自尊心强，时常会有试探性举动，小心翼翼，无法承受冲击力较强的事情。

③选“半开半闭”

你比较慎重，做事留有余地，但有时却因为考虑过多，失去机会，无法把握重大决策。

④选“不进小屋”

你很有主见，自我观念强，判断力强，做事果断坚决，不容易受人左右，常有出人意料之举。

## 第二节　职业生涯规划决策的流程和方法

职业生涯规划决策是一个持续的过程，了解和掌握一些职业生涯规划决策的流程和方法，是指导大学生探寻职业生涯发展方向，帮助大学生制定科学职业生涯规划的前提。

### 一、职业生涯规划决策的流程

在目前职业生涯规划决策过程中，我们可以运用职业生涯规划中的认知信息加工理论 CASVE 循环模型来指导自己的职业生涯规划决策。如图 11－2 所示，CASVE 循环的 5 个阶段是：交流、分析、综合、评价和执行。

1. 交流（communication）　这是问题解决开始时需要的信号。发现理想与现实之间的差距，这些差距可能是外部需求。这些交流形成了最基本的问

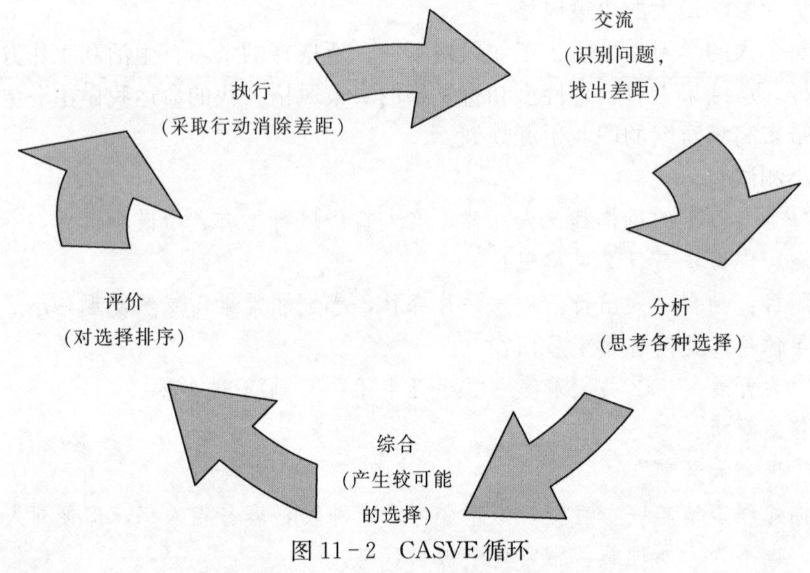


图 11－2　CASVE 循环

题：此刻我正在思考并感觉到的自己的职业选择是什么？

2. 分析（analysis）　就是澄清或获得关于自我、职业、决策及元认知的知识，包括获得我们需要的信息的各个步骤。

3. 综合（synthesis）　就是精心搜索和综合选择。精心搜索指查看各种可能性以发现尽可能多的解决问题的方法。综合或具体化阶段的工作是向那些和自己的知识能力一致的解决方法靠拢。

4. 评价（value）　就是找出最优选择并做出临时选择，指在研究了什么选择最适合自己、环境以及那些与自己的生活关系最密切的人们之后，选择可能性最大的情况。

5. 执行（execution）　就是设计一项计划来实施某一临时选择，包括培训准备（如学校教育或校外培训经历）、实践检验（如兼职、社会时间等）与求职。

在职业生涯规划决策的过程中，我们运用这个模型很快就能完成自己决策，同学们可以用它来了解职业生涯规划的过程。

## 二、职业生涯规划决策的方法

对于大多数的大学生来说，很多时候不是忘记了理性的存在，而是对一些理性分析的方式和方法不了解。帮助合理进行职业生涯规划决策的方法有很多种，如职业生涯管理九格图及 SWOT 分析法、PLACE 法、平衡单法等。其中，PLACE 法、平衡单法是比较方便、快捷而且非常有效的常用方法。

### (一) PLACE 法

这个方法要求考虑每个职业的五个要素和六个步骤，五个要素分别是：

P：职位（place）。一般责任、工作内容和有关单位。

L：位置（location）。工作的地理区域和物理环境。

A：晋升（advancement）。升迁机会和工作保障。

C：雇佣条件（condition）。薪酬、奖金、工时、着装规范。

E：准入资格（entry）。相关的教育和培训经历等。

五个步骤分别为：

①将正在考虑的职业填写在职业名称中。

②按 PLACE 的要求对该职业进行客观描述。

③用文字表达对该职业 PLACE 五要素的评价。

④以 0～5 进行评分，从“完全没有吸引力”到“完全有吸引力”，表示各要素满足个人需要的程度。

⑤算出该职业的总分。

**表 11-1　职业评价工作单**

| 职业目标： | | |
|---|---|---|
| 职业特点（客观描述） | 评价（主观看法） | 评分（完全没有吸引力～完全有吸引力） |
| P：职位 | | 0 1 2 3 4 5 |
| L：位置 | | 0 1 2 3 4 5 |
| A：晋升 | | 0 1 2 3 4 5 |
| C：雇佣条件 | | 0 1 2 3 4 5 |
| E：准入资格 | | 0 1 2 3 4 5 |
| | 总得分： | |

**案例 1：**

电子专业的毕业生小刘在求职过程中同时被两家企业看中，位于深圳市的甲公司为小刘提供了两个职位，分别是制造部和销售部的职员，并更倾向于将其分配到销售部。而位于梅州市的乙公司则是小刘曾经实习的单位，由于领导的赏识，小刘将很有可能被安排到本科毕业生难以进入的研发部，如何选择？小刘陷入了困境。

尽管甲公司的所处地区、工作环境、薪酬待遇、公司发展前景等都很有吸引力，但自己与公司间缺乏深入了解，并且担心从事销售工作将对所学专业知识越来越生疏，日后很难转到技术性岗位，而从事专业技术工作却是小刘的期望。乙公司虽然能极大地满足小刘从事技术工作的愿望，但却处在经济和资讯都相对落后的粤东地区，公司的管理与甲公司存在一定的差距，并且离家较远，小刘担心自己不能在该公司长期发展。在经历了认真的思考仍无法做出决定时，小刘使用 PLACE 法对两个公司、三个岗位进行了比较，结果如下（表 11－2）：

**表 11－2　小刘的职业评价工作单**

| 职业特点（客观描述） | 评价（主观看法） | 评分（完全没有吸引力～完全有吸引力） |
|---|---|---|
| 职业目标甲：中高端小家电类港资企业（制造部） | | |
| P：职位 | 制造部职员：该职位偏向应用性，对专业知识要求不高，但对刚毕业的大学生是一个锻炼、学习的机会，对后续的提升是一个基础的培养 | 0 1 2 **3** 4 5 |
| L：位置 | 位于深圳，交通发达，方便外出和往返老家。亲人在深圳就业的居多。大城市见识面广，资讯多。企业管理较完善，设备先进。但大城市压力大，生活成本高 | 0 1 2 3 **4** 5 |
| A：晋升 | 虽有晋升的可能，但晋升层次不高，时间长 | 0 1 2 **3** 4 5 |
| C：雇佣条件 | 提供的工资起点不错，标准工作时间，福利好 | 0 1 2 3 **4** 5 |
| E：准入资格 | 电子类本科专业，熟悉使用 CAD、PRO－E 等软件，专业基础知识扎实 | 0 1 2 3 **4** 5 |
| | 总得分：18 | |
| 职业目标乙：中高端小家电类港资企业（销售部） | | |
| P：职位 | 销售部职员：对个人综合能力要求全面、知识面广；工作地点流动性大；对个人综合能力有很好的锻炼 | 0 1 2 3 4 **5** |
| L：位置 | 位于深圳，交通发达，方便外出和往返老家；亲人在深圳就业的居多；大城市见识面广，资讯多；企业管理较完善，设备先进；但大城市压力大，生活成本高 | 0 1 2 3 **4** 5 |
| A：晋升 | 晋升可能性大 | 0 1 2 3 **4** 5 |
| C：雇佣条件 | 基本工资加提成，福利好；工作时间有弹性 | 0 1 2 3 4 **5** |
| E：准入资格 | 本科毕业，综合能力要求高 | 0 1 2 3 **4** 5 |
| | 总得分：22 | |

（续）

| 职业目标丙：电子元件类民营企业 | | |
|---|---|---|
| 职业特点（客观描述） | 评价（主观看法） | 评分（完全没有吸引力～完全有吸引力） |
| P：职位 | 研发部职员：对专业知识要求高，具体；专业对口性好；专业技能能得到极大的锻炼 | 0 1 2 3 4 5 |
| L：位置 | 位于梅州市的小县城，交通不便利；很难往返老家，没有亲人在当地；小县城资讯少，经济欠发达，工资待遇不高，但生活成本低 | 0 1 2 3 4 5 |
| A：晋升 | 曾实习的单位，对公司较熟悉，晋升时间可能较短 | 0 1 2 3 4 5 |
| C：雇佣条件 | 公司福利待遇不理想 | 0 1 2 3 4 5 |
| E：准入资格 | 电子类专业本科生，对电子类知识要求高，专业基础知识扎实 | 0 1 2 3 4 5 |
| | 总得分：　20 | |

经过比较，小刘发现，在甲公司从事制造部职员的工作对自己的吸引力最小，而在甲公司从事销售和在乙公司从事研发工作的得分较接近，导致两者的差距主要来自公司所处的地区、雇佣条件，以及准入资格。综合比较自己在这三方面的主观看法后，小刘发现，两个岗位准入资格的挑战性都比较接近，但自己对两个公司所处地区和雇佣条件存在明显不同的感受，后者才是差距的主要来源。仔细比较后，小刘看出自己的内心更倾向于在甲公司从事销售工作，从而顺利地做出决定。

### （二）平衡单法

目前比较常用的职业生涯规划决策方法是金树人引用詹尼思和曼恩设计的平衡单法。它可以帮助我们具体分析每一个可能的选择，考虑各种方案实施后的利弊得失，排定优先级，择一而行。平衡单法要考虑4个方面：个人物质方面的得失；他人物质方面的得失；个人精神方面的得失；他人精神方面的得失。

在个体物质方面的考虑因素主要包括薪酬、福利待遇、工作地域、工作环境、工作胜任程度、休闲时间、升迁机会、对健康的影响等；在他人物质方面的考虑因素主要包括给家庭带来的经济收入、工作对家庭地位的影响、与家人的休闲时间等；在个人精神方面的考虑因素主要包括工作的创造性、成就感、是否能影响和帮助他人、自由度大、被认可度、能发挥自己的专业特长、兴趣的满足等价值观；在他人精神方面主要涉及父亲、母亲、师长、男（女）朋友等。这些因素是平衡单的重要组成部分，也是对每个可能的选择进行理性分析的重要内容。

在了解了平衡单的4个方面后，我们需要进一步了解采用平衡单法作职业生涯规划决策的具体步骤：

步骤一，列出各种可能的职业选择，一般来说1～3个；

步骤二，从4个考察维度列出你选择职业生涯考虑的因素；

步骤三，每个因素的利弊分析。“+”、“-”号分别代表利与弊，对于每一个考虑因素，均以数值（1～10）的大小代表利弊程度；

步骤四，对每个考虑因素按照自己的情况设置权重，1～5分；

步骤五，把各因素的权重和相应的利弊分数相乘后再相加，得出每一职业选择的总分。

**案例2：**

小谢在学校学的是行政管理专业，但是自己一直对教育学感兴趣。他打算在本科毕业后，考教育学的研究生。但是由于父母和老师一直希望他从事本专业的工作，另外跨专业考研存在一定的困难，所以考教育学研究生的想法因没有得到外部的支持而处于摇摆当中。在这一人生道路的转折点，小谢是这样做自己的决策平衡单（表11-3），并坚定地做出了自己的选择。

**表11-3　小谢的生涯决策平衡单**

| 权重（1～5） | | 得失（1～10） | | | |
| --- | --- | --- | --- | --- | --- |
| | | 本专业研究生 | | 教育学研究生 | |
| | | 利（+） | 弊（-） | 利（+） | 弊（-） |
| 个人物质利益 | 就业前景（3） | | -5 | | -4 |
| | 薪水（4） | 4 | | 4 | |
| | 是否成功（3） | 3 | | 2 | |
| | 对健康的影响（4） | 4 | | 7 | |
| 个人精神利益 | 工作对象（5） | | -6 | 6 | |
| | 兴趣（4） | 3 | | | -2 |
| | 价值观（3） | 6 | | 4 | |
| 家人物质利益 | 与家人相处（3） | 2 | | 5 | |
| 家人精神利益 | 家人支持（4） | 10 | | 7 | |

本专业研究生总分=-3×5+4×4+3×3+4×4-5×6+4×3+3×6+4×10+3×2=72

教育学研究生总分=-3×4+4×4+3×2+4×7+5×6-4×2+3×4+4×7+3×5=115

结果一目了然。通过理性的分析，把纷繁复杂的信息通过平衡单的方法清楚地呈现在面前。虽然外部很多反对的声音，但是这些反对的理由并非小谢所看重的。他清楚地看到了自己最看重的是个人健康与工作的协调以及与工作对象的关系，这些判断都与个人的特点紧密相关，而个体间的差异也是非常大的，外界的声音不一定就适合当事人自身的特点。因此，小谢跟随了自己内心的声音而不是他人的想法，坚定地做出了自己的选择。

### 课后思考及练习

1. 如果目前的你很难对自己的职业生涯规划做出的抉择，试着用文中对平衡单方法的解释和步骤，填写下面的表格，做个分析。

| | 权重（1～5） | 得失（1～10） | | | |
|---|---|---|---|---|---|
| | | 选择一 | | 选择二 | |
| | | 利（＋） | 弊（－） | 利（＋） | 弊（－） |
| 个人物质利益 | | | | | |
| 个人精神利益 | | | | | |
| 家人物质利益 | | | | | |
| 家人精神利益 | | | | | |
| 选择一得分 | | | | | |
| 选择二得分 | | | | | |

## 第三节　大学生职业生涯规划决策的影响因素

职业生涯规划的决策制定非常重要，这些重大的决定在很长一段时间里都会保持影响。然而做出决策的过程对一些人而言非常困难，尤其是在一些特定的情况下。什么因素会阻碍我们进行有效的决策呢？对这些影响因素的意识和觉察，能够帮助你采取必要的行动而逐渐接近决策的成功。一般来说，职业生涯规划决策过程中的影响因素包括 3 个方面。

## 一、个人因素

1. 缺乏知识和技能　职业生涯规划决策需要考虑到你的个性、天赋、兴趣、职业价值观等自我情况，以及你在职业、家庭、个人生活方面的各种选择。这些东西构成了你决策信息的基础。我们发现，有些大学生似乎有很好的自我知识，也很了解自己的各种选择，但职业生涯规划决策非常糟糕。他们总是在不断地尝试"纠正错误"。还有一些学生，做了大量职业测试来了解自己的兴趣、天赋等个人特质，花费了大量时间，但依然做不出决策。他个人缺少决策知识和决策经验、缺乏决策程序和决策技巧的相关知识、对行业信息缺乏了解等，都会阻碍个人生涯决策的制定。就像医生不进行诊断就开药，是盲目的、鲁莽的，严重损害生涯决策的有效性。俗话说，没有调查就没有发言权，就是这个道理。他们不能对各种信息进行加工，从而做出一个选择。因为他们缺乏如何制定决策的知识和技能，所以尽管他们为了解自我和职业知识付出了努力，但都无济于事。

2. 个性特征方面的因素　由于个人的职业选择容易受到外界的影响与干扰，个性特征对能否抵御这种影响与干扰有重要影响，如意志薄弱、缺乏自信心、动机冲突、存在非理性信念等。例如有的毕业生自己喜欢做研究，但家人、朋友以及社会的声音却鼓励其做工作好找、赚钱又多的销售。如果这时候对自己缺乏信心，喜欢依赖别人就容易影响自己的职业生涯决策。

这里要着重讲一下非理性信念对职业生涯规划决策的影响。非理性信念在每个人身上都会存在，因为人类的理性是有限的。大学生在职业生涯规划决策时应注意回避的非理性信念，主要有完美主义和逃避主义两种：追求完美主义的人力图使自身各方面才干均超出他人，不能容忍自己比他人落后之处和曾经的失误，难以承受指责或反对；存在逃避主义的人则将一切消极因素归于外部，认为挫折都是他人或客观环境造成的，逃避困难，害怕承担责任。因此在非理性信念影响下的职业决策困难者、大多需要借助专业咨询人员的帮助才能顺利作出决策。

## 二、他人因素

人是社会的人，是人际关系中存在的人，一个人往往与周围的人有着千丝万缕的联系，这些联系往往影响着你做出的每一个决定，因此，在进行职业生涯规划决策时，个体要明确决策的界限——即哪些方面需要考虑他人的意见，而哪些方面则应由自己单独决定。无论你的年龄多大，家庭成员以及与其他重要人物，都会干扰有效决策的生成。他们有时候会给予很有用的帮助，但这里关注的是他们可能带来的阻碍。对于大学生来说，阻碍可能来自家长或者情侣。职业生涯规划专家通过研究家庭系统和生涯决策发现，那些与家庭其他成员高度融洽或联系密切的人，往往在决策中很难保持自己情绪和心理上的独立；另外，家庭成员之间无法就义务、经济、责任、价值观等达成共识的情况也会使个人决策出现困难。当这些阻碍决策的问题产生时，切忌一意孤行地任由自己做决定，而应和家人、关系密切的人充分沟通，这样才能让自己的职业生涯规划决策得到他们的理解和支持。

## 三、社会因素

从宏观上看，社会的、经济的、历史的和文化的力量，都能干扰个人有效决策的制定。经济衰退、政局动荡都是影响个人职业生涯规划的重大阻力，从而使大学生的职业生涯规划决策变得更复杂。性别或种族歧视等问题也存在于社会大环境中，对于女性的性别歧视、残疾人的歧视也严重阻碍他们的职业生涯规划。

综上所述，以上 3 个方面的情况都会使职业生涯规划决策变得困难，有效的决策者应该逐渐发展出一套策略，用以克服阻碍因素。

# 第十二章　大学生职业生涯规划的实施

**本章学习目标及重点：**

- 了解大学生职业生涯规划的原则、方法、步骤
- 掌握撰写大学生职业生涯规划书的方法

## 第一节　大学生职业生涯规划的原则

大学阶段是职业的准备期，大学生进行职业生涯规划的目的是为了顺利进入工作世界做好各种准备，大学生职业生涯规划的过程是探索自我、科学决策、统筹规划的过程，为了保证职业生涯规划的实用性和科学性，应当遵循以下几个主要原则：

### 一、与社会需求相结合原则

社会的需求不断演化着，旧的需求不断消灭，新的需求不断产生。选择职业作为一种社会活动必定受到一定的社会制约，任何人选择职业的自由都是相对的、有条件的。因此，大学生在进行职业生涯规划时要将个人的成长与社会需求紧密结合起来，将社会与个人利益统一起来，适应社会和时代的需要。应该从社会需求的高度来认定职业生涯规划的意义，积极把握社会人才需求的动向，把社会需要作为出发点和归宿，以社会对个人的要求为准绳，既要看到眼前的利益，又要考虑长远的发展；既要考虑个人的因素，也要自觉服从社会需要。

### 二、量体裁衣原则

人与人之间的内外在条件有很大差异，每个大学生的发展潜力也会有很大不同，因此，职业生涯规划是一项完全个性化的任务，没有统一的定式，大学生需要结合自身特点进行设计。在进行职业生涯规划之前，大学生要考虑自己所学专业，因为用人单位对毕业生的需求，一般首先选择的是大学生某专业方面的特长，大学生迈入社会后的贡献，主要靠运用所学的专业知识来实现，需要强调的是，大学生对所学的专业知识要精深、广博，还要拓宽专业知识面，掌握或了解与本专业相关、相近的若干专业知识和技术。不仅要对自身的内在素质，如性格、兴趣、技能、价值观等进行全面的测评，还要对外部的职业环

境和职业发展的资源等进行系统地评估。只有这样才能充分发挥自己的优势，扬长避短，体现人尽其才、才尽其用的要求。

### 三、阶段性原则

国外职业生涯规划教育起步较早的国家，在职业生涯规划的教育与指导方面积累了许多成功的经验。值得我们借鉴学习的经验之一就是将职业生涯规划的教育与指导贯穿于大学教育的全过程。具体做法是：针对不同年级，各有侧重、分步实施，使教育阶段既分出层次，又相互贯通有机连接。

大一学生重在适应大学生活，初步了解和进行职业生涯规划。通过问卷调查、职业测评、观摩职业生涯规划大赛、专业教育等形式，系统了解专业与职业之间的关系，以及职业性质对大学生的素质要求，探索自己将来所要从事的工作和发现自己的不足，进而制定学习目标、确立职业目标。

大二主要是职业道德和职业知识的教育，重在自我认知和做好从事职业前的心理准备，努力建立扎实的基础知识和合理的知识结构，在参与实习、兼职、社团活动、社会实践中获得一些工作经验。

大三主要是进行职业适应，落实职业规划。通过搜集和分析招聘信息、撰写简历、参加模拟面试、参加供需见面会等实践活动进行职业分析、准备，有计划地学习一些职业技能，培养创新精神和能力以及继续学习的能力，完善自己的知识结构。全面提升个人综合素质，为将来职业发展做好各项准备。

大四主要进行职前的培训以及角色转换，适应社会。通过进行一些岗前技能培训，教育学生要充分认识自我，探讨工作选择和职业发展，为所要从事的工作积极搜集信息和资料，利用各种可能的机会，参加面试。同时，强化毕业生的角色，教育他们安于本职，虚心学习，勇挑重担，乐于奉献等，以便尽快适应社会，更好地实现由学生到工作者的转变。

### 四、可操作性原则

职业生涯规划是为大学生自己设定达成理想目标的规划和步骤。因此，应该是具体明确的，而不是空洞的口号。职业生涯规划的可操作性主要体现在目标的现实性、计划的可行性和效果的可检查性 3 个方面。一是在进行职业生涯规划时，要有事实依据，要根据个人特点、组织发展需要和社会发展需要来制定，选择切实可行的途径，不能只是好高骛远、不切实际的幻想。大学生不能只考虑工资收入、工作条件、工作环境、工作地点等因素，更要考虑到自身的综合素质、胜任能力，还要考虑该职业是否与自己的性格与处事态度相匹配、发展潜力的大小，用发展的眼光来看待职业能否帮助自己实现自己的人生观、价值观和职业观；二是制订的计划要非常具体，实现目标的步骤要直截了当，行动计划要有能力可以完成；三是规划要有明确的时间限制或标准，以便评估、检查和衡量，使自己随时掌握执行状况，并为规划的修正提供参考依据。

### 五、发展性原则

大学生在进行职业生涯规划时，不要只局限在自己当前的发展，要从长远来考虑职业发展的空间，只有这样才能给人生设定一个大方向，使你集中力量紧紧围绕这个方面做出努力，最终取得成功。

进行职业生涯规划还要有超前性和预测性，确定将来的目标，因此各项主要的活动，何时实施、何时完成都应有时间和顺序上的妥善安排，以作为检查行动的依据。比如：大学生对企业文化的认知、合作和责任意识的水平可以长期影响他的职业发展，而他的外在形象和面试的技巧只能说明他短期的职业状况。因此，大学生职业生涯规划要评价更核心和本质的因素，从大学生长期发展的角度来进行职业生涯规划。

## 第二节　大学生职业生涯规划的方法

### 一、自我规划“五步法”

许多职业咨询机构和心理学专家进行职业咨询和职业规划时常常采用的方法就是有关5个“W”的归零思考的模式，它需要大学生自己独立地思考并回答，找出自己的职业生涯规划的优势和劣势，共有5个问题：

① Who are you?

② What do you want?

③ What can you do?

④ What can you support you?

⑤ What can you be in the end?

通过回答上述5个问题，就可以找到它们之间的最高共同点，你就有了自己的职业生涯规划。

1. 我是谁？应该对自己进行一次深刻的反思，想想自己到底是怎样的一个人，最好把自己的优点和缺点都列出来进行分析，按重要性进行排序，尽可能不要遗漏。

2. 我想干什么？是对自己职业发展的心理趋向的检查。每个人在不同阶段的兴趣和目标并不完全一致，有的甚至相差甚远，但兴趣会随着年龄的增长而逐渐稳定，并最终确定自己的终身理想。如：教师、公务员、总经理、销售总监……

3. 我能干什么？是对自己的能力和潜力进行总结，一个人职业的定位最根本的还要归结于他的能力，而他职业发展空间的大小则取决于自己的潜能。可以从对事物的兴趣、做事的判断力以及知识构架是否全面、是否及时更新等几方面进行总结。

4. 环境支持或允许我干什么？客观环境包括本地的各种状态，比如经济发展、人事政策、企业制度、人事空间等；主观环境包括同事关系、领导态度等，两个方面应该综合起来看。有时，我们在做职业选择时常常忽视主观方面的事，没有将一切有利于自己发展的因素调动起来，从而影响了自己的职业发展。

5. 自己最终的职业目标是什么？如果明晰了前面 4 个问题，就会从各个问题中找到对实现有关职业目标有利和不利的因素，列出不利条件最少的、自己想做的职业目标，那么对第五个问题自然有了一个大概的轮廓了。

## 二、SWOT 分析法

SWOT 分析法最早是由美国旧金山大学的管理学教授在 20 世纪 80 年代初提出来的。是企业战略决策、市场营销分析中最常用的方法之一，在职业生涯规划时，我们可以用个人职业生涯规划的 SWOT 分析法来实施。通过对自己的优势（strength）、劣势（weakness）、机会（opportunity）和威胁（threat）进行分析，对各种机会进行评估，以便选择出最佳方案的一种职业评估和选择方法。SWOT 分析法中所指的优势和劣势主要是对大学生个人本身特点的分析，而机会和威胁则主要是对于大学生所处的外部环境因素，包括社会、行业和组织内部的环境因素的分析。

一般来说，为设计自己的职业生涯而进行 SWOT 分析时，应遵循以下 4 个步骤：

（1）优势分析。在自己的职业生涯规划过程中，如果你能根据自身长处在选择职业时将自己的优势发挥得淋漓尽致，就会事半功倍，如鱼得水；如果你选择了与自己爱好、兴趣、特长不相匹配的职业，那么，只会使自己事倍功半。

①你学到了什么？在校期间，你从学校开设的各种课程中学到了什么？在社会实践活动中，你提高和升华了哪些方面的知识和能力？一般来说，用人单位对毕业生的需求，一般首先选择的是大学生某专业方面的特长。

②你曾经做过什么？在学校期间曾担任过什么学生职务，参加过什么社团或社会实践活动，参与过什么科研项目，工作经验的积累程度如何，获得过怎样的奖励等。这些可以从侧面反映出一个人的工作经验。在自我分析时，要善于利用过去的经验选择、推断未来的工作方向与机会。

③最成功的是什么？在你做过的事情中什么是最成功的？如何成功的？通过分析，可以发现自己的长处，如吃苦耐劳、创新精神、乐于奉献等，以此作为个人深层次挖掘的动力之源和魅力闪光点，形成职业生涯设计的有力支撑。

（2）劣势分析。要找出自己的劣势和最不喜欢做的事情。通过找到自己的短处，可以努力去改正自己常犯的错误，提高自己的技能，放弃那些对不擅长的技能要求很高的职业。

①性格的弱点。人天生就都有弱点，这是我们与生俱来且无法避免的。可以通过访谈的形式，看看他人眼中的你是怎样的，再对照自我看法，指出其中的偏差并借鉴，这将有助于自我提高。

②经验或经历中所欠缺的方面。有些工作可能从未接触过或者经验不足，说明自己在经历上有所欠缺。欠缺并不可怕，怕的是自己还没有认识到或认识到了而一味地不懂装懂。

③最失败的是什么？回顾自己做过事情中最失败的事件，分析失败的原因，通过分析来避免在以后的职业中再次失败，防止在跌倒的地方再次跌倒。

（3）机遇分析。

①对目标职业所处的社会环境的分析。要对自己目标职业的区域状况、社会文化环境、政治制度和氛围进行分析，看看具体在哪方面更有利？

②对目标职业所处的行业环境进行分析。企业的行业环境将直接影响到企业的发展状况，进而也就影响到个人职业生涯的发展。分析一下目标职业的行业发展现状如何、国际国内重大事件对该行业的影响如何、目前行业优势及问题所在、行业发展前景预测等。

③对目标职业所处的企业内部环境进行分析。该企业的企业文化怎样？企业制度怎样？领导人的素质和价值观怎样？企业的组织结构如何？企业的实力如何？

（4）威胁分析。①就业供求形势。②所学专业的社会需求度。③同行间的竞争情况。④目标职位与专业是否对口。

做完详尽的个人 SWOT 分析后，一个连贯的、实际可行的个人职业策略便呈现在自己的面前。在当今竞争白热化的市场经济社会里，为了使自己的求职和个人职业发展更具有竞争性，在运用 SWOT 分析法进行职业生涯机会评估时，我们要尽可能考虑全面，界定好个人优势和弱势，权衡各种发展机会，然后从中选出最优的发展机会。可以利用下面的 SWOT 分析表（表 12－1）对自己的优势和劣势等进行分析。

**表 12－1　SWOT 分析表**

内部——个人因素

| strength：我的优势是什么？（利用这些） | weakness：我的劣势是什么？（改进这些） |
|---|---|
| opportunity：我在人才市场竞争可能获得的机会是什么？（监视这些） | threats：我在人才市场竞争中面临的威胁是什么？（消除这些） |

外部——环境因素

## 三、职业测评法

职业测评是心理测验的一个分支，在学术上被广泛认可的心理测验的定义是“行为样组的客观标准的测量”。它是运用测评工具帮助大学生进行自我评定的过程，包括性格、兴趣、价值观、职业能力倾向等与求职有关的个人特征的认识。目前，常用的测评工具包括国家劳动保障部的职业素质测评系统（CETTIC）、MBTI（麦尔——比瑞斯类型）个性类型测试、霍兰德职业兴趣测验。另外，像国内的一些机构也开发出一些本土化的测评系统，如时代英杰公司的职前教育网络学堂（www. joycareer. com）、北京北森测评技术有限公司（www. beisen. com）、广东省教育厅的大学生测评与规划服务平台（http：//www. gradjob. com. cn/cpgh/index. do）也提供了相关的测评工具。

## 四、生涯人物访谈法

生涯人物访谈是通过与一定数量的职场人士（通常是自己感兴趣的职业从业者）会谈而获取关于一个行业、职业和单位“内部”信息的一种职业探索活动。通过对他们的访谈，了解该职业岗位的实际工作情况，获取相关职业领域的信息，进而判断你是否真的对该工作感兴趣，实际上是一次间接、快速的职业体验。生涯人物可以是自己熟悉的人，可以是他们推荐的其他人，也可以借助行业协会、大型同学录或某个具体组织的网页来寻找其他职场人士。要注意的是，生涯人物的职业应是自己向往的。选择生涯人物应结构合理，既有初入职场的人士，也有工作了一定年限的中高层人士；正式访谈前，对生涯人物的信息掌握得越全面越好，姓名、职务和联系方式是必须的，对于可以在生涯人物的讲话、文章或者大众传媒和单位网页上可以获得的信息要尽可能地收集和熟悉。结合目标职业信息设计访谈问题，对生涯人物的访谈可以围绕以下要点进行：行业、单位名称、职业（职位）、工作的性质类型、主要内容、地点、时间、任职资格、所需技能、市场前景、行业相关信息、工作环境、工作强度、福利薪酬、工作感受、员工满意度等。详细的操作方法请参阅第十章第二节生涯人物访谈的相关内容。

## 五、工作见习法

工作见习法是快速了解职业的最有效方法。一方面可以通过实地参观考察，使大学生对自己未来可能从事的职业有更直接的感触，使他们能够重新审视自己对该职业的看法，从而做出相应的决策，或者改变自己的决定。另一方面也可以参与实习。在实习中，大学生可以真实地参与相应的职业活动，而且可以真实地融入团体的文化氛围，从而更现实地评价自己对该职业的胜任程度和喜好程度。

## 第三节　大学生职业生涯规划的步骤

大学生职业生涯规划的实施包括了自我评价、环境评价、职业生涯机会评估、确定职业生涯目标、选择职业生涯路线、制订行动方案、评估、反馈和调整 7 个步骤。如图 12－1：

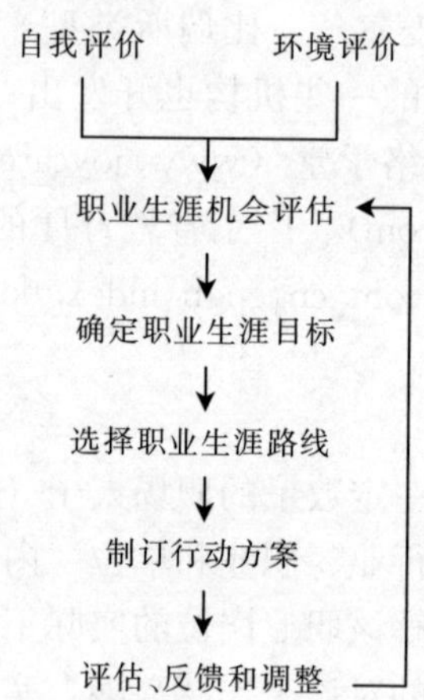


图 12－1　大学生职业生涯规划的步骤

### 一、自我评价

自我评价是人们对自己的能力、状态和发展趋势的评价性认识。包括对自己的兴趣、性格、气质、能力等方面；对于职业人来说，自我评价还包括对影响其工作的因素进行全面的认识。自我评价对于个人和企业来说都很重要。真实的自我评价可以帮助大学生认识自己的优势，发挥自己的特长；认识自身不足，扬长避短，少犯错误。职业生涯规划必须从自我认识开始，然后这个人才能建立可实现的目标，并确定怎样达到这些目标。具体的评价方法参见本教材第二篇的相关内容。

### 二、环境评价

环境评价主要是指分析内外环境因素对自己职业生涯发展的影响。它主要是通过对职业目标所处的社会环境、行业环境、企业内部环境，特别是对企业发展战略、人力资源需求、晋升发展机会等有关问题进行分析与探讨，弄清环境对职业发展的作用及影响，以期更好地进行职业目标的规划与职业路线的选择。环境评价的途径和方法详见本教材第三篇相关内容。

### 三、职业生涯机会评估

职业生涯机会评估是在个人评估和环境分析的基础上，将两者综合起来考虑，进一步缩小选择职业的范围，以求最佳路径和效果。职业生涯机会评估，是大学生职业生涯规划目标定位的前提，职业生涯机会评估主要是指个人主动分析组织内外部环境因素对自己的职业生涯发展产生哪些影响，现实中的职业生涯机会在哪里，威胁是什么。任何一个人的生涯都必须依附于一定的组织环境条件和资源，都必然受到一定社会、经济、政治、文化和科技环境的作用影响。环境提供或决定着一个人职业生涯的发展空间、发展条件、成功机遇和前进的威胁。

## 四、确定职业生涯目标

确立目标是制订职业生涯规划的关键，通常目标有短期、中期、长期和终极目标之分。职业目标指出了个人未来职业发展的方向，是职业生涯的方针和纲领，对个人职业生涯有着重要影响。研究表明，凡是成功的人，都是在对个人和环境进行全面分析和深入了解后，结合理想确定职业发展目标的。生涯目标的选择应遵循利益整合原则、时间梯度原则、可行有效原则、动态创新原则，可以首先根据个人素质与社会大环境条件，确立终极目标和长期目标；再将目标分解、分化成符合现实和组织需要的中期、短期目标；最后在此基础上，通过其效果及与环境个人的适应性，逐步检测修订目标。

## 五、选择职业生涯路线

要从起点走向目标必须选择合适的路线，选择时要注意个体的目标取向、能力取向和机会取向三个关键的要素，也就是要在自己的价值观、兴趣爱好、能力特长、环境条件等方面取得平衡。对于大多数人来说，职业生涯路线有专业技术型、行政管理型、自我创业型三种。不同的发展路线，其要求也不一样。在职业发展过程中，个体可以根据主客观的具体情况，在适当的时机进行不同路线间的切换。图 12－2 是某工科毕业生的职业生涯发展路线，在实际工作中，一般先以技术员岗位为起点，积累了一定经验后可以选择转向生产、工程、销售等部门的管理岗位，在具备足够的资源时甚至还可以选择自主创业。

## 六、制订行动方案

在职业目标明确后，就要制订计划和实施措施。将路线按时间顺序分解为若干个阶段，详细地列出每个阶段的目标和要完成的内容，再将其转化为具体的行动方案。对于在校大学生而言，大一主要进行生涯规划，确定职业目标；大二培养职业素养，进一步明确发展方向；大三提高职业技能，参与实践锻炼；大四进行求职和实习，完成从学生到职业人的过渡（表 12－2）。要注意的是，行动方案是具体的措施，不单要结合长期目标，还必须根据当时的实际需要而制订，如针对特定的科目进行提高或强化的训练、培养某一方面的兴趣特长、考取证件等。

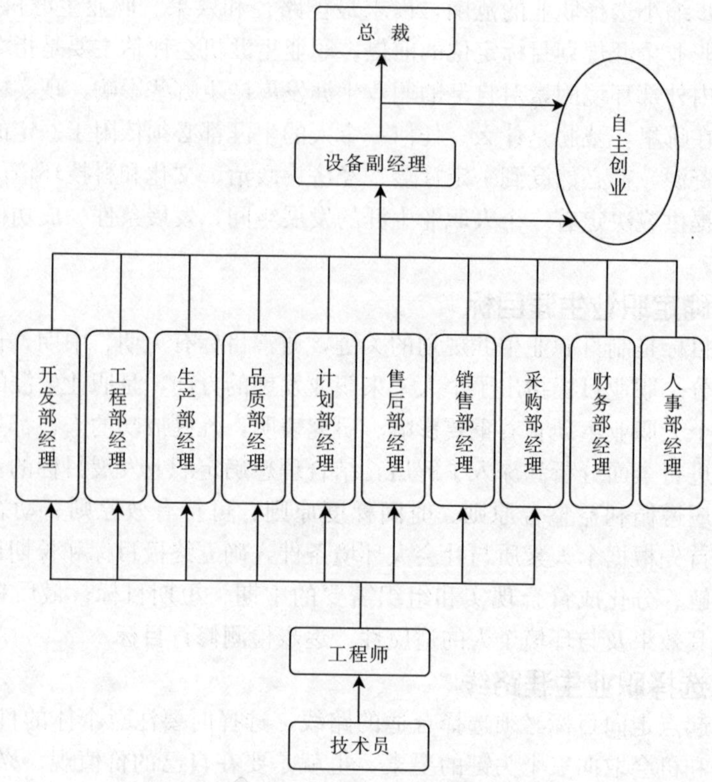


图 12-2　某工科毕业生的职业生涯路线

**表 12-2　大学生职业生涯规划方案**

| 阶段 | 行动方案 |
| --- | --- |
| 大一 | 进行生涯规划，确定职业目标 |
| 大二 | 培养职业素养，进一步明确发展方向 |
| 大三 | 提高职业技能，参与实践锻炼 |
| 大四 | 求职和实习，从学生过渡到职业人 |

## 七、评估、反馈和调整

人的一生是动态的发展过程，所以职业生涯规划要根据实际需要而变化，这就必须在职业的实践中不断探索出现的新情况，对规划进行评估和反馈，在加深对自己、职业和社会的了解中调整职业生涯规划。如检验职业目标是否合理、职业路线是否正确，实施措施是否符合计划和目标等。评估与反馈时要结合自身的优势、劣势，以及新出现的需求。一个人的优势包括能力和经历，这是职业发展的立足之本；劣势是制约职业发展的短板，要根据实际情况来进行弥补、克服或规避；个体或者环境产生的新需求对职业目标、路线、计划和措施都有影响，也要纳入规划的调整中。

## 第四节　大学生职业生涯规划书的撰写

### 一、基本格式和主要内容

职业生涯规划书是对职业生涯规划的书面化呈现，不仅能呈现大学生的宏观职业生涯规划，还能对具体的学习和工作起到指导及鞭策作用。大学生职业规划书的写作格式各式各样，常见的格式有表格式、条例式、复合式和论文格式。表格式的规划书为不完整的职业生涯规划书。常常仅写有最简单的目标、分段实现时间、职业机会评估和发展策略等几个项目，有的只相当于一份完整的职业生涯规划书的计划实施方案表。适合作为日常警示使用。条例式的规划书具有职业生涯规划的主要内容，一般只是简单的表述，没有详细的材料分析和评估。文章精练，但逻辑性和说理性不强。而复合式就是表格式与条例式的综合。

一份优秀的论文格式的职业生涯规划书能够对一个人职业生涯规划做全面、详细的分析和阐述，是最完整的职业生涯规划书。这种书写格式也是目前大学生在撰写职业生涯规划书中最为常用的格式，这里重点介绍这种格式的职业生涯规划书的撰写。大学生职业生涯规划书的主要内容有：

1. 扉页　这部分一般包括了职业生涯规划书的题目、目录、作者姓名及作者基本情况介绍、年限、起止日期等。

2. 职业方向及总体目标　这部分要开门见山地阐明自己未来的职业方向和设立自己明确的职业生涯发展总体目标。

3. 自我分析　对家庭因素、学校因素、自身条件及性格、兴趣潜力、能力、价值观等的测评结果。

4. 社会环境分析结果　包括对政治环境、经济环境、法律环境、职业环境等的分析。

5. 组织分析结果　包括对行业、组织制度、组织文化、领导人、组织运行机制、发展领域等的分析。

6. 角色及其建议　记录对自己职业生涯影响最大的一些人的建议。

7. 目标定位以及目标的分解和组合　发展策略、发展路径。

8. 成功的标准

9. 差距　即自身现实状况与要实现的目标之间的差距。

10. 缩小差距的方法及实施计划和方案

11. 评估调整预测　评估的内容、评估的时间、规划调整的原则。

## 二、写作要点和注意事项

大学生职业生涯规划书的写作不可能千篇一律，也没有一成不变的定律，要写好一份职业生涯规划书，建议大学生们要遵循以下几个要点和注意事项，以便能更好地规划好自己的职业生涯，写出一份符合自己实际情况而又有深度的职业生涯规划书。

### （一）写作要点

1. 要有明确的目标，合理而适中　职业生涯规划书撰写是否成功，在很大程度上取决于有无正确适当、切实可行的目标。因此，在撰写职业生涯规划书时应围绕自己设定的职业生涯目标展开论述，职业生涯目标不能过于理想化，一定要将自己的实际情况与社会的现实相互结合，应"择己所爱"、"择己所长"、"择世所需"、"择己所利"。

2. 要突出重点，逻辑严密　撰写职业生涯规划书最基本的写作要求是语言要朴实简洁，用词要准确精练，行文要流畅，条理要清晰。撰写时还应密切注意整篇文章重心和它的结构所在。职业生涯规划书一般包含对目标职业的确定、对自我的认知、对环境的评估、制订具体的行动方案并实施、评估与反馈这五个方面的内容。在对这些内容进行分析阐述时，必须紧紧抓住职业目标这条主线来展开，从而体现文章论述的逻辑性和连贯性。重点应放在对自我的认知、对环境的评估、在制订具体的行动方案并实施上。职业生涯规划是自己将来的规划，这个规划只有建立在对自我和职业的充分认识的基础上才能体现出它的科学性和可行性。

3. 要分析到位，论证充分　要了解有关的测评理论及知识，正确审视和思考自己的测评报告并对照自我认识与测评结果的异同，认真分析与测评结果形成差距的原因，进一步确定自我评估结果，达到真正地了解自己；要理清自己所处的环境（包括择业的地点、居住的地方、亲友的意见等），明确自己最感兴趣的是什么，最喜欢与哪种类型的人共事，最重视的价值观是什么，最喜欢的工作条件是什么，再通过对社会影响、家庭影响、学校因素、就业形势等环境的评估和对组织环境分析、技术的发展、经济的兴衰、政策法规的影响等来分析当前社会环境，从而确定自己的职业方向，做到说理有据，层层深入。

4. 要合理分解，措施具体可行　目标的分解、实现的路径选择要有理论依据，而且与备选方案之间要有内在的联系。目标组合要注意时间上的并进、连续，功能上的因果、互补作用，全方位的组合要包含职业生涯、家庭生活、个人事务等方面。

5. 要资料充实，步骤全面　在收集资料的时候要通过多种途径，要尽可能标明资料的出处，并多用数据和图表来说明问题，以提高资料来源的可信度，同时也增强了对论述的说服力。可分四步走：

一是分析各种需求，分析现有的条件及目标设定；

二是分析职业生涯规划过程中会遇到的阻碍因素，以及对实现的可行性进行研究；

三是设计实施的方案和提升（改变）计划；

四是制订详细的实施计划和措施。

6. 撰写的格式要清晰，图文并茂　在撰写职业生涯规划书的时候，格式要清晰明了，层次要分明，让人一目了然。另外，可以根据文章需要配以图表、插图等，图表可以包括（表格、柱状图、饼状图）等，一方面可以增强对某些观点的论述，另一方面也使文章做到图文并茂，可视性更强。

**（二）注意事项**

1. 目标的定位要客观　许多大学生在做职业生涯规划时对职业目标的定位不够客观、明确。主要有以下两种情况：

一是职业生涯目标模糊不清。具体表现在职业生涯规划书中一会儿希望成为一名技术主管，一会儿又希望成为一名公务员。二是职业生涯目标过高过大。这种情况的同学通常过分自信，“假如你给我一个支点，我一定会把地球撬起来”，心有多大，目标就有多大，结果往往是难以成功。目前，较多的大学生是属于第二种情况。市场营销专业的学生做规划时就是要做销售总监，学园林的同学一谈到自己的职业生涯发展目标就是要成为设计总监。其实，现实并非如此，倘若所有的同学都把自己的职业生涯发展目标定位为企业 CEO 或政府部门的高官，而且都能梦想成真的话，那天下就没有普通人了。

2. 正确使用评估工具　人才素质测评只是了解自我的理论依据之一，有的大学生在撰写职业规划书时，对评估工具的使用较为单一。有的大学生对自我的分析仅凭自我认识及 360 度评估的方法，也有一些大学生过分依赖人才素质测评，这都是不全面的，也缺乏足够的理论依据。正确的做法是将个人认识、360 度评估和人才素质测评这些非正式评估与正式评估的工具测出的结果有机结合，形成一个较为全面的自我认知，据此设定的目标信度才较高。另外，需要注意的是人才素质测评的效度和信度不是绝对的，因此也不能完全根据测评结果设定职业目标。

3. 措施要有可行性　针对职业目标制订的措施一定要具有可行性，这是职业生涯规划书里面的一个很重要的部分。最好制订出长期、中期、短期计划，并拟定详细的执行方案和时间限制。低年级的同学可将重点放在大学期间的生涯规划上，高年级的同学可将重点放在就业三至五年内的职业规划；但都要突出为职业发展所做的各项准备工作。

4. 规划书应有个性　无论是行文的风格、叙述的方式、版面的设计，还是职业目标的选择、职业路线的设计等，不同的见解和风格才是最吸引评委眼光的地方，想要出色，就要力争做到创新，要彰显自己的个性与特色。

5. 撰写规划书几忌　忌目标太大，忌内容空泛，忌记流水账，忌条理不清，忌文法不通、错别字连天，忌过于煽情、没有理性分析，忌死气沉沉、没有朝气等。尤其是在职业生涯规划书的反馈和修正部分，许多大学生对论证过程非常重视，却忽视了结尾的“反馈与修正”，给人虎头蛇尾、草草收场的感觉。

## 三、职业生涯规划评估工具介绍

职业生涯评估工具可以帮助大学生更好地了解自己，为自己的职业选择提供一些建议，帮助我们开启个人的职业生涯规划。

在评估的过程中，一般都使用两种主要的评价方法，包括非正式评估（定性的、非正式的）和正式评估（定量的、正式的）。非正式评估方法以一种不如标准测评那么结构化的方式来搜集有关个体的信息，所用的评估工具通常采用行为分析技术（通过观察）或自我陈述分析技术（感觉、态度、兴趣、经历等）。在使用这些手段和工具的时候并没有统一的程序，对结果的解释也无标准化。因此，大学生要找职业规划师或学校就业指导中心的有经验的老师对评价结果进行分析和解释。因为这些工具更多是为了某一特定的情景而设计的，这就使得它们具有跨情景的局限性，所以不能适用于所有的情况，也不如正式评估那么结构化。

### （一）非正式评估工具

1. 分类卡　这是一种非常有趣的、彩色卡片游戏。通过这些卡片的分类能够鉴别出个体的价值观和适合他们的职业。帮助大学生根据他们认为生命中重要的、有价值的东西来做出职业生涯的决定，这对于职业生涯的成功是非常重要的。卡片分类的游戏可以帮助大学生们将个人的价值观排序，也能够应用于测量他们对于工作的知识和兴趣。以价值观排序举例，卡片可以按照一些基本的项目来排列，例如：

金钱、创造性、团队协作、成就感、获得承认、领导力、互帮互助、独立、挑战性、多样性（Goodman&Hoppin，1990）。

2. 结构化的工作表（清单）　有许多专门为了职业生涯规划而设计的清单和工作表格。它们被用来帮助大学生评价兴趣、价值观和优劣势。

3. 工作见习　工作见习的概念是指让学生花一定的时间，可以是几个小时，也可以是几天，去亲身体验他感兴趣的职业类型。这种经历可以是到企业在一旁观察别人的工作，也可以是自己投入时间和精力去从事各项工作任务。这种方法一般适合大学生把自己的选择局限在他们感兴趣的少数几项职业上的情形。

4. 对传记资料的分析　大学生自己对现在和过去所获得的成就进行细致的分析能够收集到非常有价值的资料，来帮助他们自己评价自己的技能和潜力。另外还要结合其他信息来源作为补充，以便能够得到更为综合和全面的评价。比如关于个体的教育、曾经就读过的学校、接受过的培训、做过的兼职、业余时间的活动、健康状况以及家庭情况等。

**（二）正式评估工具**

1. 测评（测量、测验）

（1）兴趣量表。职业兴趣测评是帮助回答“我到底想要干什么?”，“我到这里来到底是为了什么?”这一类问题。兴趣一般是指能唤起个人的注意、好奇心或者投入的事物。兴趣是强调个人的喜爱、偏好程度，是内在的、可以是个人取向于某些事物而放弃其他事物的东西。这些测评可以帮助那些在不同工作之间不断选择的学生找到自己真正的职业偏好。如在第二篇中介绍过的霍兰德兴趣量表。

（2）价值观测量。

①职业锚。8 种职业锚类型为：管理型、技术型、创造型、服务型、自主独立型、挑战型、生活型、安全稳定型。对大学生而言，深入了解自己的职业锚可以帮助他们更好地进行职业生涯规划和职业决策。

②工作价值观测评。舒伯的工作价值观问卷开发于 1970 年，共 45 题，每 3 题测量一种价值观，包括 15 项与个人工作有关的价值观。这个问卷主要应用在职业生涯规划中的澄清和探索两个方面。

（3）人格测量。

①梅尔斯—布瑞格斯类型指标（MBTI）。这个测评被广泛运用，主要用来帮助人们了解自己的人格类型和与之相匹配的教育和职业领域。它可以帮助大学生们了解到他们的优势在哪里，了解他们做哪一类型的工作会得心应手，不同偏好的人是怎么相处的，在工作中起到什么样的作用。

②北森朗图职业规划测评。这是北森测评公司开发的，有专门针对大学生的学生版测评，是目前国内应用非常广泛的测评。

（4）技能评估。EUREKA 技能问卷是帮助个人确定现在具备的技能，并弄清楚个人工作中喜欢使用的技能而设计的。问卷分为：自我管理、情境技能、处理细节技能、动作技能等 12 个方面的 72 种技能。通过对 72 种技能的排序，从而了解自己的特点。

### （三）使用评估工具须注意的问题

（1）很多人才测评已经过时，不适合现代人的特点，也没有定期更新。

（2）有些测评工具是国外引进经过翻译直接使用，没有进行本土化。

（3）不是所有的测评适用于职业生涯规划，有的适用于人员的招聘，有的适用于临床。

（4）要找专业人员解释测评结果。

（5）不能过度依赖正式的测评，或者是忽略用评估工具所获得的信息。

（6）要重视对于测评的解释。

（7）测评时的环境、自身测评的动机、心理素质、测评的经验等都会影响测评的结果。

（8）要恰当使用测评结果。

## 四、大学生职业生涯规划书模版

### （一）封面

写上规划书名称和时间，可以在封面可以插入图片和警示格言。

### （二）扉页

个人资料。包括姓名、性别、年龄、政治面貌、籍贯、所在学校和专业班级、联系地址、邮编、联系电话、E－mail 等。

### （三）目录

总论（引言）

1. 自我认知

（1）个人基本情况。

（2）职业兴趣。

（3）职业能力及适应性。

（4）个人特质。

（5）职业价值观。

（6）胜任能力。

自我分析小结：

2. 职业生涯条件分析

（1）家庭环境分析。

（2）学校环境分析。

（3）社会环境分析。

（4）职业环境分析。

职业生涯条件分析小结：

3. 职业目标定位及其分解组合

（1）职业目标的确定。

（2）职业目标的分解与组合。

4. 具体执行计划

5. 评估调整

（1）评估的内容。

（2）评估的时间。

（3）规划调整的原则。

6. 结束语

**（四）正文**

总论（引言）

1. 认识自我　结合相关的职业测评报告和运用360度评估，对自己进行全方位、多角度的分析。

（1）个人基本情况。

（2）职业兴趣——我喜欢干什么？

在我的个人职业测评报告中，职业兴趣前三项是××型（×分）、××型（×分）和××型（×分）。我的具体情况是……

（3）职业能力及适应性——我能够干什么？

我的人才素质测评报告结果显示，××能力得分较高（×分），××能力得分较低（×分）。我的具体情况是……

（4）个人特质——我适合干什么？

我的人才素质测评报告结果显示……我的具体情况是……

360度评估显示……他人眼中的我是……

（5）职业价值观——最看重什么？

我的人才素质测评报告结果显示前三项是××取向（×分）、××取向（×分）和××取向（×分）。我的具体情况是……

（6）胜任能力——我优劣势是什么？

自我分析小结：

2. 职业生涯条件分析　参考人才素质测评报告建议，我对影响职业选择的相关外部环境进行了较为系统的分析：

（1）家庭环境分析。如经济状况、家人期望、家族文化等以及对本人的影响。

（2）学校环境分析。如学校特色、专业学习、实践经验等。

（3）社会环境分析。如区域状况、社会文化环境、就业形势、就业政策、竞争对手等。

(4) 职业环境分析。

①行业分析。如××行业发展现状，目前行业优势及问题所在、行业发展前景预测等。

②职业分析。如× ×职业的工作内容、工作要求、发展前景，人岗匹配分析。

③企业分析。如× ×单位类型、企业文化、企业制度、领导人的素质和价值观、企业的组织结构、企业实力、产品服务、员工素质、工作氛围等，人企匹配分析。

④地域分析。如× ×工作城市的发展前景、文化特点、气候水土、人际关系等，人城匹配分析。

职业生涯条件分析小结：

3. 职业目标定位及其分解组合

(1) 职业目标的确定。综合第一部分（自我分析）及第二部分（职业生涯条件分析）的主要内容得出本人职业定位的SWOT分析：

| | | |
|---|---|---|
| 内部环境因素 | 优势因素（S） | 弱势因素（W） |
| 外部环境因素<br>分析 | 机会因素（O） | 威胁因素（T） |

结论：职业目标——将来从事（× ×行业的）× ×职业。

职业发展策略——进入× ×类型的组织（到× ×地区发展）。

职业发展路径——走专家路线（管理路线等）。

(3) 职业目标的分解与组合。把职业目标分成三个规划期，即近期规划、中期规划和远期规划，并对各个规划期及其要实现的目标进行分解。

**职业生涯规划总表**

| 计划名称 | 时间跨度 | 总目标 | 分目标 | 计划内容 | 策略和措施 | 备注 |
|---|---|---|---|---|---|---|
| 短期计划（大学计划） | 2011年—20××年 | 如大学毕业时要达到…… | 如大一要达到……大二要达到……或在××方面要达到…… | 如专业学习、职业技能培养、职业素质提升、职业实践计划等 | 如大一以适应大学生活为主，大二以专业学习和掌握职业技能为主……或为了实现× ×目标我要…… | 大学生职业规划的重点 |

（续）

| 计划名称 | 时间跨度 | 总目标 | 分目标 | 计划内容 | 策略和措施 | 备注 |
|---|---|---|---|---|---|---|
| 中期计划（毕业后五年的计划） | 20××年—20××年计划 | 如毕业后第五年时要达到…… | 如毕业后第一年要……第二年要……或在××方面要达到 | 如职场适应、人脉、资金的积累、岗位转换及升迁等 | …… | 大学生职业规划的重点 |
| 长期计划（毕业后十年或以上计划） | 20××年—20××年计划 | 如退休时要达到…… | 如毕业十年要达到……二十年要达到…… | 如事业发展、工作、生活关系、健康、心灵成长、子女教育、慈善等 | …… | 方向性规划 |

具体路径：××员（初级）——××主任（中级）——××经理（高级）——××总监（更高）。

4. 具体执行计划

（1）短期目标的具体实施计划。本人现正就读大学×年级，我的大学计划分为4个阶段……

（2）中期目标的具体实施计划。

（3）长期目标的具体实施计划。

（4）人生总目标的具体实施计划。

5. 评估调整

职业生涯规划是一个动态的过程，必须根据实施结果的情况以及变化情况进行及时的评估与修正。

（1）评估的内容。

①职业目标评估。（是否需要重新选择职业?）假如一直……那么我将……

②职业路径评估。（是否需要调整发展方向?）当出现……的时候，我就……

③实施策略评估。（是否需要改变行动策略?）如果……我就……

④其他因素评估。（身体、家庭、经济状况以及机遇、意外情况的及时评估。）

（2）评估的时间。在一般情况下，我定期（半年或一年）评估规划；当出现特殊情况时，我会随时评估并进行相应的调整。

（3）规划调整的原则。

6. 结束语

资料来源：

http：//hi. baidu. com/quanyechamin/blog/item/737e7643c8f4001b9313c633. html

## 五、作品范文

下面提供两份《职业规划书》的范文，其中第一份针对作品中的优点和缺点提供了一些点评供学生参考，第二份作品是完整的一份作品没有进行点评。

**范文一：**

仲恺农业工程学院第三届职业规划大赛
職業規劃書
2009年8月24日至2031年；23～45岁
参赛作品：
销售人生，秀我风采
就读院校：学院
专业：人力资源管理
参赛者姓名：

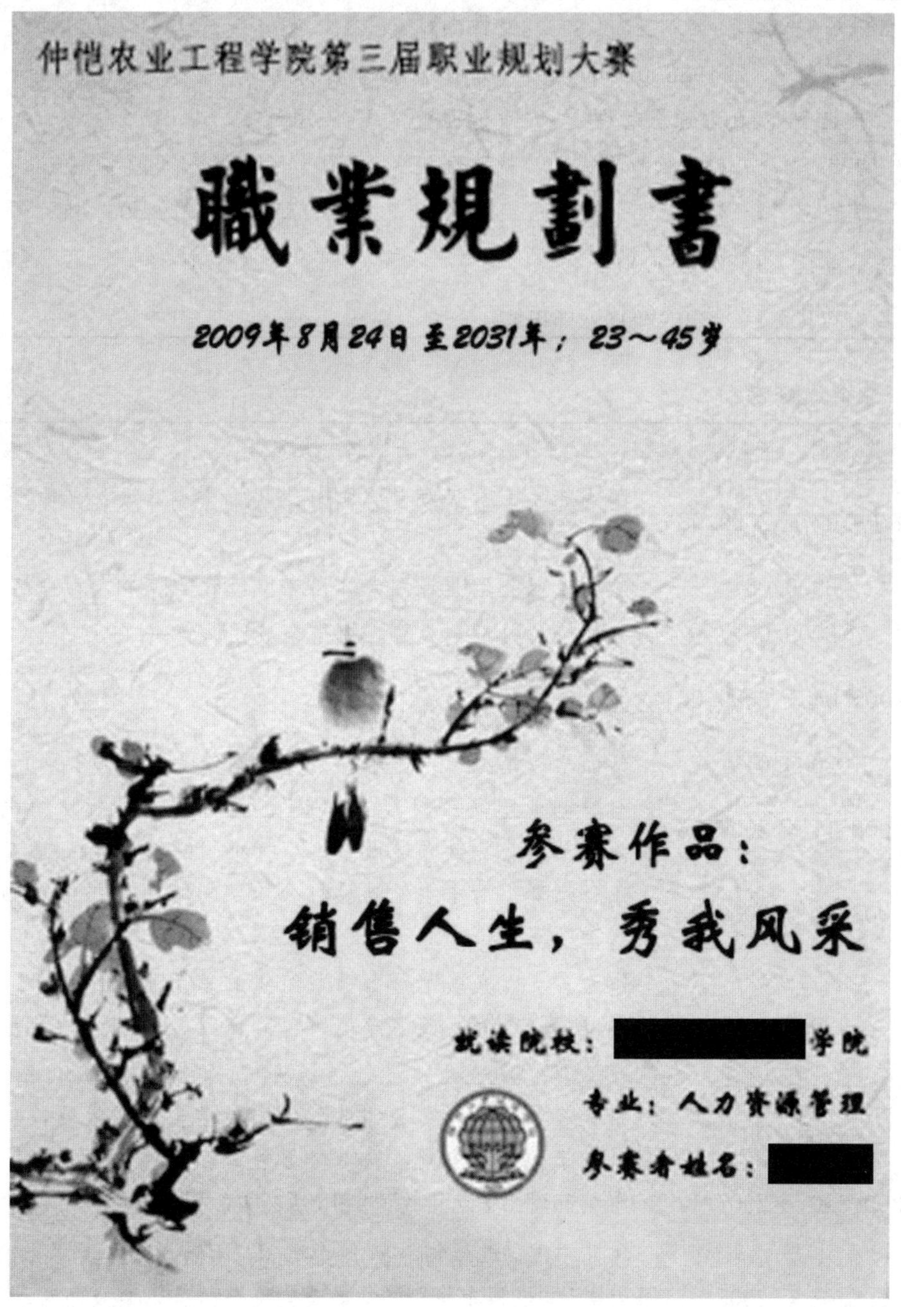

**个人档案：**

| 姓名 | 黄×× | 性别 | 男 | 照片 |
|---|---|---|---|---|
| 出生年月 | 1986.07 | 籍贯 | 广东×× | |
| 专业 | 人力资源管理 | 政治面貌 | 团员 | |
| 学号 | | 就读院校 | ××××××学院 | |
| 学院 | 经济与管理学院 | 班级 | 人力资源管理061班 | |
| 联系电话 | 13800000000 | | | |
| E-mail | 12345678@126.com | | | |

**个人经历：**

| 时间 | 经历 |
|---|---|
| 2009.07至2009.08 | 在清远松下空调专卖店实习，从事家用中央空调销售工作 |
| 2009.05 | 参加校职业生涯规划大赛，夺得经管学院个人第一名 |
| 2009.05 | 参加校公关策划大赛，夺得全校团队第一名 |
| 2009.04至2009.06 | 在淘宝网开设网店，针对自己熟悉的大学消费群体，经营文体用品及生活用品 |
| 2009.04 | 参加学校模拟市场比赛，两天时间销售额突破2 000元 |
| 2008.11至2009.06 | 组建创业团队“豺狼工作室”，在室内设计领域、电子商务领域、冷饮领域做一些小打小闹的创业尝试 |
| 2008.10至2009.02 | 在广州梦工墙手绘壁画设计公司实习，组织手绘壁画市场推广工作 |
| 2008.08 | 作为“支点义教”这个公益组织的总负责人组织了广州16所高校共计76名志愿者，到阳江、河源两地开展暑假义教活动 |
| 2008.06 | 组队参与第一届“金钥匙”广东大学生创业大赛，项目以电子商务为主题，获得全省第二名 |
| 2007.10至2007.12 | 组织策划“支点义教”在15所高校的图片巡回展活动 |
| 2007.09至2008.06 | 接任校市场营销协会副会长兼培训团团长，组织“营销员大赛”“模拟市场”“周年庆典晚会”等大型校园活动，组织“营销自我团队培训”并多次被邀请到外校组织培训 |

# 目　录


摘要 …… 187

序 …… 188

第一部分　销售是个好职业 …… 188

一、目标职业分析 …… 188
（一）目标职业概况 …… 188
（二）目标职业5大特点 …… 189
（三）目标职业就业和发展前景 …… 189
二、目标行业选择 …… 189
（一）目标行业概况 …… 189
（二）空调行业SWOT模型分析表 …… 190
（三）选择在广州从事空调行业的优势 …… 191

第二部分　我要做个销售人 …… 192

一、自我认知 …… 192
（一）性格特点 …… 192
（二）兴趣特点 …… 192
（三）自身在人群中的相对站位 …… 192
（四）优势与劣势 …… 193
（五）自我分析小结 …… 193
二、外部环境分析 …… 193
（一）家庭环境分析 …… 194
（二）学校环境分析 …… 194
（三）社会环境分析 …… 194
三、职业匹配分析 …… 194
（一）我适合的职业 …… 195
（二）从事销售的优势 …… 195
四、职业生涯目标的确立 …… 196

第三部分　自由回馈的奋斗脚步 …… 197

一、计划实施及策略一览表 …… 197

二、与时俱进，灵活调整 …… 198
（一）可预测风险应对方案 …… 198
（二）不可预测风险调整原则 …… 199

**第四部分 结束语** …… 199

# 摘　要

处在市场经济社会当中，每个人都是自己人力资本的主宰，为什么我们要被动地让外界环境来影响、决定我们的职业生涯轨迹呢？

在即将迈入这个充满机遇、充满竞争的社会前，我已拟定好一个清晰的职业生涯规划——销售人生，秀我风采，也树立了我职业生涯规划的最终目标——财务自由，感恩回馈。

没有财务自由，无法真正获得自由，离开感恩回馈，生命的意义又何在。财务自由，包含着一份曾拼搏努力的事业，包含着一次又一次迎难而上的不屈不挠，包含着最热情的青春挥洒的最闪亮的汗滴与最动人的泪滴，包含着最有智慧的理财计划和时间管理习惯。感恩回馈，是对生命馈赠的欣喜，是对生存状态的释然，是对现在拥有的在意，是对有限生命的珍惜，是一种发现美并欣赏美的情趣。这些，都是我人生最渴望追求的目标。

这样一个目标并不空泛，准确的个人定位、客观的环境分析、步步趋近的计划与策略，当然少不了踏实执行、灵活调整，都是确定这样一个目标有可能实现的坚强的后盾。

我结合自身的实际情况，先从一份详细的自我认知分析与职业认知分析中，将个人的兴趣爱好与自身所处环境结合起来，制订出自己的职业目标，从职业生涯规划最终目标反推回来，分时间段设立一个个小目标，再做出为了实现各个小目标的各阶段职业计划与行动策略，并由此撰写出这份职业生涯规划书。

**简评：这个作品在扉页中以表格的形式简要明了地列出了个人档案和个人经历，让读者在第一时间了解自己的相关信息和基本情况；在职业生涯规划书的摘要部分开门见山地提出了自己的职业生涯规划目标“销售人生，秀我风采”，让人一目了然，这是职业生涯规划书的撰写中较常用的方法。**

# 序

2009年5月，参加了学校的职业生涯规划大赛，第一次非常认真、具体地思考自己的职业规划，并在头脑中不断让自己的想法左右互搏，“这样可行吗?”“我有什么优势?”“做不到的话该怎么调整?”……最终把自己的职业方向锁定为——销售。

2009年7月至8月，宝贵的大三暑假，我到清远松下空调专卖店实习做空调销售。实习期间每天都要到附近装修中的楼盘跑业务，接触楼盘业主、装修师傅、小区物业人员、同行或其他行业的销售员等各式各样的人物。早上伴随着柔和的晨光踏上征程、中午躲避着猛烈的太阳吃饭休息、下午抵抗着威力不减的烈日继续战斗、傍晚欣赏着美丽的晚霞漫步归途。

一身黝黑的肤色印证着这一段旅程，但销售，做的远远不止这些。每天晚上要整理客户资料，进行一个个电话回访；要写日记，每天写下自己当天关于销售最大的收获；要看书，两本销售小说《输赢》和《浮沉》非常贴近我的销售生活，让我对销售的体会更深，同时也发现一边实践、一边从书本上学习知识，学习效率会非常的高。

就在这个暑假，每一天，我说的、写的、想的、做的、看的，全部都是销售，我发现，我彻底地、疯狂地爱上了它。我把自己的QQ签名改为：“我会爱上这种生活模式，刺激辛苦又骄傲地冲。”我想告诉我所有的朋友：做销售，我乐在其中。

## 第一部分　销售是个好职业

无数事实证明：真正有意义的人生往往是在确定职业方向、确定自己目标那一天才开始的。男怕择错行，女怕嫁错郎，目标不清、择业不慎，导致频繁跳槽，最后往往会无所作为。这个市场经济社会充满着机遇与挑战，销售——作为最广泛、最具有挑战性的职业之一，牢牢地吸引住了我的眼球。

### 一、目标职业分析

#### （一）目标职业概况

1. 职业名称　销售

2. 工作内容

① 制订销售计划、月度销售及预测计划。

② 完成公司订立的销售目标。

③ 反馈市场信息及客户需求。

④ 制订市场开拓计划并实施。

⑤ 制订客户拜访计划并实施。

⑥ 跟踪客户订单的具体落实（签订合同、交货、货款回收等）。

3. 任职资格

① 基本技能：谈判、信息收集能力、沟通能力。

② 基本素质：吃苦耐劳、敬业精神、诚实守信、体质好。

③ 特殊要求：无。

### （二）目标职业5大特点

1. 销售人员作为企业员工中相对独立的一个群体，岗位进入壁垒较低。

2. 由于销售是一个实践性非常强的职业，大家全凭业绩说话，而且业绩也比较容易衡量。

3. 工作稳定性差、工作压力大、出差应酬成为生活的常态。

4. 销售是一个高压力、高回报的职位，除了最高决策层外，多数企业中最容易产生高薪的职位便是销售类。

5. 对年轻人而言，销售或许是最可能在短时间内获得成功的职业。

### （三）目标职业就业和发展前景

1. 就业前景　销售工作的平均岗位进入壁垒较低。从事其他工作的人员——无论是从事技术性工作或服务人员，只要身体健康，年龄适当，都有可能转到销售岗位上，除了一些特别专业的技术销售职位外，大多数销售岗位对学历要求并不是很高。

就目前市场的招聘信息来看，就仲恺09届毕业生的就业情况来看，“销售”这一职业就业前景相比其他职业还是非常乐观的。

2. 发展前景

## 二、目标行业选择

空调行业销售与其他行业销售相比有自身的特殊性，一般家庭，买方需要支付的费用从几千元到十几万元不等，而对于工程项目，费用之高可达几百万元。所以作为买方，在经过比较慎重的考虑后才能做出决定。这时，处于与客户接触第一线的空调销售人员是促成最终购买的关键，其个人素质与能力不仅影响空调的销售速度与销售量，更直接关系到销售盈利、企业形象与品牌信誉多方面的问题。

### （一）目标行业概况

1. 行业名称　空调行业

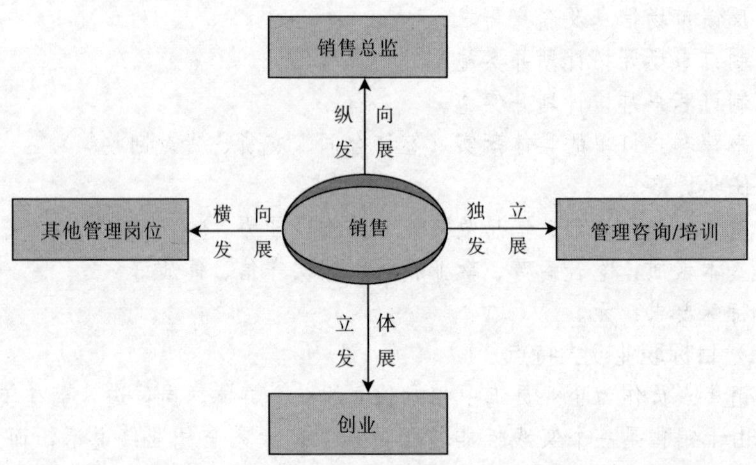


2. 行业背景　经过20多年的发展，中国制造的空调已经占到全球空调市场近70%的份额。在产业发展壮大的同时，国内市场也发生了转折性的变化，各大品牌正在主动寻求空调产品的品质回归，未来的空调市场竞争将是围绕产品品质、技术、服务和品牌影响力等多方面的综合较量。

从产品结构上来说，近年来，外资空调品牌开始专注于高端和超高端市场产品的研发推广，松下、三洋、三星、LG明确提出高端战略，三菱、大金则致力于超高端产品推广；内资空调品牌海尔、美的、格力等是高、中、低端产品全面出击，志高、海信、奥克斯、春兰等则主打中低端市场，现在行业竞争已进入“战国年代”。

3. 行业现状　2008年，在奥运会的推动下，中国空调产业实现了35%左右的增长，奥运会推动了空调产品的绿色化、科技化，自清扫、双向换新风、节能环保等“绿色”功能成为消费者选购空调的重要指标。

随着房地产业的发展和人们住房品位的提升，家用中央空调逐渐走入人们的视野。作为小型中央空调中的一支主力军，家用中央空调作为一种新潮流正成为空调行业发展的热点。由于广阔的市场前景和较大的利润空间，众多企业争相进入家用中央空调领域。

在这个“群雄逐鹿”的战场上，空调行业今后若干年仍将以10%左右增长速度向前发展。

（二）空调行业SWOT模型分析表

| | | | |
|---|---|---|---|
| 优势 | a) 产品种类齐全，产品设计开发能力强<br>b) 厂家生产能力普遍较强<br>c) 具有较强的营销经验<br>d) 产品技术含量提高，售后服务的质量也随之提高 | 劣势 | 1. 一线市场消费量日趋饱和，三四线市场暂时无法救急<br>2. 国家最近颁布的能效标准将刺激行业洗牌<br>3. 价格战使得传统家用空调利润空间变得非常小 |
| 机会 | 1. GDP 持续增长<br>2. 二、三线城市的空调需求量将会逐年上升<br>3. 品牌众多，但是领导品牌尚未出现<br>4. 高利润的家用中央空调市场前景广阔 | 威胁 | 1. 供应商要求现款交易，造成资金链紧张<br>2. 渠道商肆意压低空调的进货价，造成厂家的利润空间更加狭窄<br>3. 外资空调虎视眈眈 |

## （三）选择在广州从事空调行业的优势

1. 行业环境优势

★2009 年广州楼市整体回暖，房地产行业的发展将刺激空调行业继续高速发展。

进入 2009 年后，中国整体经济虽然受金融风暴的影响而有所波动，但是对中高端市场的冲击并不明显，广州作为中国的一线城市，未来高端住宅需求仍将保持旺盛。

★广州消费水平高，消费观念先进。

“环保”、“健康”在选购空调时成为比“价格”更重要指标，再加上由家用中央空调引领家用空调的新潮流，空调行业高端市场前景广阔。

★广州空气质量差，整体气温高，对空调需求强烈。

家家户户都装空调，哪一户不装，邻居空调的室外机散发的热气与本身粉尘多、质量差的空气都会让广州的夏日难以度过。

2. 自身优势

★暑假在清远松下空调专卖店实习，得到松下空调厂家领导的高度认可，为毕业后从事空调销售作下了坚实的铺垫。

★暑假的空调销售实习，让我对空调行业（包括其产品、价格、渠道、企业内部运作、竞争对手基本状况等）都有了一定的了解。

★已向番禺松下空调 VIP 代理店“金园电器”申请，在大四一年作为其实习生在广州地区开展业务。

3. 行业发展优势

★空调高端市场利润空间广阔，相比之下更容易积累第一桶金。

★销售是一门客户积累的学问，空调销售尤其是。困难的起步是一个磨炼心智的过程，而积累了一定客户（特别是大客户）后，老客户介绍新客户则是一个资金滚雪球的过程。

**简评：** 作品这一部分通过对目标职业和目标行业，以及自身从事该行业的优势进行分析，锁定了自己的职业规划目标是要成为空调行业的销售人员。其中运用了SWOT分析法对空调行业进行分析，从侧面阐明了自己从事该行业销售人员的机遇和机会，从篇幅上看，这一部分可以再精简一些。

# 第二部分　我要做个销售人

## 一、自我认知

既然销售是一个如此诱人的职业，深深吸引了我，那我又是不是符合作为一名销售员的标准呢？做好自我规划必须要有全面而透彻自我认识。结合智联职业规划测评报告，我对自己进行了全方位，多角度的分析。

### （一）性格特点

兴趣类型属于企业型、社会型兼重的我，有着如下的性格特点：

企业型：为人友好、热情、善解人意、乐于助人。

社会型：善辩、精力旺盛、独断、乐观、自信、好交际、机敏、有支配愿望。

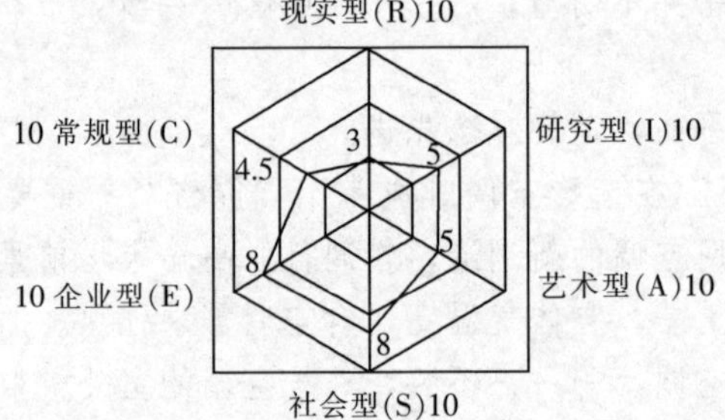


### （二）兴趣特点

对经营事务很有兴趣，也非常喜欢与人打交道，有支配欲，喜欢影响和感染他人。可有效地控制别人，在日常生活中与同事友好相处，待人热情，乐于助人，善于与别人建立亲密关系，行为大方慷慨，态度和蔼可亲，处事周密、得体，处理各种复杂人际关系游刃有余，对自己的行动、行为有责任感，受人尊重，受人欢迎，对金钱权力和他人感兴趣。

### （三）自身在人群中的相对站位

企业型的人通常给人一种精力旺盛、不知疲倦的感觉，而事业型的人给人的印象是热情大方。性格特点支配着个人的做人处事风格，个人的做人处事风格又决定了他在人群中的相对站位。在人群中，我是一个善于表达自己的人，可以很快和陌生的人成为朋友，自信而又精力旺盛会带给身边的人一种感染，组织号召能力较强。

（四）优势与劣势

★优势：

① 踏实，热爱挑战，精力充沛，自我实现欲望强烈；

② 善于自我激励，抗挫折能力强；

③ 具有很好的交际才能和口才，容易影响和感染他人，团队意识强。

★劣势：

② 过分追求某些细节上的尽善尽美，往往缺乏时间考虑全局；

③ 常常会花太多时间在分析上而错过了最佳行动时机。

（五）自我分析小结

测评的结果与我个人的行为风格和性格特征都比较符合。

从多方位评估中可以看出我的个人职业性格特征——做事踏实、善于自我激励、喜欢与人打交道、自我实现欲望强烈。择业时适合选择从低做起、挑战性强、发展空间大的与人打交道的职业，并会在职业岗位上努力认真负责地完成工作，表现出踏实付出、苦中作乐的工作态度与超强的进取意识。

另外，在多年的学生社团工作的锻炼中，除了渐渐地培养出一些策划、组织、管理方面的才能，更大的收获是养成了强烈的团队意识，善于处理团队内部各种问题和主动营造团队快乐工作的氛围。这一点能让我在择业后“做一行爱一行”，容易找到归属感，并会主动整合最优势资源完成任务。

同时测评工具对我的职业生涯规划给出了建议：

你在需要管理能力或者需要热心、社交能力强的工作中，兴趣维持的持久，工作动机和上进心比较强，容易取得成就。推荐的职业如：销售人员、管理者、人力资源管理者等。

上述这些评估结果也正是和我最初设定的职业目标——希望从事“销售”、“管理”是相吻合的。而结合我自身的人力资源管理专业学习的理论基础、学生社团工作的管理实践、喜欢与人打交道的性格特征和重视团队、快乐工作的个人处事风格，我的职业目标又推进了一步——从销售人员做起，由高级销售人员转型为管理者。

## 二、外部环境分析

人是环境的产物，每个人生活在这个社会中，都与周围的环境发生千丝万缕的联系。职业生涯目标的最终确定并不能光看“什么好做”或是“自己想做什么”，在个人所处的现实社会环境中，“自己适合做什么”或是“自己应该做什么”，在确定职业生涯目标的时候也应该综合地考虑。

（一）家庭环境分析

1. 家庭经济状况　父亲工作、母亲失业在家，家庭收入不高也并不稳定，而且要负担三个在校孩子的学费、生活费，支出较多。家庭经济不宽裕，这就决定了作为长子的我必须选择最稳健的方式，毕业要尽快就业，并且从事的职业要有较大的可晋升空间。

2. 家庭期望　父母希望我能找到一份稳定的待遇较好的工作，出人头地，而我在这个基础上同时也渴望着工作的挑战性。一直以来我都希望能从事一份能实现自我价值、有挑战性的工作，而“销售”就是我对自己能力爱好及自身所处环境分析后所作出的第一个选择。

3. 家庭影响　父母从小灌输给我的思想是“不要去想天上掉下馅饼，做事必须一步一个脚印”，而我从小就是在学习上拔尖、在班上跟别人竞争第一名的学生。因此，我的性格中既有好强、进取的一面又有稳重、踏实的一面。而这种好强的性格将使我在高竞争、高压力的销售工作中踏实付出努力去实现自己的价值。

（二）学校环境分析

1. 学校特色　母校××××××学院，办学宗旨是培养具有人文精神、科学素养和实践能力的高素质应用型人才。

学校学生组织活动非常活跃，有利于学生在大学期间培养良好的社会实践能力，而销售能力、与人打交道的能力方面的培养更是我们经济管理学院的重点实践内容。

2. 专业学习　人力资源管理专业旨在培养在管理、经济方面高级应用型人才。作为一名管理者所需具备的众多素质同样也是作为一名销售人员极其需要的。

以人为本的管理思想让我懂得了团队中人的重要性、沟通的必要性，我会在工作中以团队为重，有技巧地处理各种复杂的人际关系；人才测评理论让我更清晰地了解自己，包括优势与不足、适合从事的职业类型；激励理论让我更透彻地分析自己的需要、动机、目标和行为，从而能够进行持续性的良好的自我激励……这些基本素质能为我从事销售工作带来很大的优势。

（三）社会环境分析

1. 就业一难——金融危机　消费力不足、生产相对过剩、企业盈利困难、或裁员减省开支或倒闭。

2. 就业二难——竞争强烈　高校扩招，大学生毕业人数逐年攀升，但用人单位招聘人数不升反减。

3. 就业三难——难投己好　专业对口不常见，兴趣对口更少有。

## 三、职业匹配分析

销售职业进入壁垒较低、实践性强、高回报，但由于其工作稳定性差、工作压力大、出差应酬成为生活的常态，使得它对于大多数人来说是一块鸡肋。对于我来说，它却是我到达人生最渴望追求的目标的跳板。

### （一）我适合的职业

根据智联职业规划测评软件所得报告，可得出我适合职业的特征为：

（1）喜欢经营性活动，需要较多人际交往的工作，要求责权利的明确、统一，给予个人努力和成就的机会。

（2）喜欢要求与人打交道的工作，能够不断结交新的朋友，从事提供信息、启迪、帮助、培训、开发或治疗等事务，并具备相应能力。

（3）喜欢要求具备经营、管理、劝服、监督和领导才能，以实现机构、政治/社会及经济目标的工作，并具备相应的能力。

### （二）从事销售的优势

**1. 职业兴趣在销售**　智联测试的结果是我的兴趣类型属于企业型、社会型兼重，在需要管理能力或者需要热心、社交能力强的工作中，能够维持持久的兴趣，工作动机和上进心比较强，容易取得成就。其中第一个推荐职业便是销售人员。

**2. 具备基本技能、基本素质**　在大学参与的学生社团组织中与在校外的多次实习中，我培养了良好的谈判能力、信息收集能力、沟通能力。在多次兼职的过程中也培养起踏实工作、吃苦耐劳的毅力，做一行爱一行的敬业精神，诚实守信是我做人做事的信条，体质也绝对符合一个销售人员需要的标准。

**3. 进入壁垒较低、晋升快**　金融危机下找工作是“三个难”，而销售作为一个就业前景较为可观的职业，作为一个非技术类专业的学生来说是个非常不错的选择。而高挑战性、晋升快，会使属于企业型的我很容易在工作过程中得到实现自己价值的满足感。

**4. 发展前景非常可观**

①成为高级销售经理销售人员。如果定位于一直从事销售工作，可以肯定的目标便是成为高级的销售人才。

②转向管理岗位。当销售人员做到一定的时候，可以结合个人兴趣和组织需求通过横向流动即轮岗的方式，转向相关的专业化职能管理岗位。

③个人创业。销售人员进行创业最大的优势是经验和资源优势。一个有着丰富销售经验的人士比起其他创业者，对行业的理解、对企业的运作、对市场变化的感知都会有很大的优势。同时，他们很可能积累了资金和良好的产业链上下游的人际资源，了解行业的运作模式和成功关键，甚至于合理合法地把握了稳定的客户关系资源。

④转做管理咨询和培训。有经验的销售人员改做管理咨询和培训也是不错的选择，拥有丰富的销售经验和行业背景，更理解企业实践的营销环境，在做

相关行业的营销管理咨询、战略咨询和专业培训时，尤其显得有优势。

## 四、职业生涯目标的确立

在前面两章的分析中，我已经对自己的职业目标有了一个初步的概念——以空调行业为平台，以销售职业为跳板，寻求往更高的管理层方向发展。

思路越来越清晰，接下来便是把我的职业规划的近期目标和最终目标起来。

我的职业规划最终目标：

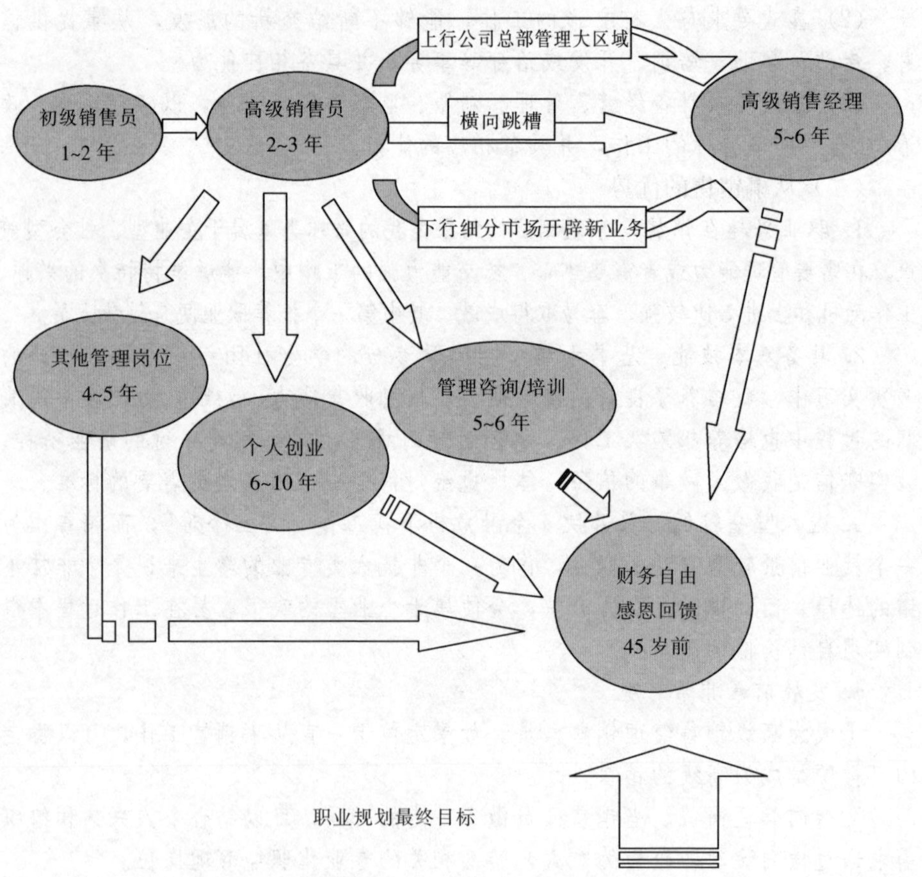


职业规划最终目标

**简评：**作品这一部分是从自我分析、外部环境分析、职业匹配分析着手，进一步阐明了自己确立职业生涯目标的缘由。在自我认知部分中能使用正式的评估工具——智联职业规划测评，对性格、兴趣和优劣势几个方面进行剖析；在外部环境分析方面也能从家庭、学校和社会来进行综合分析。但遗憾的是欠缺进一步分析自己的价值观、技能方面，也未使用一些非正式的评估工具，如分类卡、结构化的工作表（清单）或者生涯人物访谈等，使职业匹配的论证说服力不够，未能形成一个较为全面的自我认知，据此设定的目标信度不够高。

# 第三部分　自由回馈的奋斗脚步

人生应该有所追求，在为自己理想奋斗的过程中实现自身价值、回馈社会，从而找到人生的意义。我的职业规划最终目标是达到财务自由、做到感恩回馈。实现目标的途径有很多，我有自己坚定的一个方向——销售人生、秀我风采。

把大目标分成一个个小目标，为每个小目标拟定计划，再付出踏实的行动，一步步做起，逐个击破，坚定坚韧，及时总结，灵活调整，朝着我的职业规划最终目标不断趋近。

## 一、计划实施及策略一览表

| 计划 | 时间跨度 | 外职业生涯——各时间段目标及计划 | 内职业生涯——积累 | 策略和措施 |
|---|---|---|---|---|
| 近期计划 | 2009年8月至2010年6月（23～24岁） | 1. 2009年9月开始，边读书边在番禺"金园电器"实习，组队在广州地区从事空调销售，积累行业经验与客户资源<br>2. 寒假期间学习金融投资，2010年2月之前能分析5～10家上市公司<br>3. 毕业前继续关注淘宝网店的经营，熟悉各类电子商务网站销售模式与经营模式<br>4. 努力完成学业，2010年6月顺利毕业<br>5. 毕业后进入空调知名企业从事销售 | 1. 空调行业专业知识与销售技巧学习<br>2. 金融投资学习<br>3. 网店经营与电子商务学习<br>4. 人力资源管理相关知识学习 | 1. 认真学习理论知识<br>2. 在实践中掌握技能、培养职业素质<br>3. 计划—执行—检查—改善<br>4. 树立个人品牌 |
| 中期计划 | 2010年7月至2015年6月（24～29岁） | 1. 已积累了一定投资经验、一定的资金，2012年4月之前能够把收入的10%用于金融投资实践<br>2. 2013年6月之前晋升空调行业高级销售员<br>3. 积累了对产品、对行业的透彻理解后，2014年6月之前自己打造出一个空调产品的网络销售平台<br>4. 学习房地产投资，2015年6月之前能分析一个地区的房地产走势，积累从事房地产投资的经验 | 1. 职场适应与职场晋升，了解企业内部运作、积累行业高层人脉<br>2. 金融投资实践<br>3. 网店经营与电子商务实践<br>4. 房地产投资学习 | 1. 三脉积累<br>2. 承担责任、增长才干、创新发展，寻找最佳贡献区<br>2. 网店品牌化经营<br>3. 金融投资严格控制风险 |
| 远期计划 | 2015年7月以后（29岁以后） | 1. 2017年之前网络销售平台稳定并开始盈利<br>2. 2021年之前从高级销售员往更高管理层、决策层方向发展<br>3. 2022年之前有空余资金投资房地产<br>4. 2031年之前拥有4笔收入（工资、金融投资、房地产投资、网络销售平台），并有空余资金支持公益事业，最终达到财务自由、感恩回馈 | 1. 战略经营、时间管理<br>2. 人力资源管理实践<br>3. 房地产投资实践 | 1. 战略性思想经营事业<br>2. 时间管理，转化心境<br>3. 领导、决策，总结教训，教授经验 |

## 二、与时俱进，灵活调整

以上的规划已经将实现职业生涯的最终目标分解成一个个阶段性的目标，并制订了实现这些目标的实施计划和策略。

在一个如此长的职业生涯时期，肯定会出现各种可预测的与不可预测的风险。对于可预测风险，要与时俱进，多思虑判断，事先准备应对方案；对于不可预测风险，要坚持一个原则：在实践中犯错、在犯错中完善。风险到来时靠自己的灵活应变、适时作出调整修正。

### （一）可预测风险应对方案

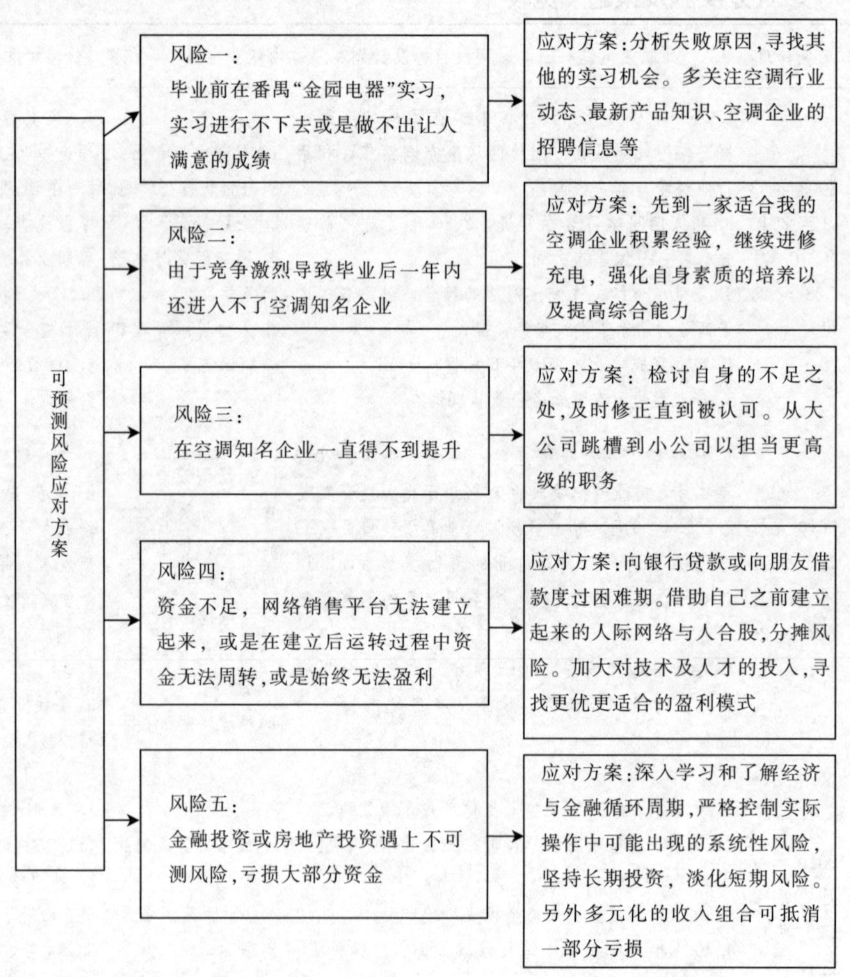

（二）不可预测风险调整原则

调整修正必须坚持一个原则：不能改掉职业目标的本质。职业生涯路线是“销售人生，秀我风采”，职业生涯规划的最终目标是“财务自由，感恩回馈”，这是必须坚持的。

修正的过程要注意以下4点：

①坚持不能改掉目标本质，灵活地调整进程。

②越接近一段时期，就把这段时期的计划做得越详细。

③给每一个阶段性的目标一个评估的标准，没有达到标准就是没有完成目标。

④尽自己全力去完成每一个目标，实在做不到才作出修正。

## 第四部分　结 束 语

处在20岁出头的年轮边界，有创业成功身价过百万的商界精英，有痴迷艺术在喜爱领域登峰造极的小提琴天才，有被五所世界一流大学争相录取的“寻常人家的孩子”，还有一个满怀激情、抱负，在路上踏实地奋斗着的身影。

人生，七笔，就那么简单。一笔描开稚气，一笔划落衰老，剩下那五笔，有多少笔在谱写年轻的梦想?

临渊羡鱼，不如退而结网。

职业生涯规划的过程让我深思。第一次，那么透彻的思考自己的人生；第一次，感受到潜在自己心中的渴望是那么的强烈。

规划好了，Just do it! 不断修正的过程也是不断趋近于职业生涯规划最终目标的过程，这个过程，便是包含着一次又一次迎难而上的不屈不挠的过程，便是包含着最热情的青春挥洒的最闪亮的汗滴与最动人的泪滴的过程。

这个过程，生命为她讴歌。

**简评：** 这一部分主要阐述计划实施和策略，以及备选方案等。作品这一部分在全文中的篇幅较小，计划实施的路径和策略的论述较为简单，从作品的整体上看显得头重脚轻，虎头蛇尾，给人一种草草收场的感觉，这是撰写职业生涯规划书的一大忌。另外，备选方案的选择不够明晰，有杂乱之感，论证也欠充分。

总而言之，这个作品整体上脉络还是比较清晰，也能运用到各种图表，但版面的设计不够美观和大方，存在一些不足之处，同学们在撰写自己的职业生涯规划书的时候可以根据这一作品作为参考。

（注：本范例是第五届广东省大学生职业规划大赛获奖作品，为尊重作者隐私，特删除部分个人信息）

**范文二：**

# 第一部分　序　言

因缘际会间，人生所走的每一步，都是为自己日后的命运做出铺垫。自小，我就会在介绍自己的时候说“我不是第一，但我是唯一。”所以，在做职业规划的时候，我始终坚持自己的价值方向，“人云亦云”不是我的追求。写下职业规划书的过程，就是对自己价值衡量的过程，明确自己的目标，坚持自己的梦想，该怎样做，突破生活的格线，我在挖掘自己的潜能，而职业规划书就是对自己的一种鞭策。

首先我给自己的职业定位为学前教育工作者是从自我现状、环境条件、可行性等几个部分开始思考的；在结合了自己的职业规划测评报告：综合素质、职业价值观、职业能力倾向，我更加明确了自己的目标；爽朗、友善、温暖与热情是我的个性；适应能力强，表达能力好，沟通能力棒是我的能力优势。学画10余年的时间，在用色彩表达生活的同时，从一名对生活充满热情的学生，到一名对美术教育充满思考的幼儿美术班的助教老师，思想在蜕变中寻求进步。此时我是大三的学生，接触孩子的过程，让我更加坚定了自己的理想信念，对于他们的关注同时上升到孩子对社会的影响。“独生子女”的时代，孩子们在物质上是丰足的，在精神上却是孤独的。他们是纯真的，他们的眼神没有杂质，他们的画直抵我的内心深处。我心里有种感觉，想了解他们、走近他们，不仅仅关心正常儿童的美术教育，对于天才儿童和有心智和身体障碍的非正常儿童的发展，更加需要投入更多的关注和爱。今天一个孩子的发展，明天就是一个国家民族的发展，今天的孩子，30年、40年以后，他们中的某人可能会左右一个社会的发展方向。所以，尽管现在的我是年轻的，是肤浅的，但是我有态度，在激情之下拥有理性的头脑。从进大学开始我就有步骤地规划自己的学习和生活。作为一名多媒体专业的学生，在学习自己的本专业的同时，我辅修了师范班的心理学课程，并且通过了普通话等级测试，不断提升自己的教师技能。多媒体专业的知识构成也使我更加有信心投入到教育事业，二维动画、三维动画在信息高速发展的时代，借助软件工具制作出来的课件相信更能提高孩子们对美术的兴趣。

明确了目标，也剖析了自身的能力，差距是有的，作为非科班的学生，对于幼儿美术教育活动的设计、幼儿美术作品的评析、幼儿身心发展的规律，包括自身专业素质的培养等很多方面，我都显得十分的不专业。幼儿美术教育有特定的规律和要求，从教学法的角度来看，教幼儿比教成人更难。要呵护好孩子的艺术之芽，实现自己的理想，我会从知识结构上努力，首先我会用两年的时间考取学前教育专业的研究生，考研的目的不是功利地为了找到一份好工作，而是希望对学前美术教育学有系统地学习和研究。本科毕业后不论是读研还是工作，我都会潜心学习，结合社会实践，计划用五年的时间在少年宫等儿童教育机构做一名助教，用三年的时间做一名幼儿美术教师，将相关的学科知识与对儿童心理学的理解，进行收集汇总。而之后的五年计划，在对学前儿童美术教育领域内存在的各种理论和实践问题都有了正确的认识和理解后，针对此学科的稀缺领域的研究，我会通过编写教材等方式，在学前教育领域找到自己的位置，并且将所拥有的知识、技能、相关的理论传授给其他的学前教育教师。做到从实践到研究再到教学的过程。

认清人生的意义，超越既有的得失，以“万变应万变”。我会根据自己理想的大方向，在追逐理想的同时，不断地认识自身，不断地自我调整。

## 第二部分　客观认识自己

### 一、自我情况分析

1. 个人人格

(1) 自我个性及人格分析。性格爽朗、友善、独立，善于与人沟通，开朗乐观，能吃苦耐劳；富有爱心，喜欢交朋友，喜欢帮助他人；自由不受约束；喜欢新鲜事物；不计较个人得失。缺点是比较情绪化，易受他人或环境影响；粗心马虎，考虑问题不够全面。

(2) 职业人格分析。根据《中国职业咨询网》在线进行职业规划测评，我的职业人格得分按大小顺序排列为：

| 类　型 | 分　数 | 具　体　内　容 |
| --- | --- | --- |
| 艺术型 | 9分 | 思维活跃，创造力丰富，感情丰富 |
| 社会型 | 7分 | 为人热情，擅长于与人沟通，人际关系佳 |
| 管理型 | 6分 | 乐观主动，好发表意见，有管理才能 |
| 常规型 | 4分 | 忠实可靠，情绪稳定，缺乏创造力，遵守秩序 |
| 研究型 | 3分 | 思维缜密，擅长分析，倾向于创新 |
| 实际型 | 2分 | 做事踏实，为人安分，不擅长于社交 |

2. 优缺点分析

| 优点 | 缺点 |
| --- | --- |
| 1. 绘画功底扎实，语言表达能力强<br>2. 环境适应能力强<br>3. 有敬业精神、热情和有责任心<br>4. 有较强的创新意识、独立思考能力<br>5. 有不错的言语能力和人文素养<br>6. 富有同情心，感恩之心，乐于助人 | 1. 粗心，马虎<br>2. 不善于拒绝别人的要求<br>3. 做事情容易三分钟热度<br>4. 情绪化，患得患失<br>5. 好强，固执 |

分析：我是属于综合性的人才，有能力做多方面的工作，容易上手，可以做到触类旁通；存在的缺点是受情绪影响，做事情难以坚持。

3. 专业爱好

**专业爱好排序**

| 排序 | 专业名称 |
| --- | --- |
| 1 | 色彩、装饰色彩、素描 |
| 2 | 中国美术史、西方美术史 |
| 3 | 摄影、影视欣赏 |
| 4 | 插画、二维动画 |
| 5 | 编排设计、图形设计 |
| 6 | 网页设计 |

专业爱好分析：从10岁开始学习绘画，认识很多搞纯艺术的人，小时候的梦想是用绘画表现自己的思想；爱好文学，对美术史、美术概论、美学等有极大的兴趣。这对于我的职业定位有很大的影响，较好的艺术修养，流畅的语言表达能力，对儿童的爱，让我定下了做一名学前美术教育工作者的理想。

4. 一般爱好

| 喜好 | 厌恶 |
| --- | --- |
| 喜欢阅读（喜欢余华、亦舒、三毛）<br>喜欢电影（喜欢的导演：张艺谋、岩井俊二、贾樟柯）<br>喜欢音乐（PAGENINI、王菲、许巍）<br>喜欢电台<br>崇拜：特蕾莎修女 | 不公平不公正的行为<br>没有时间观念的行为<br>背后议论他人是非 |

一般爱好分析：我的爱好使我成为一名感情丰富、热爱生活的人，并且使我有很大的空间做自己喜欢的事情。高中时期，做文学社社长，创办了原创文学杂志《放飞》，曾参加电台的歌唱比赛并获奖。大学期间在学院广播台担任播音和记者的工作，并不定期地给院报提供稿件，并且是院报《大学艺术》的编辑。

## 二、我所扮演的角色

| | 关系概述 | 对职业生涯的影响 |
|---|---|---|
| 家庭关系 | 我爱我的父母，感激他们对我无私的爱，我是独生子女，父母给了我很大的自由空间，让我成长为有独立思想的人，父母是善良平凡的好人，让我有了做人的最好榜样。普通的工薪家庭，靠父母微薄的收入维持，爸爸的身体不太好，选择这个职业目标一部分的因素也是希望自己能有更多的时间陪伴家人 | 父母期望我成为一个快乐生活的人。选择教育工作他们非常支持。爸妈今年都已52岁了，从身体状况等很多因素考虑，选择教师职业，希望自己能够快乐地做自己喜欢的事情又能够有时间精力照顾他们 |
| 亲友关系 | 亲友多从事教育行业、设计行业、建筑行业。特别是表哥与表姐，有高校的教师也有医生等，他们高学历、能力强，各自的事业发展非常好 | 他们对我的价值观、人生观的形成产生了重要的意义。为我职业的选择提供了很好的建议 |
| 同学关系 | 与同学们结下了深厚的情谊，他们勤奋好学，在生活上、学习上帮助我、支持我。我的人际关系一直很好，这是我一笔宝贵的人生财富 | 相互鼓励相互促进，在我困惑的时候支持我，在以后的职业生涯中会相互扶持一起成长 |

角色关系分析：人的存在是在人际关系中表现出来的，没有一个人能脱离人际关系而独立，所以人际关系对职业生涯的影响是不可估量的。

## 三、我具备的素质

**1. 知识水平分析**　2003年9月至今就读于××××××学院艺术设计系03多媒体专业，将于2007年6月获得文学学士学位。

所学的主要课程包括：素描色彩、计算机二维网页设计、计算机三维动画设计、平面广告设计、插画、文案写作、中国美术史、西方美术史。

知识水平：在学校我较好地掌握了自己的专业知识，并且把自己的学科知识同美术教育联系到一起，在教学实践中，成功地把多媒体技术运用到教学课件里面，辅修了师范班的教育学、心理学课程，并通过了普通话等级测试。功课优异，每学期学业成绩在班级名列前三，连续三年获学院颁发的奖学金。

2. 工作经验积累

| 时间 | 工作 | 能力提升 |
|---|---|---|
| 2003年至今 | 在学院广播台做播音和记者的工作 | 培养了很好的应变能力、语言表达能力、与人沟通能力 |
| 2004年 | 在院广播台担任宣传策划部部长 | 提升了自己的管理协调能力、策划能力 |
| 2005年9月至今 | 担任05级艺术设计系多媒体专业助理班主任 | 提升了主导一个群体工作的能力、带领一个团队的能力，树立了一个做老师的形象 |
| 2005年暑假至今 | 在广州市东山区华艺美术班担任美术助教 | 对儿童美术教育有了一定的实践和认识，热爱儿童，热爱教育事业 |
| 2005年9月至今 | 在少年宫每周一次听其他美术老师的授课 | 学习了其他老师组织课堂的能力、教学技巧和多元化的教育方式 |

经验积累分析：大学三年来的学习生活给了我很大的发展空间，使我在管理、组织、策划、协调能力和专业素养、师范生技能等方面有了全面的展现和提升，为以后的职业生涯打下了很好的基础。

3. 身体素质　身体状态良好，无先天性疾病和病痛，合理膳食，生活有规律，喜欢行走。好的身体是做任何工作的前提，所以我的身体状况是非常适合学前儿童教育工作者这个职业的。

## 四、综合分析

专业兴趣——喜欢从事幼儿美术教育的工作，并能够将自己的专业与之很好地结合。

个人性格——富有爱心、同情心，开朗大方对工作有激情，爱孩子。

角色因素——很好的人际关系让我乐观开心地生活，学习生活上也得到了很多人的支持。

知识水平——对幼儿美术教育的实践工作，是我的一大优势，实践的过程同时也是思考的过程。

能力素质——有文化、有素养、有温和亲切的形象、有良好的艺术素养，让我在实际教学中受到了孩子和家长的认可。

结论：上述几个方面证明了我所选择学前美术教育行业是正确而客观的。

# 第三部分　职业环境分析

近年来，幼儿美术教育方兴未艾，各类幼儿美术训练班门庭若市，绘画技法教材成了畅销书，幼儿美术开始受到重视。家长、老师越来越意识到美术教育对培养孩子的艺术修养以及提高综合素质的重要性，从个别学生的单独辅导到各类中小学、少年宫、辅导站的规模化班级教育，各大城市已形成了一股少年儿童学画热潮，每年少年宫的长队报名场景无不让人体会到"可怜天下父母心"。在"独生子女"时代，家长把全部的心思都花在了孩子的教育上，希望他们健康成才。儿童美术教育也受到了各界重视，开展得十分广泛和深入。可是，在美好现象的后面，又有很多问题值得深思，如今培训教育开展得风风火火，但是为什么"童言无忌"的大胆却在儿童画中渐渐被磨灭？通过和相关从业人员的沟通与自我的实践，对于目前的现状有如下分析：

## 一、不利因素

1. **师资水平**　幼儿美术教育师资队伍大致可分为4个层次：

（1）受过中等师范教育，对美术略有所知或比较喜爱，自己能简单地画几笔的教师。这一类主要以幼儿园和小学教师为主，他们占绝大部分。

（2）受过高等美术专业训练，有一定的绘画基础和较高的欣赏水平的教师。这类人主要包括高等院校美术专业的教师、学生，以及少数中学教师和一些社会上的美术工作者。这一部分人的艺术素质比较高，有的还学习过《教育学》、《心理学》。

（3）业余绘画爱好者。他们有一定的绘画基础，但不懂教育。

（4）既不会美术，也不懂教育，这部分人虽然不多，但危害不小。

上面所说的是教师的整体素质参差不齐，但是更让人担忧的是除了美术专业水平不够外，主要还有教育思想不端正，教学目标不明确，不懂儿童心理和儿童美术教育的基本规律等问题。很多教师的教学方法还停留在传统的模式，即"临摹"教师自己的作品，"手把手"的教学。这样的训练模式有非常大的弊病，长此以往，孩子脱离了教师就不会画画，懒于思考。还有一种就是过于强调儿童的个性情感和审美情趣的培养，在绘画过程中让孩子们随心所欲地画，而忽视了传授基本的美术知识。这对于我来说也是要克服的一个毛病，在引导学生表现自己想法的时候，很容易忽视早期教育中的"美"与"术"的关系。再有部分教师一味强调技巧训练，将幼儿美术教育和成人美术教育混为一谈。

2. **家长认识**　家长的急功近利，无意中扼杀了孩子的天性，阻碍了他们创造性思维的发展。现在很多家长都有一种强烈的忧患意识，对孩子早期教育的投入不断增加。看到孩子喜欢涂涂画画就送到美术训练班，希望孩子在绘画方面能有所成就，过早、过高地对孩子提出了技术性要求。他们习惯于以成年人的眼光来评价孩子的绘画作品，在不符合自己标准时就给予批评、指责。殊不知正是这种不懂少儿美术教育规律的做法扼杀了少年儿童的天性，阻碍了他们创造性思维的发展。还有许多家长要求学习班的艺术教育能够立竿见影。有的家长看孩子学了几次后拿不出令他们满意的画，就觉得老师教得不行，学校不负责任。其实正是家长这种不理解、不容忍的态度，让学校左右为难，于是就有一些学校为了迎合家长，把成人的意识强加给幼儿，让孩子按照老师的意图不费力地把画画出来，让家长满意高兴。在实践中我也遇到过一些家长，每节课下课后会问孩子“这节课学了什么呀？回去要再画出来”孩子感到很大的压力而且很多时候他都没有办法回答出家长在课堂上具体学了些什么。后来通过跟家长沟通，让他们明白幼儿的画是要通过自己的观察和体会画出来，才是真正属于他们自己的东西。因此幼儿教育的发展，还需要家长从生活的各方面去拓展空间。

3. **办学者思想** 少数办学者打着培养儿童艺术素质的幌子，根本不顾儿童生理、心理发展的特点和低幼年龄段儿童美术教育的规律，纯粹是以赢利为目的。这些班一般人数非常多，老师很难有效地开展教学，所以经常采用黑板上挂一幅范图让学生照葫芦画瓢的授课形式。特别是在很多文化比较闭塞的城市，这种模式的教学机构十分常见。

4. **社会影响** 现在社会上各种名目的少儿绘画比赛、考级络绎不绝。一些组织者提出，只要小选手交纳一定费用或包销多少出版物，就可以参加比赛或发表作品。一些家长为了给孩子一些成就感，明知这些赛事、考级没有多少价值，还是从不丰厚的收入中拿出这笔不小的数目交上去。但是他们没有想到，这种做法不仅直接影响了少儿绘画素质的培养和提高，而且对孩子的身心发展都有负面影响。

## 二、有利情况

1. **师资水平** 国内很多高等院校，如北京师范大学、南京师范大学、华东师范大学、东北师范大学等，都开设有学前教育专业，同时还设有博士、硕士学位点。培养了具备全面的学前教育专业知识与技能的，具有较强的从事教育心理科研、教学和管理等工作能力的，能在各种儿童教育机构从事儿童教育、教学科研、培训、管理、宣传和康复等工作的高级专门人才，为我国学前儿童的美术教育提供了非常好的师资力量。很多正规的艺术培训机构也对于教师素质进行了严格的把关，充分做到了对儿童的未来负责。

2. **家长认识** 许多家长为了培养自己的小孩，也是处在不断的探索阶段，并在教育过程中跟教师之间经常探讨研究。通过上“亲子班”等过程，家长对自己的孩子有了更多的了解。教育是双方的，家长的配合对于教学质量的提高起了很大的作用，并且常常能够启发老师在教学中的技巧转变。

**3. 社会影响**　毕加索80岁时看了一次儿童画展后说：“当我像他们这么大的时候就能画得像拉斐尔，但是我花了一辈子的时间才学会画得像他们一样。”大师终身追求的是孩子们的那份纯真。当今，美术工作者、艺术家都提出了少儿美术教育要怎样才能真正地解放和发展。越来越多的人投身于教育事业，始终坚持着“一切为了孩子”的原则。

## 三、儿童为什么要学习美术

儿童美术教育，并不以培养少数画家为目的，它是对人进行心理、思想、情操和人格的教育。是人的素质教育，是全面育人的教育。让儿童参加美术活动本身并不是目的，而是手段和方法。因为，美术活动可以培养儿童的观察力、记忆力、想象力和创造力，使儿童借绘画表现，舒展自己内在的意欲和情感，从而培养儿童美的情操和陶冶他们完美的人格。可以说儿童画是儿童的全部自我表现，在绘画中，儿童表现了他的思想、感情、兴趣和对外部世界的认识。

## 四、国外美术教育理论

国外教育理论对我国教育发展的影响：

罗恩菲尔德：对儿童的美术发展进行了详尽地研究，在说明儿童美术的特征时，特别提出了知觉模式和触觉模式这组概念。学习罗恩菲尔德的美术教育思想，对我们采取怎样的价值导向有着重要的启发意义。

艾斯纳：他认为儿童的美术能力并非自然成长的结果，而是通过教师设计的有益于儿童的美术课程的学习的结果。在具体教学上，老师可以更好地了解学生的喜好。

西泽克：认为儿童美术教育的第一目的是发展创造力。他的教育主张与理论被介绍到包括我国在内的世界其他国家，开创了现代儿童美术教育的新局面。

## 五、关于非正常儿童的美术教育

在对正常儿童的教育进行研究和探索的同时，我们同样不可以忘记天才儿童和有心智和身体障碍儿童等非正常儿童的美术发展与教育问题。对于这些儿童，社会和美术教育界都应该要投入更多的关注，教师应该注意因材施教。每一位儿童在潜能上都是具有天赋的，教师的作用是要让这些儿童将潜在的创作能力显现为现实的创作能力。不仅对他们进行艺术教育治疗的步骤，对不同障碍的儿童还应该提出针对性的治疗方案。

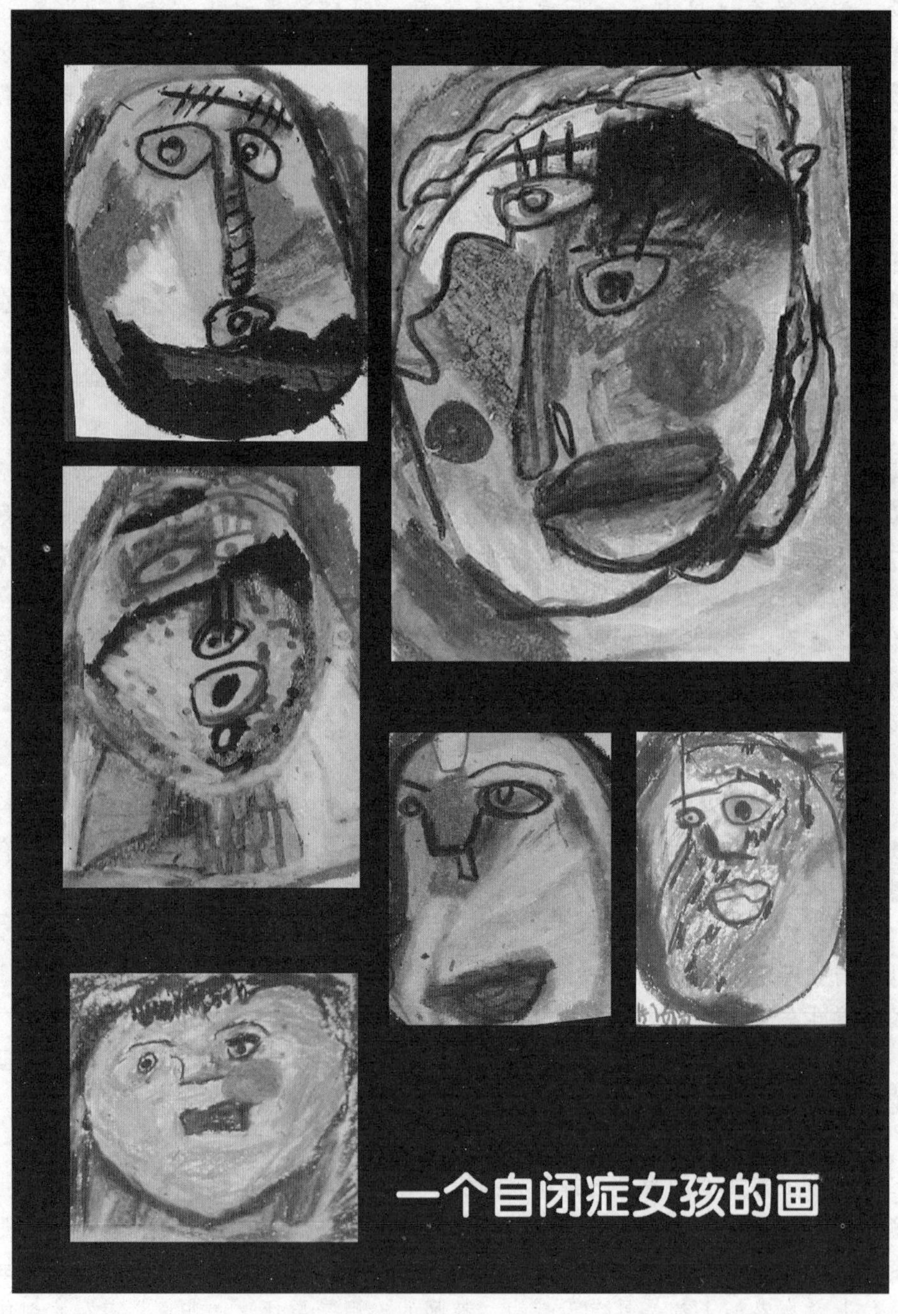

一个自闭症女孩的画

（这个女孩有着严重的自闭，她的智商很低，14 岁的生理年龄，但只有正常孩子 2～3 岁的智商，而在言语方面又不及 2 岁孩童，只会单音节的词语，自理能力很差，不能独立如厕，情绪变动很大，如下雨、刮大风等她都要哭闹不止。但是他的老师介绍说，在美术课上，她很安静，她的画让人震惊，用色彩表达的是她眼里只有自己的小小世界。看到这样的画，蓦然心惊，想起过去《光与影》关于孤独症孩子的报道。柴静说那些孩子稔熟地偎在她怀里，跟她玩，可是凝视她的双眼，黑白分明的眼睛里什么都没有，只有折射出的她微小的身影。这些孩子虽然生活不能自理，但是某些方面表现出惊人的与众不同，所以不论是教师，整个社会，都应该要投入更多的耐心和关注在这些非正常儿童身上，每个孩子都有权利活出自己的精彩生活。）

## 第四部分　确定职业目标

职业规划的核心是制订自己的职业目标和选择职业发展路径。对职业环境的分析，职业发展趋势和人才素质要求有了客观的了解，在此基础上根据自身条件的分析和社会情况的分析制订出属于自己具有可行性、现实性的职业目标和路径。

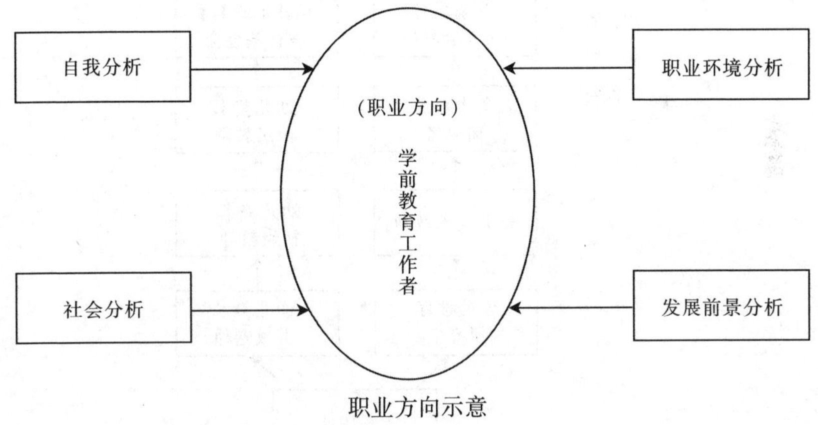


职业方向示意

**检查职业方向：**

1. **性格与职业匹配**　外向，温暖热情，富有同情心，喜欢帮助他人。学前美术教师除了要有一定的专业技能外，还要关心儿童，懂得怎样和孩子沟通，充满爱心和耐心，我认为我的性格特点是非常适合这个职业的。

2. **兴趣和职业的匹配**　喜欢文学，语言表达能力好，喜欢讲故事，喜欢和儿童接触，讲故事给他们听，听他们讲自己作品的故事。

3. **价值观与职业匹配**　常常思考“青年人应该做怎样的青年人”。明白自身力量微小不足道，但不愿意做平庸的人。人类历史的厚重，终极道义的神圣，生命含义的丰富，世界实在是精彩美好的，而我想做的，是渴望能用自己的力量在学前教育领域找到自己的位置和价值体现，因为我爱孩子，希望了解他们，希望给孩子提供良好的教育，他们的未来就是国家的未来。

4. **特长与职业的匹配** 个人形象具有亲和力，声音富有感染力，绘画基础好。对儿童的心理有一定的了解。深受小朋友的欢迎。

5. **内外环境与职业匹配** 家庭非常支持我的选择，父母都是和蔼可亲的好人。

如今幼儿美术教育面临很多问题，对教师素质的要求也越来越高，认清了职业环境是我进行职业选择的动力。综合了性格、兴趣、价值观、特长、内外环境等因素考虑，成为学前美术教育工作者的目标是十分可行和切合实际的。

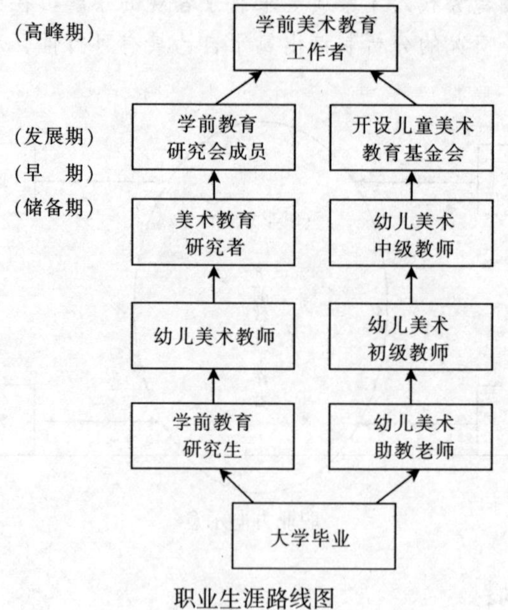


职业生涯路线图

# 第五部分　执行方案

## 一、储备期

1. 大学阶段

(1) 大一（试探期）。

**［实施方案］**了解自己的专业，以及专业对口的职业，咨询师兄师姐毕业后的工作前景。全面发展，参与学校各项活动，找到自己的兴趣和想做的事情。

**［行动方案］**参加学院的广播台，做记者与播音。常对外参与活动的组织和策划。大一获学院的优秀干部奖学金。功课优异，通过英语三级考试，专业作品留校参展。

(2) 大二（定向期）。

**［实施方案］**考虑到未来就业和是否继续升学的问题，了解自己向往职业的素质要求，并有计划地从事各项兼职工作，检验自己的整体素质、性格特质、责任感、主动性和受挫能力。并开始有选择地辅修其他专业课程来充实自己。

**［行动方案］**在广播台做了宣策部部长，培养了领导组织协调能力。选修了师范班的心理学课程。通过了普通话等级测试。功课优异，总分全班第二，综合测评第一，获学院的品德积极分子奖学金。从事过家教、销售、平面设计的工作，开始尝试到行业竞争的苦和对从业人员的素质要求。从综合素质上考虑觉得自己比较适合做儿童美术教师的职业。

(3) 大三（冲刺期）。

**［实施方案］**大三是专业课最集中的一年。学的是多媒体专业，有二维动画、三维动画、影视剪辑方向。专业很新，就业前景也很好，但是就我自身的能力学起来非常吃力。对电脑不是非常感兴趣，而且空间感觉较差。去过广告公司实习，在电脑前高负荷的工作也是自己的体质承受不了的。下决心考研，努力学英语，计划是大三这年通过四、六级考试。同时，不放弃专业的学习，要成为一名优秀的教师，利用现代化的软件制作课件相信会使小孩子有更大的兴趣。了解相关考研要求，从自己要考的专业上下工夫，一年时间用心准备。

**［行动方案］**在儿童美术培训班兼职做美术教师。自学儿童心理学，学习儿童美术教育的方法。在少年宫听兴趣班的课，一方面了解其他老师怎样组织课堂，又可以把所学的知识运用到自己的课堂上去。通过跟学生的接触对教学从一开始的茫然不知，至现在对儿童和儿童画都有了自己的体会。从实践中认识到自己是适合这个职业的，并且不断地充实自己的知识。

(4) 大四（分化期）。

**［实施方案］**对未来方向明确的时期，做两手准备。一方面，积极应对研究生的考试，一方面寻找实习机会，在实践中检验自己的积累和准备，明确自

己的优势，通过求职技巧、模拟面试等训练，尽可能地做足就业前的准备。如果考不上研究生，应先就业再考虑继续升学，家庭条件不好，可以尽快帮父母分担负担。如果考上研究生，三年的学习是为了让自己有个高的起点，有更加全面的知识体系。

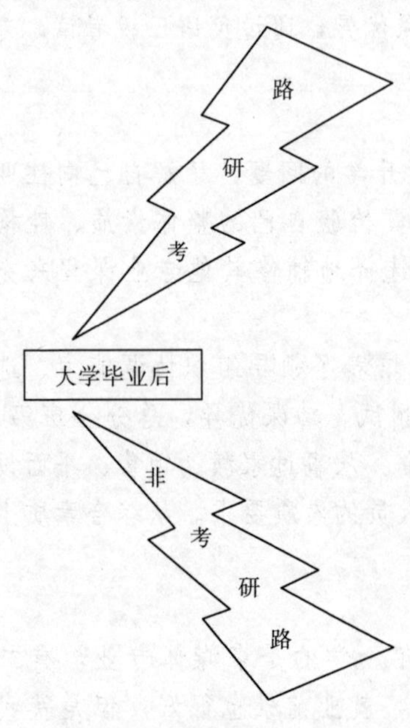


2. 大学毕业

考研成功：三年时间，研究学科的各个体系，明确自己将要在学科发展里面扮演什么角色，潜心学习，同时结合社会实践，提出问题、分析问题、解决问题。在专业期刊上发表自己的学术论文。毕业后，在类似少年宫的儿童艺术教育培训机构任教。

考研不成功：在艺术培训机构做学前美术教育助教老师，为期一年，学习其他老师的经验，边实践边思考，同时利用课余时间去专业院校进修，掌握学前儿童的美术发展规律，研究学前美术教育活动的实施内容、策略、方法和途径。弥补自己非科班出身的不足。

## 二、早期（探索期）

正式成为一名学前美术教师，通过储备期中打下的基础，对学生、家长、教学环境等诸多因素有所了解。在培训机构拥有自己特色的“特色班”。不断地开拓创新，学会灵活应变，思考如何更好地引导学生。

## 三、发展期

成为研究型人员或者是中级美术教师。通过教学对学前儿童美术领域内存在的各种理论和实践问题有正确的认识和理解。弥补学科中的稀缺领域，进行调查研究，编写相关教材。始终与孩子们在一起，从事教学工作。

## 四、高峰期

从学前儿童美术教育的理论出发描述具体问题，又能从具体事实中归纳和抽象出理论。开设幼教协会，与更多的人一起研究适合我国学前儿童教育的教学理念和方法。作为学前美术教育工作者，能从事学前儿童美术教育、儿童发展等课程的教学工作；主持多项科研项目，独立撰写与主编多部著作和论文。坚持从实践到研究再到实践的过程。

## 职业技能提升实施方案

| 需要提升的专业能力 | 提高能力的方法与途径 | 完成时间 |
|---|---|---|
| 师范技能，课堂教学能力<br>计算机应用技能<br>外语应用技能 | 选修教育学课程，参加师范技能训练；<br>担任儿童美术助教；<br>巩固计算机基础知识，复习相关教材，考取计算机等级证书；<br>参加“新东方”四级强化班 | 2006年7月 |
| 儿童心理学的了解<br>中国美术史的学习<br>美术教育史的学习 | 通过相关书籍学习；<br>通过实际调查研究 | 2006年7月至2007年7月 |
| 幼儿美术教育活动的设计<br>幼儿绘画、手工、欣赏等各种类型教育活动的设计与实施 | 听公开课，向前辈、朋辈学习；<br>参加研讨会；<br>订阅相关书籍杂志学习；<br>与其他老师交流学习；<br>在培训机构见习 | 2007年7月至2008年7月 |
| 综合能力（包括文字部分、图画部分、表达部分） | 课堂讲授；<br>案例分析；<br>活动评析 | 2008年7月至2009年 |
| 进行幼儿教育等相关理论研究的能力<br>编著教材的能力 | 阅读书籍；<br>学习优秀论文范例等；<br>同行交流 | 2009—2010年 |

# 第六部分　动态调整

### 一、职业规划的调整

职业规划，是一个人内心追求的目标，是对自己能力和职业进行配对的规划。作为一名在校大学生，通过在社会的实践结合所学的专业知识，在提升综合素质的同时，对自己是一次透视。参加了职业规划的四项人才测评，有了一个比较客观公正的评价，但是在计划的时候难免“理想化”，对自我的能力有估计不足的地方。但是，我会保持勇敢、主动和积极进取的精神。不断地对规划进行评估和回馈，让规划随着成长变化而与目标日趋吻合及完善。

### 二、自我规划的调整

作为非科班的学生，需要从事这个行业，必须付出更多的时间和精力，很多知识构成是不可规划的，是在摸索过程中需要不断学习和提升的。所以，每次站在一个新的角度，我都会自我审视，明确目标，做出适当的调整并给自己提出新的要求。

## 第七部分　结　　语

**职业生涯定位：**成为一名学前儿童美术教育工作者

制订规划书是对自己的激励，生活是很难预测的，所以在实施的计划过程中，配合环境变化，随时修改，但是人生的大方向如此，这是自己的梦想，也算是激励自己前进的方式。总的来说，这是一份可行性很强的职业规划，对自己的优劣势非常明晰，目标明确又未雨绸缪。很多人持“变化总比计划快”的观点，但是，通过做规划书的过程使我学会了如何思考自我，如何分析现状，如何对未来作出规划，只有明确了自己的奋斗目标，才有前进的动力。最后，借用哈佛大学的一句名言与大家共勉：

当机会来临的时候，你准备好了吗？

（注：本范例是第二届广东省大学生职业规划大赛获奖作品，由广东省高校毕业生就业指导中心测评部提供，为尊重作者隐私，特删除部分内容）

**相关资源：**

1. [美] 鲍利斯 . 2002. 你的降落伞是什么颜色 [M] . 陈玮，译 . 广州：中信出版社 .
2. [美] 伊芭拉 . 2003. 管理你的下半生 [M] . 姜飞月，译 . 杭州：浙江教育出版社 .
3. [美] 麦克莱兰 . 2003. 职业转换 [M] . 京燕清联合传媒管理咨询中心，译 . 北京：机械工业出版社 .
4. [美] 洛克 . 2006. 把握你的职业发展方向 [M] . 钟谷兰，曾垂凯，时勘，等，译 . 北京：中国轻工出版社 .
5. 李可 . 2007. 杜拉拉升职记 [M] . 西安：陕西师范大学出版社 .
6. 付遥 . 2009. 输赢 [M] . 北京：北京大学出版社 .
7. 影视资料：《舞出我天地》、《神奇遥控器》、《人性本能》。

# 第五节　大学生职业规划大赛简介[①]

大学生职业规划大赛是广东省首创的一个大学生职业发展训练活动，影响较大。

2004、2005 年，广东省先后举办了两届大学生职业规划大赛，取得了非常好的效果，对推动大学生职业规划实践和毕业生就业指导工作起到了积极的

① 资料来源：http：//www. gradjob. com. cn/cms/html/cepingguihua/saishihuigu/20100917/8874. html

作用，受到高校师生的普遍欢迎，同时也引起教育部的高度关注。教育部肯定了广东的做法，并将职业规划大赛这种模式推广至全国。2006 年 4 月 7 日，“航天杯”首届中国大学生职业规划设计大赛在北京正式启动，各省、市、自治区分区赛同时启动。大赛由教育部全国高等学校学生信息咨询与就业指导中心主办，主题是“面向基层就业，拓展职业空间；规划精彩人生，打造锦绣前程!”。大赛在传播和普及职业规划理念，帮助高校学生学习、掌握职业规划的基本方法，明晰生涯目标、树立正确的成才观和就业观，帮助大学生解决就业困惑，促进毕业生就业工作等方面起到了很好的促进作用，受到高校师生的欢迎。大赛已成为一项传统赛事，吸引了越来越多的高校、学生、企业参与，也从中培养了很多优秀的毕业生和高校指导老师。

大赛的赛制：大赛每两年一届，时间跨度一般为从每年 4～10 月。大赛日程：免费报名参赛、人才素质测评、参赛作品撰写及作品提交、各校初赛、各省决赛、全国总决赛、总决赛颁奖典礼。

参赛选手：普通高校在校本、专科学生。

内容和形式：各参赛高校初赛、省决赛、全国总决赛均以“职业规划设计参赛作品”和“个人作品现场展示”为评选标准。

书面作品评选标准：以合适、合理、思想、真实、逻辑、创新、可行性为主要评选标准，淡化文学性和艺术性。

## 广东省历届大学生职业规划大赛简介

### 第　一　届

20 世纪末，在“科教兴国”的战略部署下，中国高校开始持续扩大招生规模，正式拉开中国高等教育由“精英教育”大跨步迈向“大众化教育”的序幕。21 世纪初，扩招后的首批大学生纷纷毕业，在个体面临更多就业选择和机会的同时，毕业生整体也面临着巨大的就业挑战和压力。

为了帮助大学生尽早树立职业规划意识、竞争意识和危机意识，化“被动就业”为“主动就业”，2004 年，广东省高等学校毕业生就业指导中心、中国职业咨询网、广州青年报的相关领导共同策划并主办了“广东省大学生职业规划大赛”主题活动，希望通过大赛平台，引领大学生们“规划精彩人生，打造锦绣前程”。

经过紧张的筹备，“广东省首届大学生职业规划大赛”于 2004 年 11 月 23 日在广州花园酒店召开新闻发布会暨启动仪式，限定参赛高校共 11 所，分别是：中山大学、华南理工大学、暨南大学、华南农业大学、华南师范大学、广东外语外贸大学、广东工业大学、广东商学院、广州大学、深圳大学、东莞理工学院。

大赛主要通过职业生涯规划书面作品进行评审，确立奖项。大学生首先在大赛网站上进行人才素质测评，根据对自我的认知和对职业环境的了解，确立职业发展目标，拟订行动计划和方案。

大赛期间，主办方举办了各参赛高校的职业生涯规划巡回讲座，邀请了彭玉冰、周良文、蓝国庆、盖列夫等知名企业的总经理和人力资源总监亲临校园，与大学生展开互动式交流和探讨，分享职业规划、求职实战、职业发展的经验，受到各校学子的热烈欢迎。

第　二　届

2005 年 9 月 26 日，“动感地带杯”第二届广东省大学生职业规划大赛全面启动。应众多高校的要求，本届大赛的参赛高校数量扩大到 27 所，比首届增加 16 所，增幅达 145%，其中，7 所高职院校首次加入到大赛中。除了 27 所高校参加省赛外，为了扩大参赛面，本届大赛还另行提前举办了“珠海市大学生职业规划大赛”，共有 7 所地处珠海市的高校（或分校区）参赛。

在比赛形式上，本届大赛也做了相应的改革，力图使总决赛更加精彩，受益面更广。总决赛分为两轮，除了评比职业规划书面作品外，还增加了“规划作品 PPT 现场展示”的竞赛环节，让选手们面对评委和观众阐述自己的规划思路，更好地展示自己未来的职业形象和职业风采。

这届大赛共历时 3 个月。期间，20 多位著名人力资源管理专家、知名企业人力资源经理、培训专家亲自到场，为大学生们传授职业生涯规划的理念和职场经验，受到师生们的热烈欢迎，共计 8 万余名学生参加了 82 场巡回讲座和 23 场专题培训。最终，报名参加本届大赛的学生超过 10 300 人（含珠海赛区），经过书面作品的预赛，共有 47 位同学进入全省总决赛。

总决赛于 2005 年 12 月底举行，华南农业大学的潘文钦、深圳信息职业技术学院的邓锦辉凭借出色的表现，分别荣膺本科组、高职高专组“十佳规划之星总冠军”称号。广东金融学院的李静慧获得最佳人气奖。华南农业大学获得高校最佳组织奖金奖。

参赛高校和学生的增加，比赛形式的改革，使得这项赛事的影响力进一步扩大，效果亦愈来愈好。

第　三　届

“动感地带”第三届广东省大学生职业规划大赛在广东金融学院举行了隆重的启动仪式和新闻发布会。本届大赛的主办单位升格为广东省教育厅。时任教育厅副厅长李学明、省高校毕业生就业指导中心主任朱国华，广东金融学院党委书记刘庄、副书记汤耀平，广东移动广州分公司总经理助理颜建辉、广东科龙集团人力资源总监彭玉冰等领导和嘉宾出席了启动仪式。

本届大赛的主题是：面向基层就业，成就精彩人生。比赛共历时6个月，省内54所高校自由报名作为独立赛区参赛，参赛数量比第二届翻了一番。先后共有近45 500名大学生登录大赛网站报名参赛，占全国网上报名人数的50%。经过各校赛区的层层评比和选拔，最终有86人晋级省决赛。决赛于2006年10月13～14日在广东技术师范学院举行。综合职业规划书面作品和PPT现场展示的成绩，来自广东技术师范学院的张议元、广东技术师范学院天河学院的谢志敏两位同学分别摘取了本科组、高职高专组的总冠军。本科组前8名的选手，也同时获得了代表广东参加全国总决赛的资格。

## 第　四　届

本届大赛由广东省教育厅主办，广东省高校毕业生就业指导中心、广东省高校毕业生就业促进会、广州市德博企业管理咨询有限公司、中国移动广州分公司及省内各高校共同承办，广州移动提供全程支持。与往届大赛相比，本届大赛的一个亮点是新增了创业组的比赛。为了贯彻党的十七大"以创业带动就业"的会议精神，本届大赛在大学生创业素质培养与职业规划操作相结合等方面，进行了非常有益的尝试。

大赛于2007年4月13日正式启动，至8月30日报名截止，全省共有132所高校（含二级学院）的数万余名在校学生通过大赛网站报名参赛，并有超过3万名学生提交了参赛作品；有65所高校作为独立赛区参赛，比上届增加11所。配合本次大赛，组委会专门安排了37场"大学生职业生涯规划"专题讲座，进场学生总数超过1.5万人。在覆盖范围和参赛人数创下历史新高的同时，参赛选手的整体水平亦比往届有大幅提高，主要表现在：规划思路更趋理性，规划目标更为现实，规划方法更加科学，在职业环境认知方面有更多的实践探索。经过校区预赛、决赛和省初赛层层选拔，最终有81位（队）选手入围参加了11月10～11日进行的省决赛。通过书面作品及现场展示两个评比环节的激烈角逐，20名选手分别获得总决赛本科组与高职高专组的"十佳职业规划之星"称号，其中，王颖（广东外语外贸大学）、刘俊飞（深圳信息职业技术学院）两位同学分别摘得了各自组别的"十佳职业规划之星总冠军"；20名选手获得各组别的优胜奖；35名选手获得各组别的特别激励奖。创业组方面，南方医科大学的团队获得总冠军，另有5队选手分别获得优胜奖和特别激励奖。

2007年11月12日上午，"动感地带"第四届广东省大学生职业规划大赛在广东外语外贸大学举行了隆重的决赛颁奖典礼，历时7个月的赛事终于划上圆满的句号。

## 第　五　届

教育部全国高等学校学生信息咨询与就业指导中心于 2009 年 4 月策划了“大学生就业·创业群英会”主题活动，分别举办“全国大学生职业生涯规划大赛”和“全国大学生优秀创业团队大赛”。为了配合教育部的活动，广东于当年 5 月 27 日在广东教育学院提前启动了“第五届广东省大学生职业规划大赛”。本届省赛的主办方仍为广东省教育厅，广东省高校毕业生就业指导中心、广东省高校毕业生就业促进会及省内各高校共同承办。

全省共有 131 所高校（含二级学院）的 9.5 万余名在校学生通过指定网站报名参赛，并有超过 5.8 万名的学生提交了参赛作品，比第四届大赛提交作品的人数增加 2.6 万人。由于赛期冲突、平台操作手续等方面的原因，部分高校的学生作品并未能及时上传到全国大赛的平台，实际上，广东参赛选手应远远超过后台统计的显示数据。

配合本次大赛，组委会专门安排了 20 余场“大学生职业生涯规划”专题讲座，进场学生总数超过 2 万人。

省决赛于 2009 年 10 月 28～29 日举行，共有 71 位（队）选手入围。通过书面作品及现场展示两个评比环节的激烈角逐，田潇（深圳大学）、顾小莉（广东轻工职业技术学院）两位同学分别摘得本科组、高职高专组的“十佳职业规划之星总冠军”，来自深圳信息职业技术学院的丁仕源获得创业组的总冠军。2009 年 10 月 30 日下午，第五届广东省大学生职业规划大赛在广东技术师范学院天河学院举行了隆重的决赛颁奖典礼，历时 5 个月的赛事划上圆满的句号。

全国总决赛于 2009 年 12 月 9～14 日在中国传媒大学举行。由于广东赛区的组织到位、参赛人数多，且为全国大赛的举办做出了很多贡献，全国大赛组委会特地给了广东省 7 个总决赛名额，独居全国首位。省赛组委会选拔了获得第五届省赛本科组前六名及高职高专组总冠军的选手，代表广东参加全国总决赛。他们分别是：田潇（深圳大学）、郑晓仪（佛山科技学院）、谢秋阳（广东外语外贸大学）、罗宇东（广东技术师范学院）、罗幸萍（广东金融学院）、林霖（广东技术师范学院天河学院）和顾小莉（广东轻工职业技术学院）。

全国总决赛汇聚了全国 24 个省、市和自治区的 80 位优秀选手，分 4 个竞赛环节：书面作品预审、作品现场展示、无领导小组讨论和职业角色模拟。在强手面前，广东的 7 位选手敢于直面竞争与挑战，较好地发挥了自己的水平，在不同的环节上有着各自精彩的表现。特别是在现场展示环节，广东选手在规划思路、职场信息量等方面明显高人一筹；在职业角色模拟环节，广东的选手们团结合作、精心配合，为整个团队获取佳绩奠定了坚实的基础。最后，田潇、郑晓仪两人进入前10名，获二等奖，林霖获得三等奖，广东省获得最佳组织奖。

## 课后思考及练习

1. 登录相关网站进行人才素质测评，认真阅读测评结果，进行自我对照。

2. 参考人才素质测评的结果，结合用非正式评估的工具得出的评估结果，撰写一份自己的职业生涯规划书。

**相关资源：**

大学生测评与规划服务平台 http：//www.gradjob.com.cn/cpgh/index.do

# 第十三章　大学生职业生涯规划的管理

**本章学习目标及重点：**
- 了解职场并进行职场探索
- 了解职业生涯发展的阶段
- 掌握职业生涯初期的管理策略

## 第一节　职场探索

### 一、预估工作中的问题

职场探索是大学生职业生涯规划的尾声，也是真正的职业生涯的开端。面对即将进入的新世界，你难免会既兴奋，又忐忑，因为在跃跃欲试地掀开人生新篇章的同时，也会遇到一系列前所未有的困难和挑战。如何面对这些新情况，使初涉职场的你做好应对之策，就必须对工作中可能遇到的问题进行预估，从心理、知识和技能等方面做好准备。在预估的第一步，我们先要了解职场与大学校园的相异之处：

第一，从外部环境来看，大学之所以被称为“象牙塔”，原因在于其环境并没有完全融入社会，个体所处的是一种经过加工的秩序化的环境①，所背负的任务和需遵循的规则基本围绕学业这一中心，接触的人群也以同学、老师，以及校内其他工作人员为主，人际关系较纯洁、简单。而进入职场后，个体完全融入社会，所处的是一种自然的、未经设计的环境②，一个价值多元、规则复杂的世界，接触的人际圈子更多、更广，并处于复杂、多变的层级制当中。

第二，从组织制度来看，学校以教书育人为本，个体所遵循的规章制度是校方根据教育教学规律制定出来的，承担的任务也仅限于学习知识和身心发展。而职场世界里，个体要遵守的除了社会的法律法规，还有各自工作单位所制定的具体制度，所承担的任务紧紧围绕组织的利益。

第三，从所处角色来看，在学校里，个体是受教育者，接受来自社会、学校和家庭的指导，完成知识和技能的积累；在生活中尚需一定程度地依赖外界

①② 王今朝，郝春禄．2010．大学生职业发展与就业指导［M］．沈阳：辽宁教育出版社．

的供给和资助。而进入职场后，个体成为知识和技能的实践者，通过劳动为组织创造价值，并换取生活所需的物资，是独立的社会人。

职场世界与大学校园的差异无所不在，对刚走上工作岗位的毕业生来说既是机遇，也是挑战。有些毕业生进入职场后，因无法适应工作中牵涉个人利益的人际关系，从而影响工作的表现；也有的大学期间“两耳不闻窗外事，一心只读圣贤书”，没有积累社会经验，导致在工作中不能顺利地与他人沟通、合作；还有部分毕业生没有完成从学生到职业人的角色转变，过分地以自我为中心，缺乏对组织的认同感、归属感，因此也在职场中举步维艰。

**例：**

小梅是某二本高校的应届毕业生，来自农村且生性内向的她大学期间表现平平，没有参加过任何社团组织，也缺乏学生干部的任职经历，大学生涯完全可以归结为宿舍、食堂、课室的三点一线模式。虽然如此，小梅还是凭着踏实的态度和淳朴的性格在某中小型企业谋得一份行政助理的岗位。但是对于社会经验几乎等于零的她来说，工作生涯的开端伴随着诸多的不适，刚工作不久就被上司批评连复印机、传真机都不懂操作，面对客户时也不知道如何接待，小梅感觉自己的胆怯、内向等缺点在参加工作后一下子全部暴露出来，这使得她的入职阶段基本在上司的批评声中度过。更糟糕的是，这家企业人员精简，每个人都只顾忙自己的业务，这使得本来就不善交际的小梅更难以和同事深入地交往。有一次她还目睹了两个部门的主任为了争夺一个项目而吵得不可开交，虽然不涉及自己，但这个事件更加重她认为职业世界充满冷漠的想法。

对职业满怀悲观情绪的小梅在一次偶然的机会碰到大学时期的班主任王老师，小梅将自己入职以来的经历和感受一口气倾吐出来。王老师听完后安慰了小梅，同时也指出她的这些不适应与其自身单薄的社会经历有关。王老师建议小梅在一张纸上写下职场和大学的不同，如所处环境、工作/学习内容、人际圈子、自身角色等，列出来之后按照职场的要求对自己进行查漏补缺，有针对性地做好心理和技能方面的准备和补习计划。另外王老师还介绍了一位在同一行业工作的师姐给小梅认识，让小梅多向师姐请教。通过王老师和师姐的帮助，小梅慢慢找到了努力的方向，逐渐进入职业的角色，这时她发现上司的批评不知不觉地在减少，而身边的同事也越来越频繁地和她交流，虽然公司内的利益冲突仍有发生，但小梅不再为之受到影响了。

## 二、主动打开职业局面

许多刚步入职场的毕业生在入职初期不知道工作从何做起，在“接受任务—应付任务—接受批评——总结教训”的循环往复中渡过自己的职业适应期。其实相比被动地进入角色，主动熟悉职场、树立良好的第一印象更能为自己打开职业的局面。

1. 熟悉职场　对于初涉职场的毕业生来说，以上种种的不适应并非个别现象，既不要逃避现实也无需过分自责，应该根据自身情况，针对存在的问题做好应对的准备。毕业生在熟悉职场时要做到如下5个方面，如下图。

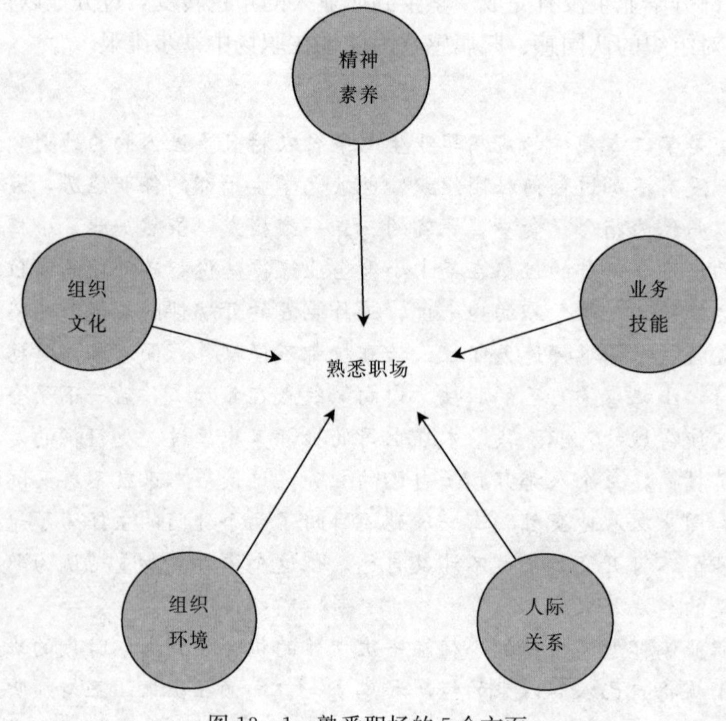


图13-1　熟悉职场的5个方面

(1) 在精神素养上培养自己的独立精神，克服思维和行动对外界的依赖，还要树立工作的责任心，增强工作的主动性，面对挫折懂得进行情绪的自我调节。

(2) 在业务技能上巩固和更新从事职业所对应的专业知识，将学校所学的理论转化为实践的能力。

(3) 在人际关系方面要熟悉各层级人物的关系，加强人际沟通和信息搜集技巧。

(4) 对于组织环境，要了解行政架构和各项规章制度、行业守则。

(5) 对组织文化，要了解其历史，认同其传统和目标，并尽可能地将自己与组织的目标融为一体。

2. 树立良好的第一印象　人际交往中存在所谓的“首因效应”，心理学的研究结果表明，对人的初次知觉所形成的第一印象，往往是最鲜明、最牢固的，对以后的人际知觉及人际交往产生着深刻的影响[①]。因此毕业生应有意识地塑造谦虚、敬业、积极的职场新人的形象，这将有助于在最初的日子里赢得掌声，要注意的方面有以下几点：

（1）着装与仪容须符合职业要求。一个人的穿着打扮体现其对自身的期待和定位，也是第一印象最直接的来源。如果所从事的职业没有固定的职业装，则着装和仪容要与职业角色一致，如教师、公务员应尽量选择套装，行政人员不宜浓妆艳抹等。

（2）表情自然温和、举止文明得体。冷峻或木然的表情往往会造成难以相处的印象，要展现自然温和的表情应注意与对方的眼神交流和保持微笑，尤其在对话中，眼神交流的时间应占整个过程的2/3。行为举止要落落大方，尤其需注意重要场合的宾主礼仪规范。

（3）语言兼顾“礼”和“理”。大部分职业都离不开与人打交道，因此礼貌得体的语言对塑造良好的人际关系至关重要，例如口头和书面上适当地使用敬语和谦辞既体现了职业感，又有利于建立良好的关系；此外语言还要富有条理，突出重点，切忌说话不分场合、啰唆累赘。

（4）态度积极勤快，主动为自己寻找任务。任何组织都欢迎做事积极勤快的成员，因此刚开始工作时，如果没有被分配到任务或不清楚应该做什么，应主动询问，协助其他同事开展工作。良好的工作态度将会让你获得他人的好感和信任。

（5）严格自律，守时守信。相对大学的管理氛围，职场的要求要严格得多，大部分组织都有严谨的考核制度，这要求刚走上工作岗位的毕业生必须严格遵守各项规章制度，树立时间观念和工作责任心。

（6）多虚心请教他人。工作所需的知识和技能往往更具体和专业，大学毕业生要经过一段时间的适应才能对工作完全上手，而且现代社会知识的更新速度越来越快，工作的过程中还要不断学习、“充电”。因此毕业生要放下大学生的架子，多向有经验的同事请教，在自我增值的同时还能获得良好的口碑。

（7）不贬损他人，不抱怨工作。尽管职场里难免会有对不同人或事的批评指责，但作为尚未在组织中站稳脚跟的新人，首要任务是处理好自己的事情，配合其他同事的工作，而非对他人评头论足，尤其不应随便抱怨，负面情绪对自己的工作积极性和职业形象都是一大损害。

## 课后思考与练习

以下表格通过对比大学和职场的差异帮助大家熟悉工作世界。“大学校园”

① 许玫，张生妹．2007．大学生如何进行生涯规划［M］．上海：复旦大学出版社．

部分由自己填写。再联系一位师兄或师姐，结合“职场世界”部分的内容对他/她进行采访，整理回答并填写到相应的空白处。然后针对自己难以适应或未达要求的部分，做一份进入职场之前的学习计划。

| | 大学校园 | 职场世界 |
|---|---|---|
| 环境及制度 | | |
| 学习/工作的内容 | | |
| 身边的人际关系 | | |
| 自身的角色 | | |

## 第二节 职业生涯的管理

职场探索是漫长的职业生涯中的起点，完成了最初的职业适应阶段后，应该朝哪个方向发展，如何发展，或者是否需要重新选择职业，则是每个职业人要经常思考的几个问题，而职业生涯的管理正是解决以上问题的过程。

### 一、职业生涯发展的阶段

职业生涯伴随着人从青年走向壮年，最后步入老年的过程，因此结合成年人的身心变化规律，职业生涯可以划分为初期、中期和晚期，见下表。

| 阶段 | 年龄 | 任务 |
|---|---|---|
| 初期 | 入职～30岁 | 立业和发展 |
| 中期 | 30～50岁 | 调整和发展 |
| 晚期 | 50岁～退休 | 保持和计划退休 |

初期的年龄段一般来说从入职开始至30岁左右，这段期间主要任务是立业和发展，要求个体完成职业化的过程，在组织中站住脚，胜任初始职位的工作，获得上级和同事的认可，并随着对工作熟练程度的加深获得一定的提升。

中期是职业生涯的主要时期，跨越人生的壮年时光。由于这个时期增加了家庭因素的影响，外部世界的变化也需要个体在技能和视野方面作出调整，而且还将面临职业的纵向和横向的变化，甚至职业流动，因此职业生涯规划需要不断重新审视和调整，以便在新的情况下获得职业的进一步发展。

进入职业生涯晚期后，身体的各项机能下降，职业发展已近尾声，在充分发挥经验和阅历作用的同时，也需考虑退休的问题，使离职不会给个人和组织带来破坏性的影响。

## 二、职业生涯初期的管理策略

由于职业生涯初期与大学期间有较强的连接性，因此大学生在做职业生涯规划时也应该将此阶段考虑在内。但随着工作年限的延伸，主客观条件会不断地发生变化，职业生涯也会随之呈现出不同的面貌。所以对于大学生而言，职业生涯规划在时间上的边界以工作后 3～5 年较为合适，其后的职业生涯规划应在完全适应工作后再根据实际情况来进行，在此不作论述。职业生涯初期 3～5 年内的目标是适应工作、确定发展方向和实现初步发展，要实现这些目标主要有以下四个策略：

### （一）立足本职并坚持自我增值

立足本职是青年成长最常见的道路，因为本职工作为成才和成功提供了其他工作所没有的优良客观环境。如果所从事的职业与自身所学专业接近，则在知识、技能方面具备了先天的优势；在做本职工作的时候，自身的专业知识和技能可以得到持续的锤炼和更新，使自己越来越“专”，比起从事非本职工作更容易做出成绩和得到工作单位的认可。例如工科专业的毕业生从事制造行业的设计、生产、维护等相关的工作，一般而言，其专业理论和技能水平会随着工龄的增长而提高，成为行业专家的可能性也较大；而如果从事的职业脱离本专业，或在本职工作外寻求发展机会，则需利用业余时间补充相应的知识和技能，付出的成本往往较高。

立足本职还需与不断地自我增值一起结合。当今世界处于信息爆炸时代，知识更新的周期不断缩短，大学所传授的知识有相当一部分已赶不上实际工作的需要，这就要求职业人必须不断更新所需知识、进行及时的“充电”；另外，不少毕业生所从事的工作与其专业并不完全对口，他们必须根据工作的需要对自身的知识结构进行调整，在工作中不断补充新知识。因此，当今的大学毕业生要树立终身学习的观念，让自己不断适应新技术、新环境，才能在职场的大浪淘沙中立于不败之地。

### （二）建立职场人际关系网络

大部分的职业都需要和他人打交道，因此职场的人际关系网络对工作的成效存在重要的影响。广泛而良好的人际关系网络是职业发展的资本，不光能使一个人在工作中获得更多的支持，还能使其更容易获得学习、培训、晋升等宝贵的机会。

在纷繁复杂的人际关系网络中，与上级和同事之间的关系是职场里重要的人际关系。不同的上级，其领导风格也各不一样。但不管属于何种风格，上级是组织中责任的承担者，因此下级服从上级是组织正常运作和发展的所需。服从上级不等同于唯命是听，应注意以下两个方面：

（1）态度要谦虚恭敬，不能自高自大。有些毕业生自恃学历比上级高，喜欢在上级面前对工作发表议论。要认识到上级的领导能力更多是建立在其长久的工作经验之上，这是刚参加工作的毕业生最缺乏和最需要积累的。

（2）表现要积极主动，避免胆怯自卑。部分毕业生因为对工作不熟悉，不敢在领导面前表现自己，导致留下了工作被动、才疏学浅的消极印象。组织希望每个成员都能发挥出最大的作用，新员工在准备充分的情况下适当地展现自己的才能将增加其日后被委以重任的机会。

同事既是竞争对手也是合作伙伴，因此处理好同事之间的人际关系也非常重要。对待同事要注意以下3点：

（1）态度平等、尊重，与同事打成一片，在适当的范围内分享自己的成果，为他人提供帮助。切忌拉帮结派，或公开议论他人。

（2）积极发挥合作精神，尽量使彼此的利益目标趋于一致，即使在竞争中也能实现双赢。

（3）当与同事发生冲突时，要多换位思考，可当面也可私下通过其他途径化解矛盾，切勿把人际间的负面情绪带到工作中，这将有损个人的职业声誉。

除了处理好与上级、同事之间的关系，还应努力开拓其他方面的人际圈子。职场的成功人士都具有善于与人交往的共同特点，除了能从中获得更多的资源，还开拓了胸怀和视野。因此，对于大学生来说，在读期间有意识地积累人脉将对日后职业的发展有重要的帮助。

**（三）整合自身与组织的发展目标**

客观环境，尤其是所处组织对成员的职业生涯规划存在重要的影响，个人的职业生涯发展目标如能和组织的保持一致，则容易从组织中获得条件支持和发展的动力，也更容易实现职业的晋升。有些大学生在做职业生涯规划时，仅将发展目标锁定在自身职业能力的提高，其实更好的做法是在求职过程中了解用人单位的发展目标，再将自己的职业发展目标调整为与用人单位或部门的一致，这样不但增加应聘成功的可能性，还有利于以后职业的发展。

整合自身与组织的发展目标需注意以下两个方面：

（1）处理好个人利益与组织利益。理想的职业发展目标必须是实现个人与组织的双赢，如果有损其中任一方的利益都不是合理的目标。

（2）个人与组织应共同参与个人职业发展目标的制订和实施，避免任意一方“被规划”。职业生涯规划的主体虽然是员工个人，但组织应为员工的职业生涯规划提供良性的环境，并尽量创造条件；同时个人在制订职业生涯规划时要充分考虑组织的客观条件，以免脱离现实。

**例：**

小亮和小南是通信专业的毕业生，大四时双双被同一家国内通信企业录用，试用期的职位均为储备干部，主要在生产一线熟悉工艺流程。对于大学毕业生而言，生产一线的工作自然单调乏味，小南每天木然地应付工作，计算着离试用期结束还有多长时间，而小亮则在工作的同时还做着其他准备。

原来小亮在之前的实习期间了解到，公司计划于五年内开拓海外市场。虽然自己的主管并没有将应届毕业生员工安排到海外部门的打算，但小亮却暗暗下定决心五年内成为海外部的业务员，并制订了学习外语和外贸知识的计划，还利用空闲时间参加相应的培训。经过了三年的艰辛努力，小亮实现了从生产一线到技术部门再到海外团队的三连跳，终于实现了自己的梦想。而当初被动应付工作的小南在工作一年内因为找不到职业的方向感而辞掉工作，在随后每一家单位工作的时间均不超过一年，频繁的跳槽并没有给他带来想要的回报，反而使他更加迷茫了。

**（四）定期审视及调整规划**

职业生涯是一个漫长的过程，随着个体和职业的不断变化发展，职业生涯规划也需要进行相应的审视和调整。因此，这就需要毕业生在参加工作后定期对自己的职业生涯规划进行反馈，主要包括以下内容：

①了解自己当前的特点与条件；

②审视自己的工作履历；

③重新订立事业和人生目标；

④评价和分析所处的组织；

⑤评价目前的发展机会。

通过对以上问题的思考可以更清晰地了解自己的价值追求、职业技能、体力与健康等方面是否适合当前的职业，还有当前职业在工作环境、用人机制、人际关系、薪酬待遇、发展前景等方面是否能满足自己的要求。

下表是职业生涯规划反馈调查表，定期完成该表能帮助你分析当前的人职匹配程度。

**职业生涯规划反馈调查表**

| 思考的问题 | 回答 |
|---|---|
| 1. 目前的职业是否在规划中稳步发展 | |
| 2. 个人的职业能力是否得到不断提升 | |
| 3. 是否满意目前的薪酬待遇 | |
| 4. 个人的职业价值观是否发生改变 | |
| 5. 能否平衡工作与家庭、个人健康的关系 | |
| 6. 是否满意目前工作的用人机制、人际关系 | |
| 7. 在组织中是否还有上升空间 | |

（续）

| 思考的问题 | 回答 |
| --- | --- |
| 8. 目前从事的职业是否具有社会发展前景 | |
| 9. 是否愿意维持目前的工作状况 | |
| 10. 如要实现职业流动，目前具备哪些优势 | |

以上1～9题如果以否定回答居多，则需要审查之前所做的职业生涯规划是否已不适用于当前的状况，再重新依照前文所述的方法进行调整，决定维持职业现状或者进行合理的职业流动。

在当今的就业态势下，合理的职业流动也是职业发展途径之一，尤其是“无边界职业生涯”概念的提出更使得合理的职业流动成为个人谋求职业发展的重要手段之一。如果职业发展遭遇瓶颈，只要能重新满足人职匹配的要求都是合理的职业流动，但在决策时一定要排除非理性因素的干扰，实行的过程中要遵守职业流动的相关规定，以免造成人才与组织的损失。

## 课后思考与练习

请根据以下案例，结合问题给小方提出职业生涯规划方面的建议：

小方从一所地方院校毕业已经三年，三年期间他换了三份工作：一开始找工作时只考虑用人单位所在的地区和名气，进入了一家位于珠三角地区的国企。然而工作一段时间后他发现，该企业人浮于事、论资排辈的氛围不适合对职业充满梦想和干劲的自己，而且由于从事的是基层工作，薪酬甚至比不上一些进入中小企业的同学。小方毅然辞职，随后在一家中型的民营企业找到一份薪酬为原来两倍的工作。转换工作后，小方原以为能重新开启自己的职业梦想，但是坚持一年多后他感觉越来越不能忍受领导专断独裁的作风和暴躁的脾气，而且薪酬也没有随自己的业绩一起提升。由于不愿意和领导商量加薪的问题，小方再一次选择转换工作。现在的他进入了一家知名企业，薪酬也较以前有所提高，但从事的却并非自己本专业的工作，一想到这点，小方就觉得前所未有地茫然，没有勇气再对未来作出计划。

问题：

（1）小方在工作中遇到的障碍有哪些类型？

（2）小方两次职业流动的动机是什么？

（3）小方的职业技能和经验在职业流动中是否获得了延续？

**相关资源：**

［美］格林豪斯，［美］卡拉南，［美］戈德谢克．2006．职业生涯管理［M］．3版．王伟，译．北京：清华大学出版社．

# 主要参考文献

GCDF中国培训中心．2006．全球职业规划师GCDF资格培训教程［M］．北京：中国财政经济出版社．

埃德加．施恩．2004．职业锚：发现你的真正价值［M］．北森测试网，译．北京：中国财政经济出版社．

白利刚．1996．Holland职业兴趣理论的简介及评述［J］．心理学动态，4（2）：27-31．

戴安．萨克尼克，威廉．班达特，丽莎．若夫门．2005．职业指导［M］．李洋，张奕，小卉，译．北京：中国劳动社会保障出版社．

杜文东，张纪梅．2003．医用普通心理学［M］．北京：北京科学技术出版社．

格林豪斯，卡拉南，戈德谢克．2006．职业生涯管理［M］．3版．王伟，译．北京：清华大学出版社．

胡建宏，刘雪梅．2007．大学生职业生涯规划［M］．北京：中国宇航出版社．

李宝元．2007．职业生涯管理：原理．方法．实践［M］．北京：北京师范大学出版社．

李小平．2005．新编基础心理学［M］．南京：南京师范大学出版社．

刘鲁蓉．2006．大学生心理卫生［M］．北京：科学出版社．

刘远我．2003．职业总动员［M］．北京：北京经济管理出版社．

龙立荣．1991．职业兴趣测验SDS的现状及发展趋势［J］．教育研究与实验，1（2）：34-37．

罗双平．2007．职业选择与职业导航［M］．北京：机械工业出版社．

马存根．2005．大学生心理健康教育［M］．北京：人民卫生出版社．

裴娜．2010．职业兴趣简述［J］．黑龙江科技信息（28）：196．

唐晓林．2006．大学生职业生涯规划与就业指导［M］．北京：中国言实出版社．

王今朝，郝春禄．2010．大学生职业发展与就业指导［M］．沈阳：辽宁教育出版社．

肖建中．2006．职业规划与就业指导［M］．北京：北京大学出版社．

谢守成．2009．大学生职业生涯发展与规划［M］．武汉：华中师范大学出版社．

徐智华．2011．自我与组织职业生涯管理的整合［J］．科技管理研究，31（5）：161-164．

许玫，张生妹．2007．大学生如何进行生涯规划［M］．上海：复旦大学出版社．

姚裕群．2005．人力资源管理［M］．北京：中国人民大学出版社．

叶浩生．1999．心理学理论精粹［M］．福建：福建教育出版社．

尹忠泽．2007．大学生职业生涯规划［M］．长春：吉林大学出版社．

赵效．2005．青年职业规划［M］．北京：经济管理出版社．

钟谷兰，杨开．2008．大学生职业生涯发展与规划［M］．上海：华东师范大学出版社．

http：//blog. sina. com. cn/s/blog _ 6020502d0100kot5. html

http：//resource. sne. snnu. edu. cn/xxzy/dy2/news/view. asp? id=906

Isabel Briggs Myers，Mary H. McCaulley，Naomi L. Quenk，et al. 1998. Hammer：MBTI Manual［J］. 3th ed. Consulting Psychologists Press，INC，294.

**图书在版编目（CIP）数据**

大学生职业生涯规划教程 / 姚圣梅主编．—北京：中国农业出版社，2011.7（2023.8 重印）
全国高等农林院校“十一五”规划教材
ISBN 978-7-109-15841-2

Ⅰ.①大…　Ⅱ.①姚…　Ⅲ.①大学生-职业选择-高等学校-教材　Ⅳ.①G647.38

中国版本图书馆 CIP 数据核字（2011）第 144590 号

中国农业出版社出版
（北京市朝阳区农展馆北路 2 号）
（邮政编码 100125）
责任编辑　龙永志
文字编辑　吴丽婷

北京通州皇家印刷厂印刷　　新华书店北京发行所发行
2011 年 7 月第 1 版　　2023 年 8 月北京第 12 次印刷

开本：720mm×960mm　1/16　　印张：15
字数：265 千字
定价：32.80 元